O Direito à Privacidade
e à Proteção dos Dados
do Consumidor

O Direito à Privacidade e à Proteção dos Dados do Consumidor

2022 · 2ª edição
Atualizada pela Lei n. 13.709/2018 – LGPD

Rita Peixoto Ferreira Blum

O DIREITO À PRIVACIDADE E À PROTEÇÃO DOS DADOS DO CONSUMIDOR

2ª Edição Atualizada pela Lei n. 13.709/2018 – LGPD
© Almedina, 2022
AUTORA: Rita Peixoto Ferreira Blum

DIRETOR ALMEDINA BRASIL: Rodrigo Mentz
EDITORA JURÍDICA: Manuella Santos de Castro
EDITOR DE DESENVOLVIMENTO: Aurélio Cesar Nogueira
ASSISTENTES EDITORIAIS: Isabela Leite e Larissa Nogueira
ESTAGIÁRIA DE PRODUÇÃO: Laura Roberti

DIAGRAMAÇÃO: Almedina
DESIGN DE CAPA: FBA

ISBN: 9786556276489
Outubro, 2022

Dados Internacionais de Catalogação na Publicação (CIP)
(Câmara Brasileira do Livro, SP, Brasil)

Blum, Rita Peixoto Ferreira
O direito à privacidade e à proteção dos dados do
consumidor : atualizada pela Lei n. 13.709/2018 :
LGPD / Rita Peixoto Ferreira Blum. – 2. ed. –
São Paulo : Almedina, 2022.

Bibliografia.
ISBN 978-65-5627-648-9

1. Direito 2. Consumidores – Proteção 3. Direito à privacidade
4. Direito do consumidor 5. Direito fundamental
6. Proteção de dados 7. Sociedade da informação I. Título.

22-117339 CDU-342.721:366

Índices para catálogo sistemático:

1. Proteção da privacidade de dados : Direitos fundamentais : Direito do consumidor
342.721:366

Cibele Maria Dias - Bibliotecária - CRB-8/9427

Este livro segue as regras do novo Acordo Ortográfico da Língua Portuguesa (1990).

Todos os direitos reservados. Nenhuma parte deste livro, protegido por copyright, pode ser reproduzida, armazenada ou transmitida de alguma forma ou por algum meio, seja eletrônico ou mecânico, inclusive fotocópia, gravação ou qualquer sistema de armazenagem de informações, sem a permissão expressa e por escrito da editora.

EDITORA: Almedina Brasil
Rua José Maria Lisboa, 860, Conj.131 e 132, Jardim Paulista | 01423-001 São Paulo | Brasil
editora@almedina.com.br
www.almedina.com.br

Dediquei a primeira edição deste livro ao meu amado filho Martim. Seu sorriso generoso e amor infinito me motivaram muito, seja na redação da obra seja na determinação que levou à publicação.

Dedico esta segunda edição ao meu esposo Rodrigo, novamente ao meu filho, cuja alegria me inspira a grandes feitos, e aos meus pais Maria Luiza e Gerson.

SOBRE A AUTORA

Rita Peixoto Ferreira Blum
Doutora e mestre em Direito na área dos Direitos Difusos e Coletivos pela Pontifícia Universidade Católica de São Paulo (PUC/SP). Especialista em Direito do Consumidor no âmbito da União Europeia pelo *Centre de Droit de la Consommation – Université Catholique de Louvain, Louvainla-Neuve,* Bélgica. Autora do livro *Direito do Consumidor na Internet,* publicado em São Paulo (SP) e de diversos artigos publicados no Brasil e no exterior sobre assuntos tais como: atualização do Código de Defesa do Consumidor, o Marco Civil da Internet, e Proteção de Dados Pessoais e Privacidade. Atua como Professora há 17 anos e como Advogada desde 1993.

AGRADECIMENTOS

A Deus pelo dom do apreço ao estudo e gosto pelas descobertas;

À mestre e amiga, Profa. Pós-Doutora Regina Vera Villas Bôas, pelo carinho, apoio inestimável como Orientadora neste trabalho, constante estímulo à produção científica e ao desenvolvimento de minha atividade docente;

Aos mestres professores da Pontifícia Universidade Católica de São Paulo (PUC-SP) da área dos Direitos das Relações Sociais, em especial aos da área de Direitos Difusos e Coletivos, por tudo o que me ensinaram desde quando me interessei pelo assunto da tutela do consumidor, dos anos 1990 até hoje;

Aos dois professores da PUC-SP, Doutor Josué de Oliveira Rios e Livre-Docente Marcelo Gomes Sodré, e aos professores convidados da Universidade de São Paulo e da Fundação Getúlio Vargas, respectivamente, Livre-Docente Antonio Carlos Morato e Doutora Camila de Jesus Gonçalves, que juntos compuseram, com a minha Orientadora, a banca de defesa da tese de Doutorado;

Ao Prof. Livre-Docente Giovanni Ettore Nanni pela amizade e estímulo ao estudo do Direito e à produção científica;

Ao Rodrigo Gonçalves Blum, meu marido amado, que apoiou e segue apoiando minhas atividades acadêmicas, inicialmente no mestrado, logo no doutorado e, hoje, como professora;

Aos meus amados pais, Maria Luiza Peixoto Ferreira e Gerson Edson Ferreira Filho, por terem "apostado junto" comigo neste meu projeto de obter o doutoramento em Direito;

À querida Profa. Doutora Marly Rodrigues ("Tia Marly") pelo apoio acadêmico prestado nos "bastidores";

À Especialista em consultoria de carreira, Adriana Saba, por contribuir na mudança que ensejou meu retorno à pós da PUC-SP e a identificar como igualmente relevantes para a minha satisfação profissional a atuação conjunta da docência com a advocacia;

À advogada Carla Segala Alves pela contribuição prestimosa em parte da pesquisa bibliográfica;

Ao advogado Vicente Oliveira Filho por muito me auxiliar na pesquisa a respeito de texto do autor Dr. Heinrich Henkel;

Aos advogados Frederico de Mello e Faro da Cunha e Francisco A. Fragata Jr., bem como à Profa. Mariângela Sarrubo Fragata, pelo incentivo na fase anterior à publicação da primeira edição deste livro;

Aos funcionários da Secretaria da Pós-Gradução em Direito da PUC-SP;

À Profa. Esther Galvão pelo trabalho de tradução do *Abstract* que consta da versão da tese depositada na PUC-SP;

À Eveline Denardi, pelo trabalho de revisão do texto da tese à luz das regras da Associação Brasileira de Normas Técnicas, previamente ao depósito dos volumes;

Ao advogado e procurador de estado aposentado Aloysio Raphael Cattan, "in memoriam", que com o entusiasmo que lhe era próprio muito me motivou a atualizar este livro;

Agradeço à Editora Almedina pelo apoio na primeira e segunda edições desta obra;

À Ivete Villalba por me fazer entender a relevância de conclusão desta segunda edição e

Aos(às) alunos(as) de cursos relativos à Lei Geral de Proteção de Dados Pessoais me pediam referências bibliográficas e com isso me estimularam a atualizar esta obra.

Por fim, agradeço a todos que, de forma direta ou indireta, contribuíram para esta caminhada.

NOTA DA AUTORA À SEGUNDA EDIÇÃO

É com muita satisfação que trazemos a segunda edição do Livro Direito à Privacidade e à Proteção de Dados do Consumidor. Supreendentemente a obra teve grande aceitação quando de seu lançamento em abril de 2018.

Esta segunda edição vem atualizada com, no Capítulo 1, a mudança no texto constitucional relacionada ao acréscimo da proteção de dados pessoas no rol de direitos e garantias fundamentais dos cidadãos e dos estrangeiros residentes no Brasil.

Cabe dizer que algumas decisões judiciais sobre o tema de tratamento de dados do consumidor relacionado à proteção ao crédito (informações creditícias do consumidor) foram acrescidas ao Capítulo 2. No capítulo seguinte a este foi revisada a parte que fazia referência à Diretiva 95/46/CE da União Europeia – UE, porque a mesma foi revogada pelo Regulamento (UE) 2016/679 do Parlamento Europeu, conhecido como Regulamento Geral de Proteção de Dados, cuja sigla do nome em inglês é GDPR. Ele entrou em vigor em maio de 2018.

No início do Capítulo 4 foi acrescido um importante tópico sobre a Lei Geral de Proteção de Dados Pessoais (LGPD), Lei nº 13.709, de 14/08/2018, que na época da primeira edição ainda estava em fase de discussão pelo Congresso Nacional e figurou na mesma apenas como Projeto de Lei. Como o Capítulo 4 trata de outras normas ordinárias sobre privacidade, foram revistas aquelas porventura alteradas em especial, mas sem limitação, o Marco Civil da Internet, que foi atualizado pela LGPD, e a Lei do Cadastro Positivo (Lei nº 12.414 de 09.06.2011) que foi modificada pela Lei Complementar nº 166, de 08.04.2019. Ademais, foi acrescido um tópico com breve exame do Decreto nº 11.304, de 05 de abril de 2022, que regulamenta o Código de Defesa do Consumidor

– CDC, para estabelecer diretrizes e normas sobre o Serviço de Atendimento ao Consumidor.

No capítulo 5 as boas práticas e os princípios que devem nortear o tratamento de dados pessoais do consumidor foram atualizados por aqueles criados na LGPD, que tenham inovado em relação aos que já haviam sido listados na primeira edição.

Em linhas gerais, a segunda edição da obra mantém como se vê a divisão e os capítulos da primeira edição, bem como a linguagem fácil que permite sua compreensão por profissionais da área jurídica e de outras áreas.

Esperamos que esta edição tenha a acolhida boa que teve a primeira e que seja muito útil ao trabalho de profissionais que se dediquem a lê-la.

SUMÁRIO

INTRODUÇÃO 23

1. **REFERENCIAL CONSTITUCIONAL DA PRIVACIDADE**
   NO ORDENAMENTO JURÍDICO BRASILEIRO 23
   1.1 Fundamento constitucional do direito à privacidade 23
   1.2 Direito à privacidade e à intimidade na Constituição Federal 31
   1.3 Direito à proteção de dados pessoais na Constituição Federal 36
   1.4. O instituto do *habeas data* e o direito do consumidor 36
   1.5 Estudo dos direitos da personalidade previstos no Código Civil
       de interesse para esta pesquisa 39
       1.5.1 Introdução ao direito da personalidade 39
       1.5.2 Previsão no Código Civil 43

2. **A PROTEÇÃO DO CONSUMIDOR NA LEGISLAÇÃO PÁTRIA** 47
   2.1 Contexto histórico e fundamentação constitucional do Código
       de Defesa do Consumidor (CDC) 47
   2.2 Quem é o consumidor cujo direito à proteção de dados o CDC
       quer tutelar? 54
   2.3 Quando a pessoa jurídica se enquadra no conceito de Consumidor
       do CDC? 57
       2.3.1 A vulnerabilidade do consumidor 66
       2.3.2 A discussão doutrinária a respeito da proteção de dados
             pessoais da pessoa jurídica 72
       2.3.3 O conceito de fornecedor e a remuneração indireta
             dos serviços disponíveis na internet 75
   2.4 O exame do art. 43 do CDC e considerações a respeito do conceito
       de "banco de dados" e natureza das informações arquivadas, para
       além das informações creditícias 79

O DIREITO À PRIVACIDADE E À PROTEÇÃO DOS DADOS DO CONSUMIDOR

2.5 Estudo dos princípios do CDC atinentes à "boa-fé objetiva", à "transparência nas relações de consumo", ao direito básico "à segurança" e ao direito básico à reparação integral do dano 80

2.5.1. Princípio da boa-fé objetiva............................... 80

2.5.2. Princípio da transparência nas relações de consumo 84

2.5.3 Direito básico à segurança................................ 87

2.5.4 Direito básico à reparação integral do dano 90

2.6 Exame do art. 43 do CDC.................................... 93

2.6.1 Dos tipos de arquivos de consumo......................... 94

2.6.2. Banco de dados com informações creditícias-jurisprudência ... 101

3. **NATUREZA JURÍDICA DE OUTRAS INFORMAÇÕES ARQUIVADAS, ALÉM DAS CREDITÍCIAS.**....................................... 115

3.1 Evolução do conceito de dado de caráter pessoal no sistema jurídico brasileiro 121

3.1.1 Do conceito de dado de caráter pessoal no sistema jurídico.... 122

3.1.2 Do conceito de dado sensível ou sigiloso 129

3.2 Da privacidade de dados pessoais no direito europeu 132

3.2.1 União Europeia – Diretiva 95/46/CE (Revogada pelo Regulamento Geral Europeu de Proteção de Dados).......... 133

3.2.2 Regulamento (UE) 2016/679 do Parlamento Europeu e do Conselho de 27.04.2016 136

3.3 Substitutivo do Projeto de Lei do Senado nº 281/2012.............. 138

3.3.1 Aspectos do PLS nº 281/2012 atualmente interessantes para o tema do tratamento dos dados do consumidor 139

3.4 Decreto nº 11.304, de 05.04.2022, que regulamenta o CDC, para estabelecer diretrizes e normas sobre o Serviço de Atendimento ao Consumidor – SAC.. 145

4. **CONTEXTO ATUAL E ANÁLISE DAS NORMAS ORDINÁRIAS. ELAS SEGUEM A REFERÊNCIA CONSTITUCIONAL DE PRIVACIDADE E DE TUTELA DO DIREITO DO CONSUMIDOR?**.................. 147

4.1 Contexto atual. A evolução das técnicas de marketing aliadas às novas tecnologias foi tornando mais complexa a coleta, o armazenamento e o uso de dados pessoais... 147

SUMÁRIO

4.2 Lei Geral de Proteção de Dados Pessoais – LGPD (Lei nº 13.709
de 14.08.2018 modificada pela Lei nº 13.853, de 2019) 154

4.3 Análise da Portaria nº 5 (Da SDE/MJ de 27.08.2002) 157

4.4 Marco Civil da Internet e proteção de dados...................... 159

4.5 Lei de Acesso à Informação – LAI (Lei nº 12.527, de 18.11.2011
modificada pela Lei Complementar nº 166, de 2019) 162

4.6 Leis estaduais ou municipais apelidadas de "Leis do Não Perturbe" ... 167

4.7 Outros normativos de interesse ao tema do tratamento de dados
pessoais.. 172

    4.7.1 Lei Geral de Telecomunicações e os dados agregados 172

    4.7.2 A Lei que dispõe acerca de pagamentos via telefone celular... 174

    4.7.3 A Resolução CNSP nº 294/2013 da Susep que dispõe sobre a
utilização de meio remoto nas operações relacionadas aos
planos de seguro.. 175

4.8 Lei do Cadastro Positivo (Lei nº 12.414 de 09.06.2011) 177

4.9 Consequências da comercialização de dados do consumidor
de maneira indevida 180

4.10 Ponderação e harmonização dos interesses em confronto direito à
privacidade versus atividade de coleta, armazenamento e uso de
dados pessoais dos consumidores 183

**5. BOAS PRÁTICAS E PRINCÍPIOS QUE DEVEM NORTEAR A COLETA,
USO E GUARDA DOS DADOS PESSOAIS DO CONSUMIDOR** 185

5.1 Princípio da transparência..................................... 185

5.2 Princípio da qualidade 156

5.3 Princípios da finalidade, adequação e da necessidade.............. 187

5.4 Princípio da segurança física e lógica e da prevenção relacionados
aos incidentes com os dados 188

5.5 Princípio do livre acesso....................................... 189

5.6 Princípio da não discriminação................................. 190

5.7 Princípio da responsabilização e prestação de contas.............. 190

6. CONCLUSÕES 191

REFERÊNCIAS 213

INTRODUÇÃO

Esta pesquisa é dedicada ao tema da coleta automatizada, armazenamento organizado em "bancos de dados" de informações das pessoas, bem como à utilização dos dados de consumidores, por fornecedores, no que tange ao aspecto da não violação do direito à privacidade da pessoa[1], previsto constitucionalmente, e que, como tal, oferece alguns limites à atuação de empresa que lida com banco de dados pessoais[2].

A pergunta principal lançada pode ser assim sintetizada: cabe falar em um aprimoramento das normas jurídicas atinentes à proteção de dados pessoais dos consumidores? Estão as leis ordinárias relativas a este tema, especialmente as anteriores à LGPD, alinhadas com o texto constitucional que protege o direito à privacidade e à dignidade da pessoa humana?

---

[1] Gênero no qual se inclui o "consumidor".

[2] Em seu texto, Danilo Doneda (2010, p. 22) afirma que: "A sistematização de grandes volumes de informação tornou-se possível com o advento do processamento automatizado de informações pessoais por meio de banco de dados automatizados. O aumento no volume de tratamento de informações pessoais assim conseguido não foi, porém, meramente quantitativo, pois resultou na viabilização de várias práticas de coleta, tratamento e utilização de informações pessoais que antes, na perspectiva dos arquivos manuais, eram impossíveis ou não se justificariam. Assim, uma série de novas possibilidades para a utilização de dados pessoais surgiu com o advento dos bancos de dados pessoais automatizados." (Doneda, Danilo. **A proteção de dados pessoais nas relações de consumo**: para além da informação creditícia. Brasília: Ministério da Justiça, SDE/DPDC, 2010. Disponível em: <http://portal.mj.gov.br/services/DocumentManagement/FileDownload.EZTSvc. asp?DocumentID=%7bD5C20E66-4F91-42F3-9A0A-6E5C34E0CB7E%7d&ServiceInstU ID=%7b7C3D5342-485C-4944-BA65-5EBCD81ADCD4%7d>. Acesso em: 10 jun. 2013., p.22).

Lembrando que, mais recentemente, este mesmo texto constitucional passou a prever, também, a proteção de dados pessoais como direito fundamental.

O exame dos títulos alinhados abaixo corrobora para o alcance da resposta à questão central elaborada:

(I)   dispositivos constitucionais que tratam da dignidade da pessoa humana, da privacidade de dados, da proteção de dados, da defesa do consumidor e da ordem econômica e financeira;

(II) as normas existentes no âmbito federal, quais sejam, o Código de Defesa do Consumidor (Lei nº 8.078, de 11.09.1990), a Lei do *Habeas Data* (Lei nº 9.507 de 12.11.1997)[3], a Portaria nº 5, de 27.08.2002 do MJ/SDE[4], a "Lei do Cadastro Positivo" (Lei nº 12.414, de 09.07.2011) recentemente atualizada, a "Lei de Acesso à Informação" (Lei nº 12.527, de 18.11.2011), o Marco Civil da Internet (Lei nº 12.965, de 23.04.2014), seu regulamento o Decreto nº 8.771, de 11.05.2016, e a Lei Geral de Proteção de Dados Pessoais (Lei nº 13.709 de 14.08.2018), dentre outras.

(III) as normas estaduais apelidadas singularmente de "Lei do Não Perturbe", já existentes em um bom número de estados como São Paulo (Lei nº 13.226/08), Rio Grande do Sul (Lei nº 13.249/09) e Alagoas (Lei nº 7.127/09)

(IV) a jurisprudência do Superior Tribunal de Justiça e de alguns Tribunais Estaduais sobre o tema da proteção dos dados pessoais dos consumidores na sociedade da informação.

Avançando para o tema do conteúdo dos capítulos, o primeiro irá tratar do direito à privacidade na Constituição da República Federativa do Brasil de 1988 (CF), sob o enfoque da "não violação do direito à privacidade da pessoa" no uso, coleta e armazenamento de dados pessoais, e do

---

[3] A lei está amparada em: BRASIL. Constituição (1988), art. 5º, LXXII.

[4] BRASIL. Ministério da Justiça. Portaria nº 5, de 27 de agosto de 2002. Complementa o elenco de cláusulas abusivas do art.51, da Lei nº 8.078, de 11 de setembro de 1990. Disponível em: <http://www.ggbs.gr.unicamp.br/pdf/portaria-5-Attach_s470021.pdf>. Acesso em: 12 out. 2013.

INTRODUÇÃO

recém-criado direito fundamental à proteção de dados pessoais. O que, neste sentido, está colocado como garantia na CF?

Aborda-se, neste capítulo, o princípio da dignidade da pessoa humana, que é referência na matéria, para o restante do ordenamento. Trata-se, ainda, o remédio constitucional do *habeas data*, tendo em vista sua aplicação para acesso ou retificação de informações constantes dos arquivos de consumo INTRODUÇÃO de caráter público. Por fim, neste capítulo inicial, serão discutidos a matéria da privacidade no Código Civil de 2002 e os conceitos de *privacidade, intimidade* e *segredo*, dentre outros da seara constitucional e civilista.

No capítulo dois serão apresentados conceitos da legislação consumerista pátria para verificar, por exemplo, quem é o consumidor que se pretende proteger e porque a sua proteção é importante.

Apresentados os conceitos constitucionais, cíveis e de direito do consumidor, o capítulo três começará então a enfrentar a complexidade do tema "banco de dados" e demais problemas a ele relacionados, que auxiliarão à resposta principal desta tese. Este capítulo, portando, introduz a privacidade no âmbito da legislação consumerista. Examina-se o art. 43 do CDC, dispositivo deste diploma legal que regra o banco de dados. E para manter uma sistematização serão apresentados os conceitos de arquivos de consumo e analisada a natureza jurídica das informações arquivadas.

Outrossim, tendo em vista que o assunto tem um viés novo e a legislação nacional tem clara inspiração na GDPR, neste capítulo será estudado o direito estrangeiro, em particular o regime jurídico europeu, especialmente a disciplina legal do tema da proteção de dados das pessoas. Analisa-se também algumas das normas europeias que historicamente tratam da temática pesquisada e que merecem ser apreciadas neste trabalho com a finalidade de responder à principal indagação já colocada. Como exemplo, apresenta-se a Carta de Direitos Fundamentais da União Europeia (2000/C 364/01) que, em seu art. 8º reza:

Proteção de Dados Pessoais
1. Todas as pessoas têm direito à proteção dos dados de caráter pessoal, que lhes digam respeito.

2. Esses dados devem ser objeto de tratamento legal, para fins específicos e com consentimento da pessoa interessada ou com outro fundamento legítimo previsto por lei. Todas as pessoas têm o direito de aceder aos dados coligidos[5] que lhe digam respeito e de obter a respectiva retificação.

3. O cumprimento destas regras fica sujeito a fiscalização por parte de uma autoridade independente.

Neste sentido, o estudo abrange, ainda o exame, do ponto de vista histórico (a) da Diretiva nº 95/46/CE, de 24.10.95, relativa à proteção das pessoas singulares no que diz respeito ao tratamento de dados pessoais e à livre circulação desses dados, e (b) do Regulamento (UE) 2016/679 do Parlamento Europeu e do Conselho, de 27.04.16, relativo à proteção dos dados pessoais e à circulação desses dados, que revogou a Diretiva anteriormente mencionada.

No capítulo 4, um dos centrais desta tese, situa-se legalmente a disciplina dos arquivos de consumo: nas normas infraconstitucionais mencionadas nos itens (II) e (III)[6] desta Introdução.

Outrossim, neste capítulo são ponderados e harmonizados os interesses em confronto, isto é, o direito à privacidade *versus* a atividade de coleta, armazenamento e uso de dados pessoais dos consumidores por fornecedores. Trata-se de uma reflexão sobre a existência de aspectos mercadológicos positivos e negativos para os consumidores no que tange ao uso das informações organizadas em banco de dados. Esta ponderação encontra respaldo jurídico no princípio da harmonia das relações de consumo previsto no art.4º, III, do CDC[7], e nos fundamentos da Ordem

---

[5] A expressão "coligidos" consta da tradução oficial para grafia lusitana. Corresponderia em versão para o português do Brasil à expressão "coletados" ou "recolhidos".

[6] Lei do Cadastro Positivo, Portaria nº 5 do MJ/SDE, Lei de Acesso à Informação, Lei do Não Perturbe, dentre outras.

[7] "Art. 4º – A Política Nacional de Relações de Consumo tem por objetivo o atendimento das necessidades dos consumidores, o respeito à sua dignidade, saúde e segurança, a proteção de seus interesses econômicos, a melhoria de sua qualidade de vida, bem como a transparência e harmonia das relações de consumo, atendidos aos seguintes princípios: [...] III – harmonização dos interesses dos participantes das relações de consumo e compatibilização da proteção do consumidor com a necessidade de desenvolvimento econômico e tecnológico, de modo a viabilizar os princípios nos quais se funda a ordem econômica

INTRODUÇÃO

Econômica e Financeira, contemplados no art. 170 da CF. Além disso, no capitulo pré final são apresentados boas práticas e/ou princípios extraídos ora da doutrina ora da legislação a serem observados pelo fornecedor para dar mais licitude à atividade desenvolvida. Por fim, o capítulo cinco, que é dedicado às considerações finais e conclusões deste livro.

(art. 170, da Constituição Federal), sempre com base na boa-fé e equilíbrio nas relações entre consumidores e fornecedores".

1.
REFERENCIAL CONSTITUCIONAL DA PRIVACIDADE NO ORDENAMENTO JURÍDICO BRASILEIRO

1.1 Fundamento constitucional do direito à privacidade

Para dar início a este capítulo, analisa-se o art. 1º, III (princípio da dignidade da pessoa humana) e o art. 5º, IV, IX, X, XI, e LXXIX da CF: "Art. 1º – A República Federativa do Brasil [...] tem como fundamentos: [...] III – a dignidade da pessoa humana".

O princípio da dignidade da pessoa humana constitui um dos fundamentos do Estado Democrático de Direito (um valor supremo da Democracia) e, enquanto tal, estrutura o ordenamento jurídico brasileiro. José Afonso da Silva esclarece a sua relevância com as seguintes palavras:

> Daí decorre que a ordem econômica há de ter por fim assegurar a todos existência digna (art. 170), a ordem social visará a realização da justiça social (art. 193), a educação, o desenvolvimento da pessoa e seu preparo para o exercício da cidadania (art. 205) etc., não como meros enunciados formais, mas como indicadores do conteúdo normativo eficaz da dignidade da pessoa humana.[8]

O princípio da dignidade da pessoa humana está presente em diversas constituições de países ocidentais[9], dentre elas, na Lei Fundamental

---

[8] Silva, José Afonso da. A dignidade da pessoa humana como valor supremo da democracia. In: **Revista de Direito Administrativo**, v.212, Rio de Janeiro: Renovar, abr.-jun., 1998, p.92.

[9] Como bem esclarece Ricardo Maurício Freire Soares: "Com o advento da modernidade, os sistemas jurídicos ocidentais passaram a reconhecer o ser humano como centro e o fim do Direito. Seguindo a valiosa lição kantiana, a pessoa é um fim em si mesmo, não podendo converter-se em instrumento para realização de um eventual interesse. Essa tendência

O DIREITO À PRIVACIDADE E À PROTEÇÃO DOS DADOS DO CONSUMIDOR

da República Federal da Alemanha (1949[10], na Constituição Espanhola (1978)[11] e na Constituição Portuguesa (1974). Desta última, consta em seu art. 1º: "Portugal é uma República soberana, baseada na dignidade da pessoa humana e na vontade popular e empenhada na construção de uma sociedade livre, justa e solidária".

Conforme abordado na Introdução deste estudo, a dignidade da pessoa humana constitui um princípio jurídico fundamental e, enquanto tal, um ponto-chave para a interpretação do restante do texto constitucional. Opera não só como critério de interpretação, mas, também, de integração e, portanto, auxilia a dar coerência ao resto do ordenamento.

Gomes Canotilho e Vital Moreira, ao tratarem do conceito de princípio fundamental, esclarecem: "constituem por assim dizer a síntese ou a matriz de todas as restantes normas constitucionais, que àquelas podem ser directa ou indirectamente reconduzidas"[12]. Princípios fundamentais são também designados, portanto, normas-síntese ou normas-matriz. Nas palavras de Gomes Canotilho, o papel destes está ligado à ideia

---

humanizante, robustecida após a traumática experiência totalitária da Segunda Guerra Mundial cristalizou-se com o consagrado princípio da dignidade da pessoa humana." (Soares, Ricardo Maurício Freire. **A nova interpretação do Código brasileiro de defesa do consumidor**. São Paulo: Saraiva, 2007, p. 77).

[10] Segundo o art. 1º, nº 1, da referida norma: "A dignidade humana é inviolável. Respeitá-la e protegê-la é obrigação de todos os poderes estatais." Conforme ensina José Afonso da Silva, referido princípio passou a constar de forma positivada no ordenamento alemão visando reduzir o risco de que o Estado voltasse a cometer atrocidades em face de seres humanos, invocando razões de Estado e outras, como o fez Hitler, durante a Segunda Guerra Mundial. Nesse sentido, ver: SILVA, José Afonso da. A dignidade da pessoa humana como valor supremo da democracia. In: **Revista de Direito Administrativo**, v.212, Rio de Janeiro: Renovar, abr-jun, 1998, p.89.

[11] De acordo com o art.10, nº 1, da Constituição: "A dignidade da pessoa, os direitos invioláveis que lhe são inerentes, o livre desenvolvimento da personalidade, o respeito à lei dos direitos dos demais, são fundamentos da ordem política e da paz social".

[12] Canotilho, José Joaquim Gomes; Moreira, Vital. **Fundamentos da Constituição**. Coimbra: Coimbra. 1991, p.66 apud Silva, José Afonso da. **Comentário contextual à Constituição**. 8.ed. Atualizada até a Emenda Constitucional 70, de 22.12.2011. São Paulo: Malheiros, 2011, p.31.

de que "explicitam as valorações políticas fundamentais do legislador constituinte".[13]

Ao tratar deste tipo de princípio, que contém viés político, Vezio Crisafulli conceitua: "normas fundamentais de que derivam logicamente (e em que, portanto, já se manifestam implicitamente) as normas particulares **regulando imediatamente relações específicas da vida social**"[14] (grifo meu).

O princípio da dignidade da pessoa humana (art. 1º, III, da CF) enquadra-se na categoria de princípio político constitucional. Ele elenca, conforme observado, uma das opções político-constitucionais do legislador constituinte.

Ao comentar o art.1º, III, da CF, José Afonso da Silva esclarece que existem aí dois conceitos fundamentais revelando valores jurídicos: a pessoa humana e a dignidade. Antes de analisá-los, cabe discorrer brevemente sobre os valores de uma sociedade alçados ao patamar de valores jurídicos por meio da positivação. Para este desiderato, serão utilizadas as palavras de Maria Helena Diniz que, ao discorrer sobre a teoria da tridimensionalidade do Direito, de Miguel Reale, escreveu:

A ciência jurídica propriamente dita estuda o momento normativo, sem insular a norma, isto é, não abstrai os fatos e valores presentes e condicionantes no seu surgimento, nem os fatos e valores supervenientes ao seu advento. **A norma deve ser concebida como um *modelo jurídico*, de estrutura tridimensional compreensiva ou concreta, em que fatos e valores se integram segundo normas postas em virtude de um ato concomitante de escolha e de prescrição (ato decisório) emanado do legislador** ou do juiz, ou resultante das opções costumeiras ou de estipulações fundadas na autonomia da vontade dos particulares.[15] (grifos meus)

---

[13] Canotilho, Gomes. **Direito Constitucional**. 4.ed. Coimbra: Livraria Almedina, 1993, p.121, apud Silva, José Afonso da. **Comentário contextual à Constituição**. 8.ed. Atualizada até a Emenda Constitucional 70, de 22.12.2011. São Paulo: Malheiros, 2011, p.31.

[14] Crisafulli, Vezio. **La Costituzione e le sue Disposizioni di Principio**. Milão: Giuffre, 1952, p.38, apud Silva, José Afonso da. **Comentário contextual à Constituição**. 8.ed. Atualizada até a Emenda Constitucional 70, de 22.12.2011. São Paulo: Malheiros, 2011, p.31.

[15] Diniz, Maria Helena. **Compêndio de Introdução à Ciência do Direito**.17.ed. São Paulo: Saraiva, 2005, p.142.

O trecho reproduzido reforça o entendimento de que a dignidade da pessoa humana é um valor reconhecido pelo legislador constituinte pátrio. Assim ensina Ricardo Maurício Freire Soares:

> Com efeito, o legislador constituinte brasileiro conferiu ao princípio fundamental da dignidade da pessoa humana a qualidade de norma embasadora de todo o sistema constitucional, informando as prerrogativas e as garantias fundamentais da cidadania, no plano da sociedade civil e do mercado de consumo.[16]

Dito isto, passa-se a comentar o conceito de pessoa humana, para o qual muito autores, dentre eles José Afonso da Silva, valem-se dos ensinamentos do filósofo Immanuel Kant, que esclarece ser o homem um ser racional que existe como fim em si, e não simplesmente como um meio (como ocorre com os seres desprovidos de razão, a que chamamos de "coisas"). O trecho abaixo, de autoria de Kant, demonstra essa ideia:

> ao contrário, os seres racionais são chamados de *pessoas*, porque sua natureza já os designa como fim em si, ou seja, como algo que não pode ser empregado simplesmente como meio e que, por conseguinte, limita na mesma proporção o nosso arbítrio, por ser um objeto de respeito.[17]
>
> Ao analisar a obra de Kant neste ponto, Josué de Oliveira Rios escreveu: Logo, não podendo ser usadas como simples meios, as pessoas impõem-se como limite a todo arbítrio (são alvo absoluto de respeito). **Pessoas, portanto, não são meros fins subjetivos de nossas ações, mas fins objetivos, como referido antes, e fins objetivos tais que não podem ser substituídos, colocandose algo em seu lugar.** Até mesmo porque, diz Kant, se recusássemos a pessoa humana como fim em si mesmo, não restaria coisa algum

---

[16] Soares, Ricardo Maurício Freire. **A nova interpretação do Código brasileiro de defesa do consumidor**. São Paulo: Saraiva, 2007, p.78.

[17] Kant, Immanuel. Fondements de la Métaphysique des Moeurs. Tradução de Victor Delbos. Paris: Librairie Philosophique J. Vrin, 1992, p.104, Silva, José Afonso da. **Comentário contextual à Constituição**. 8.ed. Atualizada até a Emenda Constitucional 70, de 22.12.2011.
São Paulo: Malheiros, 2011, p.39.

a ser concebida como portadora de valor absoluto, o que, por certo, tornaria prescindível a ideia de imperativo categórico.[18] (grifos meus)

Imperativo categórico é um preceito moral, dados imediatos da consciência que evidenciam que o bem deva ser feito.[19]

Ainda sobre o aspecto de tratar o homem como fim e não como meio, vale trazer para este estudo o trecho de Jacques Mugliosi referente à parte da obra de Kant, e à citação de Canotilho e Vital Moreira, ambos transcritos abaixo, nesta ordem:

Quando a existência social nos obriga a tratarmo-nos mutuamente como meios, devemos igualmente saber que somos semelhantes que exigem ser tratados absolutamente como fins. Nenhuma necessidade empírica inerente à organização social me autoriza a perder de vista o princípio absoluto da humanidade. A 'dignidade' propriamente jurídica da pessoa impõem-se em todas as ocasiões, obriga-me a tratar o homem, seja ele qual for e faça o que fizer, sempre e também, como fim. Nenhuma necessidade técnica ou econômica, social ou política, seja qual for o seu preço, seja qual for a sua urgência, consegue suspender ou adiar o absoluto respeito pela humanidade de cada homem. Basta considerar que sempre em cada homem a razão é aquilo pelo qual ele se define. Esquecê-lo é negar o homem. Nunca nenhuma circunstância teve um caráter suspensivo em relação aos nossos deveres para com a humanidade.[20]

---

[18] Rios, Josué de Oliveira. **O direito do consumidor como instrumento de garantia e concretização da dignidade da pessoa humana**. Tese de Doutorado em Direito das Relações Sociais. São Paulo: Pontifícia Universidade Católica, 2008, 325 f., p.35.

[19] A respeito deste conceito em Kant, Miguel Reale escreveu: "Eis, pois, como o imperativo categórico é o fundamento da moral kantiana. Quando um imperativo vale por si só, objetivamente, sem precisar de qualquer fim exterior, dizemos que é um imperativo autônomo. A moral é autônoma. Os imperativos morais prescindem de qualquer outra justificação. São fins de si mesmos. Quando a Moral diz 'não mates', não precisa de qualquer outra justificação. O próprio imperativo moral basta-se a si mesmo, não requer outra finalidade, senão aquela que se contém no próprio enunciado. Os preceitos autônomos, que se bastam a si mesmos, por conterem em si próprios a sua finalidade, são preceitos morais." (Reale, Miguel. **Filosofia do Direito**. São Paulo: Saraiva, 1953, p.567).

[20] Muglioli, Jacques. Comentários à obra de Emmanuel Kant. **Fundamentos da Metafísica dos Costumes**. Tradução de Antonio Maia da Rocha. Lisboa: Didáctica, 1988, p.159,

Ao basear a República na **dignidade da pessoa humana**, a Constituição explicita de forma inequívoca que o 'poder' ou 'domínio' da República terá de assentar em dois pressupostos ou precondições: (1) primeiro está a pessoa humana e depois a organização política; (2) a pessoa é sujeito e não objeto, é fim e não meio de relações jurídico-sociais. Nestes pressupostos radica a elevação da *dignidade da pessoa humana* a trave mestra de sustentação e legitimação da República e da respectiva compreensão da organização do poder público [...].[21]

Interessante também o aspecto do "todo na unidade", presente no ato de respeito ao ser humano, expressado por Kant da seguinte forma:

Age de tal sorte que consideres a Humanidade, tanto na tua pessoa como na pessoa de qualquer outro, sempre e simultaneamente como fim e nunca simplesmente como meio. [...] os seres racionais estão submetidos à *lei* segundo a qual cada um deles jamais se trate a si mesmo ou aos outros *simplesmente como meio*, mas sempre e *simultaneamente como fins em si*. [...] o homem não é uma coisa, não é, por consequência, um objeto que possa ser tratado simplesmente como meio, mas deve em todas as suas ações ser sempre considerado como um fim em si.[22]

A respeito da pessoa humana, Jacques Maritain discorre sobre a sua vocação natural ao afirmar: "o homem encontra-se a si próprio subordinando-se ao grupo, e o grupo não atinge sua finalidade senão servindo o homem e sabendo que o homem tem segredos que escapam ao grupo e uma vocação que o grupo não contém".[23]

---

apud Rios, Josué de Oliveira. **O direito do consumidor como instrumento de garantia e concretização da dignidade da pessoa humana**. Tese de Doutorado em Direito das Relações Sociais. São Paulo: Pontifícia Universidade Católica, 2008, p.43.

[21] Canotilho, José Joaquim Gomes; Moreira, Vital. **Fundamentos da Constituição**. Coimbra: Coimbra. 1991, p.198.

[22] Kant, Emmanuel. **Fondements de la Métaphysique des Moeurs**. Tradução de Victor Delbos. Paris: Librarie Philosophique J. Vrin, 1992, p.105 e seguintes apud Silva, José Afonso da. **Comentário contextual à Constituição**. 8.ed. Atualizada até a Emenda Constitucional 70, de 22.12.2011. São Paulo: Malheiros, 2011, p.39.

[23] Maritain, Jacques. Os direitos do homem e a lei natural, p.29 apud Nery, Rosa Maria de Andrade. Introdução ao pensamento jurídico e à teoria geral do direito privado. São

REFERENCIAL CONSTITUCIONAL DA PRIVACIDADE NO ORDENAMENTO JURÍDICO...

Integrado na esfera social, a pessoa humana deve ser entendida, também, a partir dos direitos humanos, conquistados a partir de grandes lutas, conforme leciona Regina Vera Villas Bôas:

> Em apertada síntese, pode-se concluir que os Direitos Humanos são conhecidos e apreciados a partir de gerações ou dimensões, acolhendo-se, entre outros, os direitos de primeira dimensão (direitos civis e políticos) que compreendem as liberdades clássicas, negativas ou formais, enaltecedoras do princípio da liberdade; os direitos de segunda dimensão, que se reportam aos direitos econômicos, sociais e culturais, abrangentes das liberdades positivas, reais ou concretas, que realçam, principalmente, o princípio da igualdade; os direitos de terceira dimensão, que são aqueles que materializam direitos de titularidade coletiva e/ou difusa, conferidos a distintas categorias sociais, consagradores do princípio da solidariedade, na busca da união fraterna dos homens, cuja sobrevivência depende do ambiente sadio e ecologicamente equilibrado. A trajetória da conquista dos Direitos Humanos cresce buscando preservar e proteger a dignidade da condição humana, que somente adquire inteireza com a manutenção efetiva da sustentabilidade, com a garantia do meio ambiente sadio e ecologicamente equilibrado e a preservação das presentes e futuras gerações, realizando, assim, a vida.[24]

Há, portanto, um valor absoluto (dignidade) em relação ao homem, valor este a ser respeitado por todos da sociedade. Inicialmente a preocupação era que este respeito se desse por parte do Estado, mas ao longo do tempo isso se estendeu para o dever de respeito, também, pelos demais membros da sociedade[25].

Paulo: RT, 2008, p.136 apud Villas Bôas, Regina Vera. Concretização dos postulados da Dignidade da Condição Humana e da Justiça: vocação contemporânea da responsabilidade civil – **Revista de Direito Privado**. (Coord.) Nelson Nery Jr. e Rosa M. Nery. São Paulo: RT, ano 12, nº 47, jul-set. 2011, volume especial. (Org.) Regina Vera Villas Bôas, p.35.

[24] Villas Bôas, Regina Vera. Um olhar transverso e difuso aos Direitos Humanos de terceira dimensão: a solidariedade concretizando o dever de respeito à ecologia e efetivando o postulado da dignidade da condição humana. **Revista de Direito Privado** – São Paulo: RT. (Coord.) Nelson Nery Jr. e Rosa M. Nery, Ano 13, nº 51, jul-set, 2012, p.14.

[25] "A incidência valorativa dos Direitos Fundamentais nas relações jurídicas entre pessoas tomadas pela sua noção de indivíduos é processo em construção. Nada obstante a noção

O DIREITO À PRIVACIDADE E À PROTEÇÃO DOS DADOS DO CONSUMIDOR

Apresentada esta apertada síntese a respeito do princípio constitucional da dignidade da pessoa humana e de sua "vedação ao tratamento do ser humano como coisa", passa-se, agora, à ligação desse princípio com os direitos da personalidade. Assim, segundo Elimar Szaniawski:

> Nossa Constituição, embora não possua inserido em seu texto um dispositivo específico destinado a tutelar a personalidade humana, reconhece e tutela o direito geral de personalidade através do *princípio da dignidade* da pessoa, que consiste em uma *cláusula geral* de concreção da proteção e do desenvolvimento da personalidade do indivíduo. Esta afirmação decorre do fato de que **o princípio da dignidade, sendo um princípio jurídico fundamental diretor, segundo o qual deve ser lido e interpretado todo o ordenamento jurídico brasileiro**, constitui-se na cláusula geral de proteção da personalidade do indivíduo, uma vez ser a pessoa natural o primeiro e o último destinatário da ordem jurídica. O constituinte brasileiro optou por construir um sistema de tutela da personalidade humana, alicerçando o direito geral da personalidade pátrio a partir do princípio da dignidade da pessoa humana [...]".[26] (Grifos meus)

Os direitos da personalidade ganharam força com a inclusão do princípio da dignidade da pessoa humana nas constituições ocidentais. Segundo Roxana Cardoso Brasileiro Borges,

> Renan Lotufo conta que os direitos de personalidade passaram a ter uma relevância maior depois da Segunda Guerra Mundial, a partir da Declara-

de direitos fundamentais tenha sua origem na garantia de liberdades do indivíduo frente ao Estado, com uma eficácia vertical, o processo histórico acabou por alargar o espectro e o campo de eficácia destes direitos. É corrente o estudo das diferentes gerações de direitos fundamentais, **bem como de sua eficácia em face de outros indivíduos**, ainda que em patamar de igualdade, e não somente em face do Estado." (Grifo acrescido ao original). Fachin, Luiz Edson; Ruzyk, Carlos Eduardo Pianovski. Direitos Fundamentais, dignidade da pessoa humana e o novo Código Civil. In: Sarlet, Ingo Wolfgang (Org.). **Constituição, Direitos Fundamentais e Direito Privado**. 2.ed. rev. e ampl. Porto Alegre: Livraria do Advo gado, 2006, p.90.

[26] Szaniawski, Elimar. **Direitos de personalidade e sua tutela**. 2.ed.rev., atual. e ampl., São Paulo: RT, 2005, p.137.

30

ção Universal dos Direitos Humanos. O autor aponta a dignidade como fundamento dos direitos de personalidade ao vincular o crescimento de tais direitos à inserção do respeito à dignidade humana nos novos sistemas constitucionais. Para Renan Lotufo, os direitos de personalidade são, *o mínimo imprescindível para o ser humano desenvolver-se dignamente.*[27]

O que a doutrina intitula hoje direito da privacidade abrange tanto o direito à intimidade como à vida privada, conceitos que serão abordados no próximo tópico.

1.2 Direito à privacidade e à intimidade na Constituição Federal

Passa-se, agora, à análise do art. 5º, X, da CF, que prevê os principais direitos especiais da personalidade e eleva a defesa do consumidor ao rol das garantias individuais (inciso XXXII):

> Art. 5º – Todos são iguais perante a lei, sem distinção de qualquer natureza, garantindo-se aos brasileiros e aos estrangeiros residentes no País a inviolabilidade do direito à vida, à liberdade, à igualdade, à segurança e à propriedade, nos termos seguintes: [...]
> X – são invioláveis a intimidade, a vida privada, a honra e a imagem das pessoas, assegurado o direito a indenização pelo dano material ou moral decorrente de sua violação; [...]
> XXXII – o Estado promoverá, na forma da lei, a defesa do consumidor;

José Afonso da Silva esclarece que a intimidade, prevista no art. 5º, X, vem tratada de forma distinta de outras manifestações da privacidade: a vida privada, a honra e a imagem das pessoas. Para o autor, vida privada é um conceito que, no atual texto constitucional, distingue-se do direito à intimidade. São dele as seguintes palavras:

> VIDA PRIVADA. É também inviolável. Não é fácil distinguir "vida privada" de "intimidade". Aquela, em última análise integra a esfera íntima da pessoa, porque é repositório de segredos e particularidades de foro moral e íntimo

---

[27] Borges, Roxana Cardoso Brasileiro. **Direitos de Personalidade e Autonomia Privada.** 2.ed. São Paulo: Saraiva, 2009, p.13.

do indivíduo. Mas a Constituição não considerou assim. Deu destaque ao conceito, para que seja mais abrangente, como conjunto de modo de ser e viver, como direito do indivíduo de viver sua própria vida. Parte da constatação de que a vida das pessoas compreende dois aspectos: um voltado para o exterior e outro para o interior. **A *vida exterior*, que envolve a pessoa nas relações sociais e nas atividades públicas, pode ser objeto de pesquisa e das divulgações de terceiros, porque é pública. A *vida interior*, que se debruça sobre a mesma, sobre seus membros, é que integra o conceito de *vida privada*** inviolável nos termos do inciso em comento.[28] (Grifos meus)

Renan Lotufo também distingue o direito à intimidade do direito à privacidade, apontando aspecto de abrangência: "o campo da intimidade é mais restrito que o da privacidade".[29]

Neste sentido, agrega-se o entendimento de Paulo José da Costa Jr. para quem, em linhas gerais, a esfera privada compreende "todos aqueles comportamentos e acontecimentos que o indivíduo não quer que se tornem de domínio público."[30] E a respeito da esfera da intimidade, leciona:

Fazem parte desse campo conversações ou acontecimentos íntimos, dele estando excluídos não só os *quivis ex populo*, como muitos membros que chegam a integrar a esfera pessoal do titular do direito à intimidade. Vale dizer, da esfera da intimidade resta excluído não apenas o público em geral, como é óbvio, bem assim determinadas pessoas, que privam com o indivíduo num âmbito mais amplo.[31]

Por fim, o autor traz ainda **a esfera do segredo**, aquela na qual o indivíduo preserva assuntos a respeito dos quais compartilha com pouquíssimos amigos.

---

[28] Silva, José Afonso da. **Comentário contextual à Constituição**. 8.ed. Atualizada até a Emenda Constitucional 70, de 22.12.2011. São Paulo: Malheiros, 2011, p.104.

[29] Lotufo, Renan. **Código Civil comentado**: parte geral (arts. 1º a 232). São Paulo: Saraiva, 2003, p.82 apud Borges, Roxana Cardoso Brasileiro. **Direitos de Personalidade e Autonomia Privada**. 2.ed. São Paulo: Saraiva, 2009, p.167.

[30] Costa Jr. Paulo José da. **O direito de estar só**. Tutela Penal da Intimidade. 4.ed. rev. e atual., São Paulo: RT, 2007, p.29.

[31] Costa Jr. Paulo José da. **O direito de estar só**. Tutela Penal da Intimidade. 4.ed. rev. e atual., São Paulo: RT, 2007, p.30.

Paulo José da Costa Jr. ilustra a situação com os círculos concêntricos da esfera da vida privada. O esquema desta ideia está disponível em uma das edições mais recentes da obra[32] deste autor. No esquema a esfera central é a do "segredo", logo a esfera da "intimidade" e por fim a esfera da "privacidade", que engloba as duas esferas citadas. Importante frisar que de aludida transcrição constam expressões em alemão, porque em suas notas de rodapé Costa Junior faz menção ao autor alemão Henkel e a sua obra "Der Strafschults des Privatlebens Gegen Indiskretion"[33]. Abaixo a transcrição da descrição das esfera que consta por extenso, ainda sem ilustração ou esquema, na primeira publicação da tese de doutorado de Costa Júnior.

A esfera da vida particular ou privada poderia ser subdividida em círculos concêntrico, de diâmetros progressivamente menores, na medida exata em que se for a intimidade restringindo. Escreveu referido autor que:

> Assim, o âmbito maior seria abrangido pela esfera privada *stricto sensu* (*Privatsphäre*). Nele, estão compreendidos todos aqueles comportamentos e acontecimentos que o indivíduo deseja que não se tornem do domínio público. [...]
> No bojo da esfera privada está contida a esfera da intimidade (*Vertrauenssphäre*) ou esfera confidencial (*Vertraulichkeitssphäre*). Dela participam somente aquelas pessoas nas quais o indivíduo deposita certa confiança e com as quais mantém certa familiaridade. Fazem parte deste campo as conversações ou acontecimentos íntimos, dele estando excluídos não só os *quivis ex populo*, como muitos membros que chegam a integrar a esfera pessoal do titular do direito à intimidade. Vale dizer, da esfera da intimidade resta excluído não apenas o público em geral, como é óbvio, bem assim determinadas pessoas, que privam com o indivíduo num âmbito mais amplo.

---

[32] Costa Jr. Paulo José da. **O direito de estar só**. Tutela Penal da Intimidade. 4.ed. rev. e atual., São Paulo: RT, 2007, p.31.

[33] Por meio de contato com um instituto de Düsseldorf foi possível obter o texto integral, de 1957, do então professor da Universidade de Hamburgo, Dr. Heinrich Henkel, intitulado: "Der Strafschutz des Privatlebens Gegen Indiskretion".

Por derradeiro, no âmago da esfera privada, está aquela que deve ser objeto de especial proteção contra a indiscrição: a esfera do segredo (*Geheimsphäre*) Ela compreende aquela parcela da vida particular que é conservada em segredo pelo indivíduo, do qual compartilham uns poucos amigos, muito chegados. Desta esfera não participam, assim, sequer as pessoas da intimidade do sujeito. Consequentemente, a necessidade de proteção legal, contra a indiscrição, nesta esfera, faz-se sentir mais intensa.

Transportando esta ideia das esferas para o tema dos dados comumente coletados, cadastrados e dos utilizados pelos fornecedores, conclui-se ser frequente que estas informações estejam situadas na esfera da privacidade e, com menor frequência, na da intimidade ou do segredo. Isto será melhor esclarecido quando estudada a natureza das informações coletadas que compõem os bancos de dados[34], ao longo do capítulo 3.

Interessante notar que o direito ao respeito à privacidade tem cada vez menos relação com o segredo e mais proximidade com o controle da pessoa sobre os seus dados. O termo segredo é aqui empregado no sentido coloquial e amplo, ou seja, para designar sigilo, e não no sentido mais técnico e estrito mencionado acima ou como ele é utilizado na área da Propriedade Industrial (exemplo: segredo industrial).

Isto, porque, o consumidor já está habituado a fornecê-los para realizar compras ou contratar serviços. Além disso, muitos têm "perfis" em *sites* de relacionamento na internet, como Instagram, *Facebook,* ou Tik Tok que contam com milhões de usuários no Brasil[35]. Nestes "perfis", as pessoas divulgam seus dados pessoais para efetivar o cadastro além de compartilharem publicamente, no ambiente virtual, diversas informações privadas sobre o seu modo de vida, como por exemplo, o *status* de relacionamento afetivo (casado, solteiro, etc.), dentre outras.

---

[34] Se se tratam de dados que revelam o perfil de consumo e a área de atuação da pessoa ou informações a respeito de débitos do indivíduo.

[35] De acordo com o site RESULTADOS DIGITAIS as três redes mencionados tem no Brasil em 2022, respectivamente, cerca de: 122 milhoes de usuários, 116 milhões de usuários e 73,5 milhões de usuários. Informação disponível no link: www.resultadosdigitais.com.br Último acesso em 06.06.2022.

A preocupação que antes era voltada principalmente para a tutela do direito a ser deixando só e do direito ao recato, agora está menos voltada à privacidade de certos dados (porque as pessoas sabem que há um certo grau de publicidade) e mais focada no uso destes dados, no fato de o indivíduo poder controlar a forma de coleta, organização e uso das informações.

A respeito da relevância que é atribuída atualmente ao tema do controle sobre as informações pessoais, Anderson Schreiber e Stefano Rodotá, respectivamente, escreveram.

> Como se vê, a tutela da privacidade, nessa nova acepção, não se contenta com a proibição à intromissão alheia na vida íntima (dever geral de abstenção). Impõe também deveres de caráter positivo, como o dever de solicitar autorização para a inclusão do nome de certa pessoa em um cadastro de dados ou o dever de possibilitar a correção de dados do mesmo cadastro pelo titular, a qualquer tempo."[36].

> A distinção entre o direito ao respeito da vida privada e familiar e o direito à proteção de dados pessoais não é bizantina. O direito ao respeito da vida privada e familiar reflete, primeira e principalmente, um comportamento individualista: este poder basicamente consiste em impedir a interferência na vida privada e familiar de uma pessoa. Em outras palavras, é um tipo de proteção estático, negativo. Contrariamente, a proteção de dados estabelece regras sobre os mecanismos de processamento de dados e estabelece a legitimidade para a tomada de medidas – *i.e.* é um tipo de proteção dinâmico, que segue o dado em todos os seus movimentos [....]."[37]

Também há uma preocupação em evitar a discriminação do consumidor, a partir de dados pessoais armazenados sobre ele. Neste sentido, a LGPD no art. 6º inciso II, prevê a não discriminação como um dos critérios a serem observados no tratamento de dados pessoais.

---

[36] Schreiber. Anderson. **Direitos da Personalidade**. São Paulo: Atlas, 2011, p.131.

[37] Rodotà, Stefano. **A vida na sociedade da vigilância**: a privacidade hoje. (Org., seleção e apresentação) Moraes, Maria Cecilia Bodin de Moraes. Tradução de Danilo Doneda e Luciana Cabral Doneda. Rio de Janeiro: Renovar, 2008, p.17.

1.3 O direito à proteção de dados pessoais na Constituição Federal

O contexto da sociedade atual em que são várias atividades mercantis baseadas em dados pessoais e informações, muitas vezes coletados, fornecidos, e tratados, por aqueles a quem foram confiados, sem uma preocupação com a adoção de medidas técnicas e organizacionais que os proteja de vazamentos ou de acessos indesejados, somado a um contexto no qual os dados pessoais passaram a ter um valor econômico significativo para companhias que baseiam suas estratégias de negócio em dados de usuários ou clientes, levou o legislador a, muito recentemente, elevar a proteção de dados pessoais à categoria de direito fundamental, incluindo-o no rol dos direitos de que trata o art. 5º da Constituição Federal.

Faz-se referência aqui à Emenda Constitucional – EC nº 115 que tornou a proteção de dados pessoais um direito fundamental. Esta EC também traz regra expressa de ter a União a função de legislar sobre o tema. Competindo-lhe inclusive organizar e fiscalizar esta matéria.

Esta alteração constitucional veio de encontro ao fato de que a forma como os dados foram tratados durante muito tempo já havia ensejado acréscimos aos direitos das pessoas quando da criação, em 2018, da Lei Geral de Proteção de Dados Pessoais – "LGPD" (Lei nº 13.709 de 14 de agosto de 2018). Como esta lei prevê dentre seus dispositivos competência da Autoridade Nacional de Proteção de Dados para regular temas específicos e fiscalizar o cumprimento dela, por meio, se necessário da aplicação, a certos agentes de tratamento, de sanções, a EC mencionada confere à LGPD um elo constitucional mais forte do que o anteriormente existente que baseava-se, essencialmente, no princípio da dignidade da pessoa humana, no direito à proteção da privacidade e no direito à proteção do consumidor.

Dito isso, passa-se, a seguir, ao exame do *habeas data*, instituto que será examinado com ênfase nas questões do direito do consumidor.

1.4. O instituto do *habeas data* e o direito do consumidor

No art.5º, LXXII, da CF, constam previsões relacionadas a dados de arquivos do governo ou de caráter público, conforme demonstrado na transcrição que segue:

Art. 5º – Todos são iguais perante a lei, sem distinção de qualquer natureza, garantindo-se aos brasileiros e aos estrangeiros residentes no País a inviolabilidade do direito à vida, à liberdade, à igualdade, à segurança e à propriedade, nos termos seguintes: [...]

XXXIII – todos têm direito a receber dos órgãos públicos informações de seu interesse particular ou de interesse coletivo ou geral, que serão prestadas no prazo da lei, sob pena de responsabilidade, ressalvadas aquelas cujo sigilo seja imprescindível à segurança da sociedade e do Estado. [...]

LXXII – conceder-se-á *habeas data*[38]: a) para assegurar o conhecimento de informações relativas à pessoa do impetrante, constantes de registros ou banco de dados de entidades governamentais ou de caráter público [...].

Para resumir a finalidade deste instituto, a passagem de Bertram Antônio Stürmer elucida:

Temos para nós que o *habeas data* é ação mandamental, sumária, especial, destinada à proteção da pessoa frente a banco de dados de qualquer natureza, público ou privado, com caráter público, com o fim de permitir o conhecimento do que há de registro sobre sua pessoa e de retificá-los, complementá--los ou suprimi-los se inexatos ou inverídicos.[39]

Posteriormente, em 1990, com a publicação do CDC, o legislador fez menção expressa ao fato de que o banco de dados disciplinado no art. 43 da lei consumerista tinha caráter público[40]. Assim, restou claro que os arquivos de consumo poderiam legitimar o *habeas data*, figurando a entidade gestora dos dados no polo passivo da ação.

---

[38] Regulado pela Lei nº 9.507, de 12.11.1997.

[39] Stürmer, Bertram Antônio. Banco de dados e "Habeas data" no Código de Defesa do Consumidor. In: **Revista de Direito do Consumidor** [do Instituto Brasileiro de Política e Direito do Consumidor]. São Paulo: RT, v.1, 1992, p. 82. Importante destacar que o artigo data de 1992, portanto, anterior à Lei do Habeas Data de 1997. Mesmo assim, no que tange ao instituto do *habeas data*, a afirmação se mantém, por isso sua menção nesta pesquisa.

[40] Art.43, §4º – "Os bancos de dados e cadastros relativos a consumidores, os serviços de proteção ao crédito e congêneres são considerados entidades de caráter público."

Diversos autores da doutrina entendem pela aplicação deste instituto aos arquivos de consumo, dentre eles: Bertram Antônio Stürmer, Carlos Alberto Bittar, James Marins, Antônio Carlos Efing[41], Leonardo de Medeiros Garcia[42] e Bruno Miragem[43]. Segundo Bittar:

> Neste sentido deve-se anotar a possibilidade de uso do *habeas data*, como meio de obtenção de informações pelos consumidores, bem como a retificação de dados, quando os interessados não prefiram usar de processo sigiloso, administrativo ou judicial, nos termos em que se põe a garantia (Constituição Federal, art. 5º, LXXII)[44].

Importante mencionar que para evitar discussões sobre quais regras de processo civil seriam aplicáveis para instrumentar o *habeas data*, o legislador pátrio, em 1997, aprovou a lei que disciplina o seu procedimento para uso do consumidor. Nesse sentido, ao comentar o art. 43 do CDC, James Marins escreveu:

> A esses dispositivos de direito material concernentes aos cadastros de consumo, correspondem hoje, regras processuais encartadas na Lei nº 9.507 de 12.11.1997, a Lei do *Habeas Data* (LHD), que desde logo, seguindo a orientação do art. 43, § 4º do CDC prescreve em seu art. 1º, parágrafo único que 'considera-se de caráter público todo registro ou banco de dados contendo informações que sejam ou possam ser transmitidas a terceiros ou que não sejam de uso privativo do órgão ou entidade produtora ou depositária das informações'[45].

---

[41] Efing, Antônio Carlos. **Banco de dados e cadastro de consumidores**. Biblioteca de Direito do Consumidor 18. São Paulo: RT, 2002, p. 61-74.

[42] Garcia, Leonardo Medeiros. **Direito do consumidor**. Código Comentado e Jurisprudência. 8.ed. rev. ampl. e atual. pelas Leis nº 12.414/2011 (Cadastro Positivo) e 12.529/2011 (Nova Lei do CADE). Niterói, RJ: Impetus, 2012, p. 330.

[43] Miragem, Bruno. **Direito do Consumidor**: fundamentos do direito do consumidor; direito material e processual do consumidor; proteção administrativa do consumidor; direito penal do consumidor. São Paulo: RT, 2008, p.201.

[44] Bittar, Carlos Alberto. **Direitos do consumidor**: Código de Defesa do Consumidor, 7.ed. rev., atual. e ampl. por Eduardo C. B. Bittar. Rio de Janeiro: Forense, 2011, p.42.

[45] Marins, James. Habeas data, antecipação de tutela e cadastros à luz do Código de Defesa

Claro está, portanto, que o consumidor pode se valer do *habeas data* para assegurar o direito dele de ter acesso a seus dados, ou para retificá-los diante de incorreção. Cabe lembrar que, de acordo com o art. 21 da Lei do *habeas data*, também é possível haver procedimento administrativo para permitir o acesso à informação, a retificação de dados e as anotações no registro.

Por fim, a respeito do direito de acesso e retificação, vale mencionar que dentre os direitos que, enquanto titular de dado, o consumidor passou a ter com a LGPD está o de acesso aos seus dados e de correção deles, conforme previsto nos incisos II e III, respectivamente, do art. 18 desta lei.

1.5 Estudo dos direitos da personalidade previstos no Código Civil de interesse para esta pesquisa

1.5.1 Introdução aos direitos da personalidade

Antes de avaliar os dispositivos do Código Civil, cumpre introduzir, brevemente, alguns dos direitos que integram o direito da personalidade. Para tanto, introduz-se trechos do professor San Tiago Dantas e, mais adiante, de Maria Celina Bodin de Moraes.

Ao distinguir entre bens externos e internos, San Tiago Dantas afirma que estes últimos aderem à personalidade:

> Em primeiro lugar, para bem compreender-se o que sejam os direitos da personalidade, precisa-se partir da ideia de que o homem, para sua vida individual e social, precisa do gozo de certos bens que, na sua maior parte, estão no ambiente, pois são bens externos, são coisas móveis ou imóveis, corpóreas ou incorpóreas, que ele encontra fora de si, e de que precisa para o pleno gozo das suas faculdades, para o pleno desfruto de sua vida.
>
> Ao lado, porém, desses bens externos, existem outros que não se encontram no próprio homem, e de cujo gozo ele não pode ser privado sob pena de sofrer uma grave mutilação nos seus interesses; tais bens são interiores ou, por outra, bens que aderem à personalidade, enquanto que outros são bens externos sobre os quais o homem precisa se estender.

do Consumidor. In: **Revista de Direito do Consumidor** [do Instituto Brasileiro de Política e Direito do Consumidor]. São Paulo: RT, abr-jun., 1998, v.26, p.110.

Entre esses bens internos aderentes à personalidade estão a honra, a liberdade, a vida, a integridade corpórea, etc. [...][46].

Ainda, conforme o entendimento do autor, tem-se que

Em primeiro lugar, são direitos absolutos. Lembra-se do que são os direitos subjetivos absolutos? São aqueles que prevalecem contra todos, *erga omnes*. Quer isso dizer que, aos direitos do titular, corresponde um dever de todos os indivíduos que se encontram na sociedade e não um dever de uma determinada pessoa ou grupo de pessoas. Esse dever, que toca a todos, é um dever negativo, o dever de não perturbar o titular do direito, no gozo daquele direito.[47]

Antes de ser abordado o contexto do Código Civil, objeto do próximo item, transcreve-se, abaixo, trechos de Maria Celina Bodin de Moraes nos quais ela discorre a respeito da "cláusula geral de tutela da pessoa" e narra a importância do princípio constitucional da dignidade da pessoa humana na resolução de certos conflitos das relações privadas. Assim leciona a autora:

A polêmica acerca dos direitos humanos, ou dos direitos da personalidade, refere-se à necessidade de normatização dos direitos das pessoas em prol da concretude do princípio da dignidade da pessoa humana, do modo de

---

[46] Dantas, San Tiago. **Programa de Direito Civil**. Aulas proferidas na Faculdade Nacional de Direito. Texto revisto com anotações e prefácio de José Gomes Bezerra de Barros. Rio de Janeiro: Rio, 1979, p. 193-194. A respeito do dever negativo, vale transcrever o trecho do artigo desta pesquisadora, sobre o direito de vizinhança: "Tanto a diminuição do direto do proprietário, ao ter que se abster de usar de um benefício de sua propriedade, ainda que parcialmente, para não violar o direito do vizinho, quanto a situação que o proprietário tem que, por vezes, *tolerar* a ingerência alheia, faz, em ambos os casos, o *domínio* decair de sua plenitude". (Blum, Rita Peixoto Ferreira. O direito de vizinhança e sua correlação com os interesses difusos e coletivos. In: Passarelli, Luciano Lopes; Melo, Marcelo Augusto Santana de (Coords.). Revista de Direito Imobiliário. São Paulo: RT, v. 70, jan-jul., 2011, p. 227.

[47] Dantas, San Tiago. Programa de Direito Civil. Aulas proferidas na Faculdade Nacional de Direito. Texto revisto com anotações e prefácio de José Gomes Bezerra de Barros. Rio de Janeiro: Rio, 1979.

REFERENCIAL CONSTITUCIONAL DA PRIVACIDADE NO ORDENAMENTO JURÍDICO...

melhor tutelá-la, onde quer que se faça presente essa necessidade. Aqui, e desde logo, toma-se posição acerca da questão da tipicidade ou atipicidade dos direitos da personalidade. Não há mais, de fato, que se discutir sobre uma enumeração taxativa ou exemplificativa dos direitos da personalidade, porque se está em presença, a partir do princípio constitucional da dignidade, de uma cláusula geral de tutela da pessoa humana [...]

Mas não é só: o atual ordenamento jurídico, em vigor desde a promulgação da Constituição Federal de 05 de outubro de 1988, garante tutela especial e privilegiada a toda e qualquer pessoa humana, em suas relações extrapatrimoniais, ao estabelecer como princípio fundamental, ao lado da soberania e da cidadania, a dignidade humana. Como regra geral daí decorrente, pode-se dizer que, em todas as relações privadas nas quais venha ocorrer um conflito entre uma situação jurídica subjetiva existencial e uma situação jurídica patrimonial, a primeira deverá prevalecer, obedecidos, dessa forma, os princípios constitucionais que estabelecem a dignidade da pessoa humana como o valor cardeal do sistema.[48]

Maria Celina Bodin de Moraes faz, ainda, uma criativa analogia entre a relevância do princípio da dignidade da pessoa humana (no ordenamento jurídico brasileiro) e a importância (para a física do cientista Albert Einstein) da regra atinente à constância, no vácuo, da velocidade da luz:

Albert Einstein foi o primeiro a identificar a relatividade de todas as coisas: do movimento, da distância, da massa, do espaço, do tempo. Mas ele tinha em mente um valor geral e absoluto, em relação ao qual valorava a relatividade: a constância, no vácuo, da velocidade da luz. Seria o caso, creio eu, de usar esta analogia, a da relatividade das coisas e a do valor absoluto da velocidade da luz, para expressar que também no Direito, hoje, tudo se tornou relativo, ponderável, em relação, porém, ao único princípio capaz de dar harmonia, equilíbrio e proporção ao ordenamento jurídico de nosso tempo:

---

[48] Moraes, Maria Celina Bodin de. O conceito de dignidade da pessoa humana: substrato axiológico e conteúdo normativo. In: Sarlet, Ingo Wolfgang (Org.). **Constituição, Direitos Fundamentais e Direito Privado**. 2.ed. rev. e ampl. Porto Alegre: Livraria do Advogado, 2006, p.143-145.

a dignidade da pessoa humana, onde quer que ela, ponderados os interesses contrapostos, se encontre.[49]

Vale mencionar que os direitos da personalidade previstos no Código Civil e na Constituição Federal constituem um rol exemplificativo, e não exaustivo. Nesse sentido conclui Roxana Cardoso Brasileiro Borges, após citar vários doutrinadores que concordam com esta premissa. Relativamente à lista dos direitos da personalidade prevista no ordenamento brasileiro, escreveu:

> [...] com um simples olhar sobre a lista de direitos da personalidade que cada autor propõe: algumas são mais amplas que outras, na maioria dos casos, não se limitam às espécies expressas na legislação. Sempre extrapolam os direitos previstos na Constituição Federal e os positivados entre os arts. 11 e 21 do Código Civil de 2002, ainda que seja através de desdobramentos destes e daqueles. Se a doutrina e a jurisprudência pátria se tivessem restringido apenas aos direitos de personalidade expressos, poderíamos listar os seguintes: direito à vida e direito à liberdade (Constituição Federal, art. 5º, *caput*), direito à imagem (CF, art. 5º, V, X, e XXVIII, *a*; Código Civil de 2002, art. 20), direito à intimidade (CF 5º, X e LX), direito à vida privada (CF, art. 5º, X; CC/2002, art. 21); direito à honra (CF, art. 5º, X), direito ao sigilo (CF, art. 5º, XII), direito autoral (CF, art. 5º XXVII), direito à voz (CF, art. 5º XXVII), direito ao próprio corpo (CF/2002, arts. 13 a 15), direito ao nome (CC/2002, arts. 16 a19), direito à honra, boa fama ou respeitabilidade (CC/2002, art. 20), muitos também protegidos pelo Código Penal. É uma quantidade menor do que os que vêm sendo abordados pela doutrina.[50]

Portanto, há um reforço ao entendimento anterior de se ver os direitos da personalidade como uma cláusula geral aberta alinhada com o

---

[49] Moraes, Maria Celina Bodin de. O conceito de dignidade da pessoa humana: substrato axiológico e conteúdo normativo. In: Sarlet, Ingo Wolfgang (Org.). **Constituição, Direitos Fundamentais e Direito Privado**. 2.ed. rev. e ampl. Porto Alegre: Livraria do Advogado, 2006, p.149.

[50] Borges, Roxana Cardoso Brasileiro. **Direitos de Personalidade e Autonomia Privada**. 2.ed. São Paulo: Saraiva, 2009, p.28. Vale mencionar que esta obra é anterior à EC nº 115 que acrescentou a proteção de dados no rol de direitos fundamentais da CF.

princípio da dignidade da pessoa humana de maneira que não se tratam de direitos estanques e "engessados", estes da personalidade. Frise-se que a interpretação da cláusula geral, por natureza, é versátil e flexível, podendo ser adaptável conforme a realidade que vai se alterando com o passar do tempo.

Contextualizados os direitos da personalidade, passa-se ao seu estudo no Código Civil, lembrando que o enfoque para a finalidade desta pesquisa são os direitos da personalidade relacionados à privacidade, à intimidade, à honra[51] e à personalidade. Isto, porque, acredita-se que estes direitos, quando somados aos do consumidor, sejam os que têm maior potencial de sofrer com violações por parte do fornecedor em atividades de arquivo de dados, coleta de informações de consumidores, armazenamento ou divulgação de informações pessoais.

1.5.2 Previsão no Código Civil

No Código Civil de 2002 o legislador inovou ao trazer um capítulo específico sobre os direitos da personalidade. Deste capítulo, para o estudo em questão, merecem destaque os arts. 11, 12, 16, 17, 20 e 21, transcritos abaixo:

> Art. 11 – Com exceção dos casos previstos em lei, os direitos da personalidade são intransmissíveis e irrenunciáveis, não podendo o seu exercício sofrer limitação voluntária.
>
> Art. 12 – Pode-se exigir que cesse a ameaça, ou a lesão, a direito da personalidade, e reclamar perdas e danos, sem prejuízo de outras sanções previstas em lei.
>
> Parágrafo único. Em se tratando de morto, terá legitimação para requerer a medida prevista neste artigo o cônjuge sobrevivente, ou qualquer parente em linha reta, ou colateral até o quarto grau.

---

[51] Sobre o direito à honra, Leonardo Roscoe Bessa escreveu: "Ao contrário do que ocorre com o direito à privacidade, não há maiores polêmicas na compreensão do direito à honra. Em síntese, a honra é a projeção da dignidade humana, no seu aspecto de proteção dos dados pessoais". (Benjamin, Antonio Herman V.; Lima Marques, Claudia; e Bessa, Leonardo Roscoe. **Manual de direito do consumidor**. 5.ed. revista, atualizada e ampliada. São Paulo: RT, 2013, p.314).

Art. 16 – Toda pessoa tem direito ao nome, nele compreendidos o prenome e o sobrenome.

Art. 17 – O nome da pessoa não pode ser empregado por outrem em publicações ou representações que a exponham ao desprezo público, ainda quando não haja intenção difamatória.

Art. 20 – Salvo se autorizadas, ou se necessárias à administração da justiça ou à manutenção da ordem pública, a divulgação de escritos, a transmissão da palavra, ou a publicação, a exposição ou a utilização da imagem de uma pessoa poderão ser proibidas, a seu requerimento e sem prejuízo da indenização que couber, se lhe atingirem a honra, a boa fama ou a respeitabilidade, ou se se destinarem a fins comerciais. [...]

Art. 21 – **A vida privada da pessoa natural é inviolável, e o juiz, a requerimento do interessado, adotará as providências necessárias para impedir ou fazer cessar ato contrário a esta norma.** (Grifos meus)

Ao lado do aspecto de "direito subjetivo absoluto" mencionado acima, outros traços dos direitos da personalidade costumam ser apontados pelos doutrinadores. Nelson Nery Jr. e Rosa Maria de Andrade Nery resumem alguns deles:

> Os direitos da personalidade são *intransmissíveis* e *irrenunciáveis*, sendo *ilimitados* por ato voluntário, inclusive de seu titular. Está compreendida na irrenunciabilidade dos direitos da personalidade a *indisponibilidade*, pois seu titular deles não pode dispor livremente. Podem ser *inatos*, quando inerente à natureza humana (e.g. vida, liberdade, honorabilidade, autoestima) e *decorrentes* (*derivados ou adquiridos*), quando se formam em momento posterior ao nascimento da personalidade do sujeito de direito (e.g. direito moral do autor) (Rosa Nery, *Noções*, p. 143). São *perpétuos*, não podendo ser extintos (prescrição e decadência) pelo não uso. São *insusceptíveis de apropriação*, isto é, não se pode penhorá-los, nem explorá-los, tão pouco adquiri-los pela usucapião.[52]

---

[52] Nery Jr., Nelson; Nery, Rosa Maria de Andrade. **Código Civil Comentado**. São Paulo. 5. ed. rev. ampl. atual. até 15 jun. 2007, São Paulo: RT, 2007, p.201.

Esclarecem os autores que não obstante serem intransmissíveis os direitos da personalidade, seus efeitos patrimoniais não o são, ou seja, estes podem ser transmitidos. Existe a possibilidade, portanto, de o indivíduo explorar sua vida privada mediante remuneração.[53]

Vale lembrar, também, a relativização da característica da indisponibilidade tendo em vista a possibilidade de o indivíduo dispor de alguns de seus direitos da personalidade de forma gratuita, com base na autonomia privada e fundamentada na dignidade da pessoa humana. Nesse sentido, entende Leonardo Estevão de Assis Zanini:

> Aliás a sociedade moderna é rica em exemplos que demonstram a relativização da indisponibilidade dos direitos da personalidade e o reconhecimento de um autonomia privada com fundamentação diversa daquelas das relações patrimoniais, como é o caso da permissão para uso da imagem, do nome e da voz, **a autorização para divulgação de aspectos da privacidade e da intimidade**, a doação de órgãos, o consentimentos do envolvido em pesquisa científica, a participação em esportes perigosos e etc.[54] (Grifo meu)

Encerrada esta segunda etapa da contextualização dos direitos da personalidade na CF e no Código Civil de 2002, passa-se ao estudo do tema da proteção de dados do consumidor, abordado nos capítulos 2 e 3.

---

[53] Borges, Roxana Cardoso Brasileiro. **Direitos de Personalidade e Autonomia Privada**. 2.ed. São Paulo: Saraiva, 2009, p.165.

[54] Zanini, Leonardo Estevam Assis. **Direitos da personalidade**. Coleção Prof. Agostinho Alvim. São Paulo: Saraiva, 2011, p.207.

2.
A PROTEÇÃO DO CONSUMIDOR NA LEGISLAÇÃO PÁTRIA

2.1 Contexto histórico e fundamentação constitucional do Código de Defesa do Consumidor (CDC)

Em 15 de março de 1962, em discurso ao Congresso Americano, o ex-presidente John Kennedy reconheceu, relativamente aos consumidores, que "eles são o maior grupo econômico, influenciam e são influenciados por quase toda decisão econômica pública ou privada. Apesar disso, eles são o único grupo importante, cujos pontos de vista, muitas vezes não são considerados".

Posteriormente, em 1973, ocorreu a edição da Carta do Consumidor pelo Conselho da Europa e, em 1985, a Organização das Nações Unidas (ONU) estabeleceu algumas diretrizes voltadas à proteção do consumidor. Em 1988, a ONU criou, por meio de uma Resolução[55] uma política de proteção aos consumidores. Aos poucos, portanto, foi sendo reconhecida a desigualdade nas relações de consumo e a necessidade de haver uma proteção específica voltada ao consumidor.

A respeito deste período que antecedeu a edição do CDC, Carlos Alberto Bittar observou:

> [...] neste campo, notório o desequilíbrio existente – e percebido mesmo em épocas primitivas – em razão da força de que dispõem as empresas, que usam seu poderio econômico no mundo negocial, gerando preocupações à luz

---

[55] Resolução nº 39/248, de 09.04.1988. In: Bittar, Carlos Alberto. **Direitos do consumidor**: Código de Defesa do Consumidor, 7.ed. rev., atual. e ampl. por Eduardo C.B. Bittar. Rio de Janeiro: Forense, 2011, p. 5.

da preservação dos interesses dos consumidores, ou seja, dos destinatários finais de seus produtos (como adquirentes ou usuários de bens ou serviços). Daí a ocorrência de práticas comerciais lesivas: condicionamento do fornecimento de um produto à aquisição de outro; inobservância de normas técnicas na produção; deflagração de publicidade enganosa (apregoação de qualidades inexistentes, ou de propriedades ilusórias do produto ou do serviço); ausência ou insuficiência de informações aos consumidores ou, ainda, divulgação indevida de informações (depreciativa de ação do consumidor); inclusão de cláusulas contratuais abusivas (como as de perda de numerário; exoneração de responsabilidade; excesso de garantias e outras); colocação no mercado de produtos ou serviços viciados (como os casos de diferença de qualidade e de quantidade; de ausência de componente essencial e outros). Resultantes de um sistema econômico competitivo, **em que nem sempre se respeitam os valores éticos** que embasam a sua estruturação, essas práticas atingem consumidores, pessoal ou patrimonialmente, causando-lhes danos os mais diversos, conforme o caso, à vida, à saúde, à privacidade, a interesses econômicos, ou a bens outros.

Insuscetível de obter remédios adequados na rígida esquematização contratual dos Códigos, a **verticalidade** das posições nas relações de consumo – função, aliás, comum a todos os homens, mas não tomada em conta nas codificações – **vem suscitando o surgimento de legislação especial sobre a matéria**, a partir do efetivo reconhecimento da debilidade do consumidor em relação a grandes empresas em nosso século, especialmente na última década.[56] (Grifos meus)

---

[56] Bittar, Carlos Alberto. **Direitos do consumidor**: Código de Defesa do Consumidor, 7.ed. rev., atual. e ampl. por Eduardo C.B. Bittar. Rio de Janeiro: Forense, 2011, p.3. Nesta citação foram propositalmente grifadas as palavras "ética" e "verticalidade". A razão do grifo à palavra ética está ligada ao fato de que a falta de ética, no uso de dados dos consumidores, tema indireto da presente tese, é algo presente em alguns *players* que atuam no mercado de banco de dados de pessoas e empresas. Já a expressão "verticalidade" foi grifada porque, a respeito dos objetivos do CDC, mais de um doutrinador menciona o fim de se obter uma "eficácia horizontal", colocando as partes (consumidor e fornecedor) um pouco mais no mesmo plano (i.e. horizontalizadas). Cláudia Lima Marques discorre também a respeito da *eficácia horizontal* (que em alemão segue a expressão *Drittwirkung*) da lei de proteção ao consumidor. (Marques, Cláudia Lima. **Contratos no Código de**

A respeito do contexto histórico da Constituição de 1988, vale lembrar as palavras de Tancredo de Almeida Neves, que auxiliam na compreensão a respeito da correlação entre a "defesa do consumidor" e a "atividade econômica":

> Cabe ao Poder Público estabelecer as linhas básicas de uma defesa do consumidor que seja, simultaneamente, um instrumento de proteção aos direitos dos indivíduos e, de outra parte, um fator de aprimoramento da atividade econômica como um todo.
>
> Felizmente no Brasil não vingaram as teses que reduziam a defesa do consumidor a uma mera função fiscalizadora, fonte de mal-entendidos e desconfianças entre as forças de produção e do consumo. Ao contrário, prevalece em nosso País o moderno conceito de defesa do consumidor em que os reclamos do indivíduo não fiquem sem resposta, mas a própria fiscalização do consumidor atue como fator de harmonia, e não de divisão entre a produção e a satisfação das necessidades da população.[57]

Nesta tese também foi trazido o contexto da época de criação da previsão constitucional referente à proteção do consumidor. Isto, porque, Carlos Maximiliano, ao tratar do tema da interpretação das leis, relembra que uma das técnicas de hermenêutica consiste no fato de o intérprete transportar-se "em espírito" ao momento do surgimento da lei:

> A fim de descobrir o alcance eminentemente prático do texto, coloca-se o intérprete na posição do legislador: procura-se saber porque despontou a necessidade e qual foi primitivamente o objeto provável da regra, escrita ou consuetudinária; põe a mesma em relação a todas as circunstâncias determinantes de seu aparecimento, as quais, por isso mesmo, fazem ressaltar as exigências morais, políticas e sociais, econômicas e até mesmo técnicas, a que os novos dispositivos deveriam satisfazer: estuda, em suma, o ambiente

---

Defesa do Consumidor. 5.ed. rev., atual. e ampl. Biblioteca de Direito do Consumidor 1. São Paulo: RT, 2006, p.34).

[57] Neves, Tancredo de Almeida. Defesa do Consumidor. In: **Revista de Direito do Consumidor** [do Instituto Brasileiro de Política e Direito do Consumidor]. São Paulo: RT, v.77, jan-mar, 2011, p.49.

O DIREITO À PRIVACIDADE E À PROTEÇÃO DOS DADOS DO CONSUMIDOR

social e jurídico em que a lei surgiu; os motivos da mesma, a sua razão de ser; as razões históricas apreciáveis como causa da promulgação.[58]

Diante deste contexto, presente ao final dos anos de 1980, a Assembleia Constituinte reconheceu expressamente a necessidade de introduzir, no ordenamento jurídico pátrio, de uma lei especial voltada para a tutela do consumidor. Especial porque visava proteger um grupo específico de sujeitos (os consumidores). Do texto constitucional consta, inclusive, a previsão relativa ao dever do Estado de promover esta proteção (defesa), na forma da lei, conforme o art. 5º, XXXII, da CF:

Art. 5º – Todos são iguais perante a lei, sem distinção de qualquer natureza, garantindo-se aos brasileiros e aos estrangeiros residentes no País a inviolabilidade do direito à vida, à liberdade, à igualdade, à segurança e à propriedade, nos termos seguintes: [...] XXXII – O Estado promoverá na forma da lei, a defesa do consumidor.

Ademais, no art. 48, do Ato das Disposições Constitucionais Transitórias, a Assembleia Constituinte fez constar a previsão de que o Congresso Nacional, dentro de 120 dias da promulgação da Constituição, elaboraria o Código de Defesa do Consumidor (CDC).

Posteriormente, portanto, foi editada a Lei nº 8.078, de 11 de setembro de 1990, que se consubstanciou no CDC. Neste contexto, Claudia Lima Marques pontuou a relevância do CDC como uma norma cuja origem era claramente constitucional. Assim, o direito do consumidor na origem era um direito fundamental, posto que previsto no art. 5º, da CF[59], e assim permanece. Importante essa percepção porque, subjetivamente, direito fundamental é um princípio ordenador.

---

[58] Maximiliano, Carlos. **Hermenêutica e Aplicação do Direito**. 5ª tiragem. Rio de Janeiro: Forense, 2003, p.122.

[59] Marques, Cláudia Lima. **Contratos no Código de Defesa do Consumidor**. 5.ed.rev., atual. e ampl. Biblioteca de Direito do Consumidor 1. São Paulo: RT, 2006, p.373.

Como se verá abaixo o princípio da livre iniciativa[60] coexisti com o da defesa do consumidor, no art. 170, da CF (ambos princípios da atividade econômica do país):

> Art. 170 – A ordem econômica, fundada na valorização do trabalho humano e na **livre iniciativa**, tem por fim assegurar a todos **existência digna**, conforme os ditames da justiça social, observados os seguintes princípios: [...]
> V – **defesa do consumidor**; (Grifos meus)

Vidal Serrano Nunes Jr. e Yolanda Alves Penteado Serrano comentam a inserção da defesa do consumidor dentre os princípios previstos no art. 170, da CF:

> Após incluir a matéria na seara dos direitos fundamentais, fez o constituinte de 1988 uma segunda incursão: abriu o Título VII da Constituição com um capítulo denominado *"dos princípios gerais da atividade econômica"* e incluiu entre eles a defesa do consumidor (art. 170, V).
> O vocábulo *princípio* tem para o direito uma significação própria, de importância inconteste. [...]
> Destarte, ao abrir o título concernente à ordem econômica, quis o constituinte oferecer ao intérprete do texto constitucional um substrato para que toda a leitura do referido título restasse permeada pelos preceitos ali empalmados; é dizer, ali, se encontram os vetores da atividade econômica nacional, possuindo a precípua função de norteá-la e embasá-la.
> Dentre os princípios que elegeu o constituinte como indispensáveis para alicerçar a ordem econômica, repousa a defesa do consumidor, o que quer dizer que a ordem econômica, malgadro fundar-se na livre iniciativa, deverá observar e suportar o ônus decorrente da defesa do consumidor.

---

[60] O princípio da livre iniciativa consta do início do texto da Constituição da República Federativa do Brasil (CF), mais precisamente do art. 1º, inc. IV e é repetido, mais adiante, no "caput" do art. 170. Vale mencionar que este princípio, assim como a defesa do consumidor, consta dentre os fundamentos da LGPD, no artigo 2º, inciso VI da mesma.

> **Alçou o legislador a defesa do consumidor à categoria de *garantia-base*, sem a qual a atividade econômica não pode desenvolverse dentro do campo da legitimidade.[61]** (Grifos meus)

A respeito do art. 170, da CF, importante ressaltar que foram grifadas, na citação do artigo, as expressões *livre iniciativa* e *existência digna* (ambas do *caput*).

Na introdução desta pesquisa é mencionado que, se por um lado a coleta e o uso de dados de consumidores traz risco potencial à lesão do direito à privacidade caso os dados não sejam bem empregados, por outro lado, se bem utilizados, poderão ser úteis ao fornecedor e ao consumidor. Ao primeiro para o exercício da atividade econômica e, ao segundo, na satisfação de suas necessidades.

Esta confrontação harmônica de princípios terá por respaldo jurídico, não só o princípio da harmonia das relações de consumo, previsto no art. 4º, III, do CDC,[62] mas também, no princípio maior da dignidade da pessoa humana[63], pelas razões exposta no capítulo 1 deste livro[64].

---

[61] Nunes Jr., Vidal Serrano; Serrano, Yolanda Alves Pinto. **Código de Defesa do Consumidor Interpretado**. São Paulo: Saraiva, 2003, p.3.

[62] Neste sentido, vale transcrever a passagem de João Batista de Almeida: "Como já anotado, o objetivo da defesa do consumidor não é nem deve ser o confronto entre classes produtora e consumidora, senão o de garantir o cumprimento do objetivo da relação de consumo, ou seja, o fornecimento de bens e serviços pelos produtores e prestadores de serviço e o atendimento das necessidades do consumidor, este, porém, juridicamente protegido pela lei e pelo Estado". (Almeida, João Batista de. **Manual de direito do consumidor**. São Paulo: Saraiva, 2003, p.20).

[63] CF, art. 1º, inc. III.

[64] A respeito do princípio da dignidade da pessoa humana, escreveram Claudia Lima Marques e Bruno Miragem: "a aferição da legitimidade dos fins da ordem econômica deve respeitar, mediatamente, o princípio maior da dignidade da pessoa humana, conformador do próprio conceito de Estado Democrático de Direito consagrado na Constituição. Neste sentido, ao vincular os princípios conformadores da ordem constitucional econômica à dignidade da pessoa humana, por certo que o conteúdo daquela se vê informado pela realização das necessidades da pessoa, tal qual serão consagradas ou reconhecidas por norma constitucional própria. Neste sentido, se está a afirmar sobre direitos fundamentais próprios à satisfação de necessidades da pessoa, entre os quais aqueles que não garantam mera subsistência, senão uma forma qualificada de sobrevivência que entre nós, em linguagem comum, temos denominado de *qualidade de vida*. Dentre estes, insere-se o

A PROTEÇÃO DO CONSUMIDOR NA LEGISLAÇÃO PÁTRIA

O CDC é um diploma especial aplicável às relações jurídicas de consumo, assim entendidas como as que se dão entre um fornecedor e um consumidor e têm por objeto a contratação de um produto ou de um serviço, mediante remuneração. Aludido Código é composto por normas de ordem pública e interesse social[65].

Do CDC constam também prerrogativas e direitos especiais atribuídos ao consumidor. A tutela se dá nas esferas individual e coletiva. Tal atribuição de prerrogativa ao consumidor, pelo legislador, se deu como uma forma de reduzir no plano abstrato (das leis) uma desigualdade do plano concreto (da realidade), presente em muitas das relações jurídicas de consumo. Antonio Herman V. Benjamin assim esclarece a respeito dos objetivos do CDC:

> [...] Seu grande objetivo é corrigir as desigualdades existentes no mercado entre consumidor e fornecedor, sejam de caráter informativo, sejam de poder de barganha.
>
> O aparecimento do direito do consumidor decorre da incapacidade do mercado de consumo em proteger, com suas próprias leis, o consumidor de maneira adequada. Pela mesma razão explica-se a intervenção estatal que se observa nesta área, seja através de legislação especial promulgada pelo Congresso, seja mediante a expedição de normas administrativas e a criação de órgãos especializados de proteção do consumidor.[66]

conteúdo próprio do di reito fundamental do consumidor, que acabará por determinar em caso de aparente choque de princípios, opção por qual deles tutelará de modo mais efetivo a dignidade da pessoa hu mana." (Direito fundamental de proteção ao consumidor e os 20 anos da Constituição: fundamentos e desafios do direito do consumidor brasileiro contemporâneo. Ives Gandra-Rezek. CF, p. 664 apud Nery Jr., Nelson; Nery, Rosa Maria de Andrade. **Constituição Federal Comentada e Legislação Constitucional**. 2.ed. rev. ampl. e atual. até 15 jan. 2009, São Paulo: RT, 2009, p.642.

[65] BRASIL. Código de Defesa do Consumidor. Art. 1º.

[66] Benjamin, Antonio Herman V. Guia de Leitura: uma introdução ao código de defesa do consumidor. In: Lazzarini, Marilena; Rios, Josué de Oliveira; Nunes Jr., Vidal Serrano. **Código de Defesa do Consumidor anotado e exemplificado pelo Idec** – Instituto Brasileiro de Defesa do Consumidor, p.9-14, São Paulo: ASV, 1991, p.10.

Neste sentido, também o entendimento de Vidal Serrano Nunes Jr. e Yolanda Alves Pinto Serrano ao comentarem a inclusão da defesa do consumidor no rol dos direitos e garantias fundamentais do art. 5º, da CF. Ambos enfatizam o fato como o reconhecimento da vulnerabilidade do consumidor:

> Como se vê optou o constituinte por incluir a proteção do consumidor no elenco do art. 5º, dispositivo consagrador dos direitos e garantias fundamentais, tornando dever do Estado a sua efetivação e presumindo a posição de vulnerabilidade ocupada pelo consumidor na relação de consumo. Assim, **consubstancia-se o dever do Estado em proceder a uma horizontalização da relação de consumo, ou seja, deve a atividade interventora do Estado cingir-se em propiciar a paridade entre os pólos da relação de consumo, munindo o consumidor de instrumentos de defesa de seus direitos, contornando-o por uma verdadeira aura de proteção.**[67] (Grifos meus)

Esclarece-se ainda que, do CDC constam prerrogativas e direitos especiais atribuídos pelo legislador ao consumidor. Logo, importante saber quem é considerado consumidor nos termos da lei, aspecto que será analisado a seguir.

2.2 Quem é o consumidor cujo direito à proteção de dados o CDC quer tutelar?

O principal conceito de consumidor no CDC consta no art. 2º, *caput*: "Consumidor é toda pessoa física ou jurídica que adquire ou utiliza produto ou serviço **como destinatário final.**" (Grifo meu)

O legislador do CDC previu as pessoas física e jurídica como passíveis de enquadramento no conceito legal de consumidor. No caso da pessoa física, é fácil o enquadramento, porque mais comumente ela é a "destinatária final" do produto adquirido ou do serviço contratado. Geralmente ela fez a contratação para satisfazer uma necessidade pessoal, e não para revender ou reinserir o produto ou serviço em uma cadeia de produção que ele (contratante) porventura conduza.

---

[67] Nunes Jr., Vidal Serrano; Serrano, Yolanda Alves Pinto. **Código de Defesa do Consumidor Interpretado**. São Paulo: Saraiva, 2003, p.2.

A pessoa jurídica, em geral, contrata para "reinserir" o produto ou serviço em sua "cadeia de produção". Nestas circunstâncias, ela não é a destinatária final e, por consequência, não merece, *a priori*, a tutela da áurea de proteção (com prerrogativas e direitos especiais) que o CDC confere ao consumidor. O conceito é esclarecido na seguinte passagem de Antonio Herman V. Benjamin, escrita no ano seguinte à promulgação do CDC:

> A aquisição para revenda, por apresentar uma destinação eminentemente profissional, não é protegida pelo Código de Defesa do Consumidor. Não há aí consumidor, na acepção jurídica. Só a aquisição para fins não profissionais, isto é, a que não se processa no exercício das funções de produção, de transformação ou de distribuição, recebe a tutela especial do Código.[68]

A respeito do "destinatário final", há duas correntes de entendimento. A finalista e a maximalista. A primeira é a mais utilizada para definir quem é o consumidor previsto no art. 2º do CDC.

Claudia Lima Marques, em um de seus escritos sobre a visão da corrente finalista, escreveu:

> Destinatário final é aquele *destinatário fático e econômico* do bem ou serviço, seja ele pessoa física ou jurídica. Logo, segundo esta interpretação teleológica não basta ser destinatário fático do produto, retirá-lo da cadeia de produção, levá-lo para o escritório ou residência, é necessário ser destinatário final econômico do bem, não adquiri-lo para revenda, não adquiri-lo para uso profissional, pois o bem seria novamente instrumento de produção cujo preço será incluído no preço final do profissional que o adquiriu. Neste caso não haveria a exigida "destinação final" do produto ou do serviço. [...]
> Note que, de uma posição mais forte, influenciadas pelas doutrinas francesa e belga, os finalistas evoluíram para uma posição mais branda, se bem que sempre teleológica, aceitando a possibilidade do Judiciário, reconhecendo a vulnerabilidade de uma pequena empresa ou profissional, que adquiriu, por

---

[68] Benjamin, Antonio Herman V. Guia de Leitura: uma introdução ao código de defesa do consumidor. In: Lazzarini, Marilena; Rios, Josué de Oliveira; Nunes Jr., Vidal Serrano. **Código de Defesa do Consumidor anotado e exemplificado pelo Idec** – Instituto Brasileiro de Defesa do Consumidor. São Paulo: ASV, 1991, p.10.

exemplo, um produto fora de seu campo de especialidade, interpretar o art. 2º de acordo com o *fim da norma*, isto é, proteção ao mais fraco na relação de consumo, e conceder a aplicação das normas especiais do CDC analogicamente também a estes profissionais.[69]

Conforme verificou-se em um estudo da jurisprudência sobre a pessoa jurídica e o seu enquadramento no conceito legal de consumidor, a teoria finalista é hoje a majoritária no Brasil. Há, inclusive, um precedente do Supremo Tribunal Federal neste sentido[70]. A interpretação judicial a respeito deste tema será examinada no próximo item.

Antes, entretanto, cabe esclarecer que a lei não limitou a aplicação das regras sobre banco de dados ao destinatário final de produto ou serviço, consumidor *standard* previsto no art.2º, do CDC. Aplica-se também no caso de consumidor por equiparação, do art. 29 do Código, dispositivo que será analisado mais atentamente durante o estudo das decisões judiciais, mais adiante.

Conforme ensina Leonardo Roscoe Bessa:

O art. 29, já citado, ao equipar o consumidor às pessoas expostas à determinadas práticas, entre as quais às referentes aos bancos de dados e cadastros de consumo, também amplia os destinatários da norma jurídica.

Mais uma vez, é desnecessário, para pretender a proteção do Código de Defesa do Consumidor, a existência de relação contratual prévia. Na verdade, até pela natureza de algumas atividades, como a publicidade e a própria manutenção de banco de dados, seria ilógico exigir-se um prévio vínculo contratual entre os sujeitos. Uma publicidade enganosa, bem como um registro indevido (baseado em informação inverídica), caracterizam-se como ilícitos absolutos que, pela definição, ocorrem justamente quando há um sujeito passivo total na relação jurídica.

---

[69] Marques, Cláudia Lima. **Contratos no Código de Defesa do Consumidor**. 5.ed.revista, atualizada e ampliada. Biblioteca de Direito do Consumidor 1. São Paulo: RT, 2006, p.100.
[70] BRASIL. Supremo Tribunal Federal. Teka *versus* Aiglon, Sentença Estrangeira Contestada 5.847-1, relator ministro Maurício Corrêa, j. de 01.12.1999, RDC. 34, 2000, p.253-263.

Atenta a esta realidade, objetivou a lei esclarecer que, em várias situações, o Código de Defesa do Consumidor tem incidência independentemente de existência de vínculo contratual anterior entre as partes.[71]

2.3 Quando a pessoa jurídica se enquadra no conceito de consumidor do CDC?

Abaixo, foram colacionadas ementas que tratam da pessoa jurídica consumidor, separadas em dois grupos:

(1) decisões que claramente afastam a incidência do CDC quando a pessoa jurídica não é destinatária final do produto ou serviço e não restou demonstrada a sua vulnerabilidade;

(2) decisões que reconhecem a pessoa jurídica como consumidor, por ter se identificado e reconhecido, naquele caso concreto, que era ela (pessoa jurídica) "destinatária final", por estar contratando algo sem qualquer associação com sua atividade principal, e restou demonstrada sua vulnerabilidade técnica, jurídica ou econômica frente à parte fornecedora.[72]

Grupo (1) – contrárias à pessoa jurídica como consumidor tendo em vista não ser a destinatária final

RECURSO ESPECIAL Nº 1.016.458 -RS
Rel.: Min. Aldir Passarinho Junior/4ª Turma
EMENTA – Civil. Embargos à execução. Contrato de compra e venda. Insumo agrícola (adubo). Aplicação do Código de Defesa do Consumidor. Destinação final inexistente.

---

[71] Bessa, Leonardo Roscoe. Abrangência da disciplina conferida pelo Código de Defesa do Consumidor aos bancos de dados de proteção ao crédito. In: **Revista de Direito do Consumidor**. São Paulo: RT, v.42, p.151-172, abr-jun., 2002, p.163-164.

[72] Em diversas destas decisões, o embasamento jurídico do órgão que proferiu a decisão menciona o art. 29 do CDC, que trata do consumidor por equiparação. O artigo consta do capítulo do CDC a respeito das Práticas Comerciais: "Art.29 – Para os fins deste Capítulo e do seguinte, equiparam-se aos consumidores todas as pessoas determináveis ou não, expostas às práticas nele previstas".

I. A aquisição de insumos agrícolas para investimento em atividade produtiva, **não como destinatário final**, importa, de acordo com o entendimento sufragado nesta Corte, na inaplicação do CDC à espécie (REsp nº 541.867BA, Rel. para acórdão Min. Barros Monteiro, DJU de 16/05/2005).

II. Recurso especial não conhecido.

(STJ/DJe de 08/03/2010)[73] (Grifos meus)

PESSOA JURÍDICA. HIPOSSUFICIÊNCIA. FORO. ELEIÇÃO.

O serviço de crédito tomado pela pessoa jurídica em questão (sociedade empresária) junto à instituição financeira **foi, de certo modo, utilizado no fomento de sua atividade empresarial, no desenvolvimento de sua atividade lucrativa, de forma que a circulação econômica não se encerrou em suas mãos, não se caracterizando como destinatária final do bem ou do serviço adquirido.** Por isso, não há, no caso, relação de consumo entre as partes (teoria finalista ou subjetiva), o que afasta a aplicação do CDC. Desse modo a cláusula de eleição de foro posta no contrato de financia mento não pode ser considerada abusiva, porquanto inexiste qualquer circunstância que evidencie a situação de hipossuficiência da autora, a dificultar a propositura da ação no foro eleito. Precedentes citados: CC 39.666-SP, DJ 26.10.2005; REsp. n. 541-867-BA, DJ 16.05.2005; AgRg. No REsp. n. 927.911-RS, DJ 04.06.2007, e REsp. n. 827.318-RS, DJ 09.10.2006. (CC n. 92.519-SP, Rel. Min. Fernando Gonçalves, julgado em 16.02.2009). [74] (Grifos meus)

REVISIONAL. INSUMOS. COMPRA E VENDA. CONTRATO. CDC.

A Turma reiterou que **não considera relação de consumo, mas atividade de consumo intermediária, a aquisição de bens ou a utilização de serviços por pessoa física ou jurídica para implemento ou incremento de sua atividade comercial.** Na hipótese, houve contrato de permuta de 532 sacos de arroz de produção agrícola com 15 toneladas de adubo químico (NPK

---

[73] Quando da primeira edição desta obra esta informação estava disponível neste link, mas já não está: http://m.parana-online.com.br/colunistas/107/79647/.

[74] Bittar, Carlos Alberto. **Direitos do consumidor**: Código de Defesa do Consumidor, 7.ed. rev., atual. e ampl. por Eduardo C.B. Bittar.Rio de Janeiro: Forense, 2011, p.176. Ver também: REsp. n.701.370-PR, Rel. Min. Jorge Scartezzini, julgado em 16.08.2005.

04-12-08), o que se considera como obtenção de insumos para investimento na atividade comercial, e não como destinatário final. Precedente citado: REsp. n. 541.867-BA, DJ 16.05.2005. (REsp. n. 1.014.960-RS, Rel. Min. Aldir Passarinho Junior, julgado em 02.09.2008.)[75] (Grifos meus)

DIREITO DO CONSUMIDOR. PESSOA JURÍDICA. NÃO OCORRÊNCIA DE VIOLAÇÃO AO ART. 535 DO CPC. UTILIZAÇÃO DOS **PRODUTOS E SERVIÇOS ADQUIRIDOS COMO INSUMOS. AUSÊNCIA DE VULNE- RABILIDADE.** NÃO INCIDÊNCIA DAS NORMAS CONSUMERISTAS.

1. [...]
2. O art. 2º do Código de Defesa do Consumidor abarca expressamente a possibilidade de as pessoas jurídicas figurarem como consumidores, sendo relevante saber se a pessoa – física ou jurídica – é "destinatária final" do produto ou serviço. Nesse passo, somente se desnatura a relação consumerista se o bem ou serviço passa a integrar a cadeia produtiva do adquirente, ou seja, torna-se objeto de revenda ou de transformação por meio de beneficiamento ou montagem, ou, ainda, quando demonstrada sua vulnerabilidade técnica, jurídica ou econômica frente à outra parte.
3. No caso em julgamento, trata-se de sociedade empresária do ramo de indústria, comércio, importação e exportação de cordas para instrumen- tos musicais e afins, acessórios para veículos, ferragens e ferramentas, serralheria em geral e trefilação de arames, sendo certo que não utiliza os produtos e serviços prestados pela recorrente como destinatária final, mas como insumos dos produtos que manufatura, não se verificando, outrossim, situação de vulnerabilidade a ensejar a aplicação do Código de Defesa do Consumidor.[76]
4. Recurso especial provido.

---

[75] Bittar, Carlos Alberto. **Direitos do Consumidor**: Código de Defesa do Consumidor, 7.ed. rev., atual. e ampl. por Eduardo C.B. Bittar. Rio de Janeiro: Forense, 2011, p.187.
[76] Quando da primeira edição desta obra esta informação estava disponível neste link, mas já não está: http://www.stj.gov.br/SCON/pesquisar.jsp?b=ACOR&livre=733560 Também não foi reconhecida a relação jurídica de consumo e, por conseguinte, não foi aplicada a inversão do ônus da prova em agravo de instrumento havido no seio de Ação Declaratória de rescisão contratual de compra e venda de insumos agrícolas por produtor rural (Agravo de Instrumento n.57475-39.2010.8.09.0000, Rel. Dr. Carlos Alberto Franca, 2ª Câmara Cível, DJ 617, de 12.07.2010).

O DIREITO À PRIVACIDADE E À PROTEÇÃO DOS DADOS DO CONSUMIDOR

Outras Informações desta decisão:

Não é cabível a aplicação do Código de Defesa do Consumidor para reconhecer a abusividade da cláusula que estipula o consumo mínimo mensal obrigatório em contrato de fornecimento de gás e cessão de equipamentos em relação a sociedade empresária que não utiliza tais produtos como destinatária final, pois, mesmo que a jurisprudência do STJ reconheça a necessidade de, em situações específicas, abrandar o rigor do critério subjetivo do conceito de consumidor, para admitir a aplicação do CDC nas relações entre fornecedores e consumidores-empresários, verifica-se que a contratante não se insere em situação de vulnerabilidade, não podendo ser considerada consumidora por equiparação, figura prevista no art. 29 do CDC, aplicável à pessoa jurídica que comprova sua vulnerabilidade e cujo contrato com o fornecedor encontra-se fora do âmbito de sua especialidade. REsp 932557-SP. Rel. Min. Luis Felipe Salomão, 4ª Turma, data do julgamento: 07.02.2012, publicação no DJe em 23.02.2012." (Grifos meus)

CONSUMIDORA INTERMEDIÁRIA. INEXISTÊNCIA DE RELAÇÃO DE CONSUMO. RESPONSABILIDADE OBJETIVA CONFIGURADA. CASO FORTUITO. EXCLUDENTE NÃO CARACTERIZA. ESCOPO DE PACIFICAÇÃO SOCIAL DO PROCESSO. RECURSO NÃO RECONHECIDO.

1. No que tange à definição de consumidor, a Segunda Seção desta Corte, ao julgar, aos 10.11.2004, o REsp. n.541.867/BA, perfilhou-se à orientação doutrinária finalista ou subjetiva, de sorte que, de regra, o consumidor intermediário, por adquirir produto ou usufruir de serviço com o fim de, direta ou indiretamente, dinamizar ou instrumentalizar seu próprio negócio lucrativo, não se enquadra na definição constante do art. 2º do CDC. Denota-se, todavia, certo abrandamento na interpretação finalista, na medida em que se admite, excepcionalmente, a aplicação das normas do CDC a determinados consumidores profissionais, desde que demonstrada, *in concreto*, a vulnerabilidade técnica, jurídica ou econômica.

2. A recorrida, pessoa jurídica com fins lucrativos, caracteriza-se como consumidora intermediária, porquanto se utiliza dos serviços de telefonia prestados pela recorrente com intuito de viabilizar sua própria atividade produtiva, consistente no fornecimento de acesso à rede mundial de computadores (internet) e de consultorias e assessoramento na construção de *home pages*, em virtude do que se afasta a existência de relação de

consumo. Ademais, a eventual hipossuficiência da empresa em momento algum foi considerada pelas instâncias ordinárias [...]. (REsp. n. 660.026/RJ, Rel. Min. Jorge Scartezzini, Quarta Turma, julgado em 03.05.2005, DJ, 20.06.2005, p. 409).[77]

Grupo (2) – Equiparação da pessoa jurídica ao consumidor, por meio de abrandamento da teoria finalista, porque foi demonstrada a vulnerabilidade da contratante

AGRAVO REGIMENTAL. AGRAVO DE INSTRUMENTO. CONSUMIDOR. RELAÇÃO DE CONSUMO. CARACTERIZAÇÃO. DESTINAÇÃO FINAL FÁTICA E ECONÔMICA DO PRODUTO OU SERVIÇO. ATIVIDADE EMPRESARIAL. MITIGAÇÃO DA REGRA. VULNERABILIDADE DA PESSOA JURÍDICA. PRESUNÇÃO RELATIVA.

1. O consumidor intermediário, ou seja, aquele que adquiriu o produto ou o serviço para utilizá-lo em sua atividade empresarial, poderá ser beneficiado com a aplicação do CDC quando **demonstrada sua vulnerabilidade técnica, jurídica ou econômica frente à outra parte.**

2. Agravo regimental a que se nega provimento.

AgRgno AGRAVO DE INSTRUMENTO Nº 1.316.667–RO (2010/0105201-5) Rel. Min. Vasco Della Giustina (Desembargador convocado do TJ/RS), data do julgamento: 15.02.2011. [78] (Grifos meus)

PROCESSO CIVIL E CONSUMIDOR. AGRAVO DE INSTRUMENTO. CONCESSÃO DE EFEITO SUSPENSIVO. MANDADO DE SEGURANÇA. CABIMENTO. AGRAVO. DEFICIENTE FORMAÇÃO DO INSTRUMENTO. AUSÊNCIA DE PEÇA ESSENCIAL. NÃO CONHECIMENTO. RELAÇÃO DE CONSUMO. CARACTERIZAÇÃO. DESTINAÇÃO FINAL FÁTICA E ECONÔMICA DO PRODUTO OU SERVIÇO. ATIVIDADE EMPRESARIAL. MITIGAÇÃO DA REGRA. VULNERABILIDADE DA PESSOA JURÍDICA. PRESUNÇÃO RELATIVA.

---

[77] Bittar, Carlos Alberto. **Direitos do consumidor**: Código de Defesa do Consumidor, 7.ed. rev., atual. e ampl. por Eduardo C.B. Bittar. Rio de Janeiro: Forense, 2011, p.236.

[78] Quando da primeira edição desta obra esta informação estava disponível neste link, mas já não está: https://ww2.stj.jus.br/revistaeletronica/

[...]

– A jurisprudência consolidada pela 2ª Seção deste STJ entende que, a rigor, a efetiva incidência do CDC a uma relação de consumo está pautada na existência de destinação final fática e econômica do produto ou serviço, isto é, **exige-se total desvinculação entre o destino do produto ou serviço consumido e qualquer atividade produtiva desempenhada pelo utente ou adquirente. Entretanto, o próprio STJ tem admitido o temperamento desta regra, com fulcro no art. 4º, I, do CDC, fazendo a lei consumerista incidir sobre situações em que, apesar do produto ou serviço ser adquirido no curso do desenvolvimento de uma atividade empresarial, haja vulnerabilidade de uma parte frente à outra.**

– Uma interpretação sistemática e teleológica do CDC aponta para a existência de uma vulnerabilidade presumida do consumidor, inclusive pessoas jurídicas, visto que a imposição de limites à presunção de vulnerabilidade implicaria restrição excessiva, incompatível com o próprio espírito de facilitação da defesa do consumidor e do reconhecimento de sua hipossuficiência, circunstância que não se coaduna com o princípio constitucional de defesa do consumidor, previsto nos arts. 5º, XXXII, e 170, V, da CF. Em suma, prevalece a regra geral de que a caracterização da condição de consumidor exige destinação final fática e econômica do bem ou serviço, mas a presunção de vulnerabilidade do consumidor dá margem à incidência excepcional do CDC às atividades empresariais, que só serão privadas da proteção da lei consumerista quando comprovada, pelo fornecedor, a não vulnerabilidade do consumidor pessoa jurídica.

– Ao encampar a pessoa jurídica no conceito de consumidor, a intenção do legislador foi conferir proteção à empresa nas hipóteses em que, participando de uma relação jurídica na qualidade de consumidora, sua condição ordinária de fornecedora não lhe proporcione uma posição de igualdade frente à parte contrária. Em outras palavras, a pessoa jurídica deve contar com o mesmo grau de vulnerabilidade que qualquer pessoa comum se encontraria ao celebrar aquele negócio, de sorte a manter o desequilíbrio da relação de consumo. A "paridade de armas" entre a empresa-fornecedora e a empresa-consumidora afasta a presunção de fragilidade desta. Tal consideração se mostra de extrema relevância, pois uma mesma pessoa jurídica, enquanto consumidora, pode se mostrar vulnerável em determinadas relações de consumo e em outras não. Recurso provido. (RMS 27.512/BA, Rel. Min. Nancy Andrighi, DJe 23.09.2009)[79]. (Grifos meus)

Abaixo, segue outra decisão do STJ, da mesma relatora, porém, na qual a equiparação é expressamente mencionada pela hipótese do art. 29 do CDC[80]. O referido artigo analisa um outro conceito de "consumidor" que a doutrina costuma chamar de "consumidor por equiparação". Para sua incidência é imprescindível que a pessoa jurídica que pleiteia esta equiparação demonstre, dentre outros aspectos, a sua vulnerabilidade em face da outra parte (fornecedora).

Direito do consumidor – Recurso especial – Conceito de consumidor – Critério subjetivo ou finalista – Mitigação – Pessoa jurídica – Excepcionalidade – Vulnerabilidade – Constatação na hipótese dos autos – Prática abusiva – Oferta inadequada – Característica, quantidade e composição do produto – Equiparação (art. 29) – Decadência – Inexistência – Relação jurídica sob a premissa de tratos sucessivos – Renovação do compromisso – Vício oculto. A relação jurídica qualificada por ser 'de consumo' não se caracteriza pela pre-

---

[79] Quando da primeira edição desta obra esta informação estava disponível neste link, mas já não está: https://ww2.stj.jus.br/revistaeletronica/Abre_Documento.asp?sSeq=103 6201&sReg=201001052015&sData=20110311&formato=HTML

[80] No início do Capítulo V do CDC (Das Práticas Comercias) há um dispositivo introdutório: "Art. 29 – Para os fins deste capítulo e do seguinte, equiparam-se aos consumidores todas as pessoas determináveis ou não, expostas às práticas nele previstas." A respeito deste conceito de consumidor por equiparação, escreveu Nelson Nery Junior: "Em resumo, o banco é sempre fornecedor; no entanto, nem sempre seus contratos são contratos de consumo, impendendo-se analisar se se encontra presente o elemento finalístico caracterizador das relações de consumo (aquisição do produto ou utilização do serviço para destinação final do consumidor – art. 2º, caput). No entanto, quanto às práticas comerciais, publicidade e proteção contratual, todo aquele que se encontrar exposto a essas práticas comerciais, publicidades e proteção contratual, todo aquele que se encontrar exposto a essas atividades é igualmente consumidor, por força do que dispõe o art. 29 do CDC, independentemente de haver ou não adquirido o produto ou se utilizado do serviço, sendo irrelevante o elemento teleológico do conceito padrão de consumidor (destinatário final) contido no art. 2º, caput, do CDC." (Nery Jr., Nelson. Os princípios gerais do Código de Defesa do Consumidor. In: Revista de Direito do Consumidor [do Instituto Brasileiro de Política e Direito do Consumidor]. São Paulo: RT, set-dez. 1992, v.3, p.54).

O DIREITO À PRIVACIDADE E À PROTEÇÃO DOS DADOS DO CONSUMIDOR

sença de pessoa física ou jurídica em seus polos, mas pela presença de uma parte vulnerável, de um lado (consumidor), e de um fornecedor, de outro. **Mesmo nas relações entre pessoas jurídicas, se da análise da hipótese concreta decorrer inegável vulnerabilidade entre a pessoa jurídica consumidora e a fornecedora, deve-se aplicar o CDC na busca do equilíbrio entre as partes. Ao consagrar o critério finalista para interpretação do conceito de consumidor, a jurisprudência deste STJ também reconhece a necessidade de, em situações específicas, abrandar o rigor do critério subjetivo do conceito de consumidor, para admitir a aplicabilidade do CDC nas relações entre fornecedores e consumidores empresários em que fique evidenciada a relação de consumo.** São equiparáveis a consumidor todas as pessoas, determináveis ou não, expostas às práticas comerciais abusivas. (STJ, REsp. 476428-SC, j. 19.04.2005, Rel. Min. Nancy Andrighi) (Grifos meus)

Cláudia Lima Marques chama esta interpretação presente nos três últimos julgados, cujas ementas foram transcritas, de corrente "finalista aprofundada".[81]

Há, ainda, outras três decisões a respeito da pessoa jurídica-consumidor que merecem ser parcialmente transcritas por se referirem a situações nas quais a pessoa foi "destinatária final" do produto ou do serviço contratado.

CONSUMIDOR. SEGURO EMPRESARIAL CONTRA ROUBO E FURTO CONTRATADO POR PESSOA JURÍDICA. MICROEMPRESA QUE SE ENQUADRA NO CONCEITO DE CONSUMIDOR. CLÁUSULA LIMITATIVA QUE RESTRINGE A COBERTURA A FURTO QUALIFICADO. REPRODUÇÃO DA LETRA DA LEI. INFORMAÇÃO PRECÁRIA. INCIDÊNCIA DO ART. 54, § 4º, DO CDC.
1. O art. 2º do Código de Defesa do Consumidor abarca expressamente a possibilidade de as pessoas jurídicas figurarem como consumidores, **sendo relevante saber se a pessoa, física ou jurídica, é "destinatária**

---

[81] Benjamin, Antonio Herman V.; Lima Marques, Claudia; e Bessa, Leonardo Roscoe. **Manual de direito do consumidor**. 5.ed. revista, atualizada e ampliada. São Paulo: RT, 2013, p.97.

A PROTEÇÃO DO CONSUMIDOR NA LEGISLAÇÃO PÁTRIA

final" do produto ou serviço. Nesse passo, somente se desnatura a relação consumerista se o bem ou serviço passa a integrar uma cadeia produtiva do adquirente, ou seja, posto a revenda ou transformado por meio de beneficiamento ou montagem.

2. É consumidor a microempresa que celebra contrato de seguro com **escopo de proteção do patrimônio próprio contra roubo e furto, ocupando, assim, posição jurídica de destinatária final do serviço oferecido pelo fornecedor.**

3. Os arts. 6º, inciso III, e 54, §4º, do CDC, estabelecem que é direito do consumidor a informação plena do objeto do contrato, garantindo-lhe, ademais, não somente uma clareza física das cláusulas limitativas – o que é atingido pelo simples destaque destas – mas, sobretudo, clareza semântica, um significado unívoco dessas cláusulas, que deverão estar infensas a duplo sentido.

4. O esclarecimento contido no contrato acerca da abrangência da cobertura securitária que reproduz, em essência, a letra do art. 155 do Código Penal, à evidência, não satisfaz o comando normativo segundo o qual as cláusulas limitadoras devem ser claras, por óbvio, aos olhos dos seus destinatários, os consumidores, cuja hipossuficiência informacional é pressuposto do seu enquadramento como tal.

5. Mostra-se inoperante a cláusula contratual que, a pretexto de informar o consumidor sobre as limitações da cobertura securitária, somente o remete para a letra da Lei acerca da tipicidade do furto qualificado, cuja interpretação, ademais, é por vezes controvertida até mesmo no âmbito dos Tribunais e da doutrina criminalista. 6. Recurso especial não conhecido.

(REsp 814060 / RJ, RECURSO ESPECIAL n. 2006/0014606-0, Rel. Ministro Luis Felipe Salomão, 4ª Turma, data do julgamento 06.04.2010, data da publicação DJe 13.04.2010).[82]

---

[82] Quando da primeira edição desta obra esta informação estava disponível neste link, mas já não está: http://www.stj.gov.br/SCON/jurisprudencia/toc.jsp?tipo_visualizacao=&livre=%28%22L UIS+FELIPE+SALOM%C3O%22%29.min.&data=%40 DTDE+%3E%3D+20100401+e+% 40DTDE+%3C%3D+20100430&&b=ACOR&p=tr ue&t=&l=10&i=71. Também foi reconhecida a relação jurídica de consumo, sujeitando--se, portanto, às regras do CDC, o contrato oneroso havido entre o Instituto Brasileiro de Defesa do Consumidor (IDEC) e certa sociedade de beneficência e filantropia – plano de saúde, no REsp. n.519.310-SP, de relatoria da Min. Nancy Andrigh, julgado em 20.04.2004.

O DIREITO À PRIVACIDADE E À PROTEÇÃO DOS DADOS DO CONSUMIDOR

CONTRATO DE SEGURO EMPRESARIAL. CDC. É **considerada con-sumidora, a teor do art. 2º da Lei nº 8.078/1990 (Código de Defesa do Consumidor), a pessoa jurídica que contratou o seguro contra eventuais danos que venha a sofrer, dentre os quais, o roubo e furto de seu patri-mônio.** Na espécie, o contrato de seguro objetiva a proteção de seu pró-prio patrimônio e não dos clientes para os quais presta serviço. **A proteção objeto do seguro não integra, de forma alguma, os serviços prestados por ela.** Precedentes citados: REsp. n. 193.327-MT, DJ 10.05.1999 e REsp. n. 541.867-BA, DJ 16.05.2005 (REsp. n. 733.560-RJ, Rel. MIN. Nancy Andrighi, julgado em 11.04.2006).[83] (grifos meus)

CDC. CONTRATO. PESSOA JURÍDICA. FORO COMPETENTE. SERVI-ÇOS DE *SOFTWARE*. Para a determinação do foro competente para apre-ciar e julgar controvérsia referente a contrato entre pessoas jurídicas na uti-lização de serviços de suporte e manutenção de *software*, deve ser afastada a cláusula que prevê foro diverso do domicílio do autor da demanda, pela apli-cação extensiva do conceito de consumidor, *ex vi* dos arts. 2º e 101, I, do CDC. **A recorrente se enquadra em tal conceito porque os serviços prestados pela recorrida não são repassados aos consumidores da recorrente, sendo ela destinatário final desses.** Ela utiliza os serviços para controle de sua produção de alimentos. (REsp. n. 488.274-MG, Rel. Min. Nancy Andri-ghi, julgado em 22.05.2003).[84]

2.3.1 A vulnerabilidade do consumidor

Percebe-se pelos julgados colacionados à tese que o elemento "vulnera-bilidade da pessoa jurídica", em muitos casos, foi o que permitiu estabe-lecer se se tratava ou não de pessoa jurídica-consumidor ("consumidor profissional").

Logo, interessante destacar trechos de Claudia Lima Marques nos quais há referência à vulnerabilidade do consumidor que, segundo ela, pode ser de três tipos: técnica, jurídica e fática.

---

[83] Bittar, Carlos Alberto. **Direitos do consumidor**: Código de Defesa do Consumidor, 7.ed. rev., atual. e ampl. por Eduardo C.B. Bittar. Rio de Janeiro: Forense, 2011, p.208.
[84] Bittar, Carlos Alberto. **Direitos do consumidor**: Código de Defesa do Consumidor, 7.ed. rev., atual. e ampl. por Eduardo C.B. Bittar. Rio de Janeiro: Forense, 2011, p.230.

(i) Na *vulnerabilidade técnica*, o comprador não possui conhecimentos específicos sobre o objeto adquirido e, portanto, é mais facilmente enganado quanto às características do bem ou quanto à sua utilidade, [...]. A *vulnerabilidade técnica*, no sistema do CDC, é *presumida* para o consumidor não-profissional, destinatário fático do bem, mas também pode atingir o profissional, destinatário final fático do bem. [...]

(ii) Ainda há a *vulnerabilidade jurídica* ou científica, que é a falta de conhecimentos jurídicos específicos, conhecimento de contabilidade ou de economia. Essa vulnerabilidade, no sistema do CDC, é presumida para o consumidor não-profissional, e para o consumidor pessoa física. Quanto aos profissionais e às pessoas jurídicas vale a presunção em contrário, isto é, devem possuir conhecimentos jurídicos mínimos e sobre economia para poderem exercer a profissão, ou devem poder consultar advogados e profissionais especializados antes de obrigar-se. [...]

(iii) Há ainda a *vulnerabilidade fática* ou sócio econômica, onde o ponto de concentração é o outro parceiro contratual, o fornecedor que por sua posição de monopólio, fático ou jurídico, por seu grande poder econômico, impõe sua superioridade a todos que com ele contratam.[85]

Referida vulnerabilidade é, inclusive, um princípio do CDC, previsto no art.4º, I:

Art. 4º – A Política Nacional das Relações de Consumo tem por objetivo o atendimento das necessidades dos consumidores, o respeito à sua dignidade, saúde e segurança, a proteção de seus interesses econômicos, a melhoria da sua qualidade de vida, bem como a transparência e harmonia das relações de consumo, atendidos os seguintes princípios: (Redação dada pela Lei nº 9.008, de 21.3.1995)

I – reconhecimento da vulnerabilidade do consumidor no mercado de consumo

---

[85] Benjamin, Antonio Herman V.; Lima Marques, Claudia; e Bessa, Leonardo Roscoe. **Manual de direito do consumidor**. 5.ed. revista, atualizada e ampliada. São Paulo: RT, 2013, p.99-102.

É extremamente relevante o entendimento a respeito do princípio da vulnerabilidade porque, em situações pouco claras sobre o consumidor pessoa jurídica se enquadrar ou não no conceito de consumidor, conforme observado nas primeiras três decisões arroladas no Grupo "2", se presente, a vulnerabilidade poderá contribuir para a incidência do CDC[86].

O requisito da existência do elemento "parte vulnerável" para a pessoa jurídica se beneficiar da incidência do CDC ocorre porque tal aplicação é subordinada a um regime especial. Esta interpretação mais restritiva diverge da corrente maximalista, mas visa, justamente, garantir a "pureza" da relação jurídica de consumo. Neste sentido era, em 2006, o entendimento do ex-ministro do Superior Tribunal de Justiça, Carlos Alberto Menezes Direito, para quem o conceito de vulnerabilidade no CDC é a pedra angular para as decisões envolvendo a aplicação do diploma:

> É certo que a orientação perfilada pelo Superior Tribunal de Justiça, em várias oportunidades, **tem acolhido** o que se pode chamar de **interpretação finalista extensiva**, procurando aplicar as regras do diploma consumerista na área de contratos de adesão conjugando a prova da vulnerabilidade com o conceito de destinatário final.[...]
> A prevalência a de ser, portanto, um **adequado balanceamento entre os conceitos de vulnerabilidade e de destinatário final**, aquele sempre dependente da prova existente e **o fato de não ser possível ampliar sem lastro a aplicação do Código de Defesa do Consumidor**.[87] (Grifos meus)

---

[86] Leituras complementares sobre a extensão do conceito de consumidor e o aspecto da vulnerabilidade das pessoas jurídicas para efeitos de aplicação do CDC: (i) Andrighi, Fátima Nancy. O Código de Defesa do Consumidor pela Jurisprudência do Superior Tribunal de Justiça: alguns apontamentos. In: Morato, Antonio Carlos; Neri, Paulo de Tarso. (Orgs.) **20 anos de Código de Defesa do Consumidor** – Estudos em homenagem ao Professor José Geraldo Brito Filomeno, São Paulo: Atlas, 2010, p. 22-33; e **(ii)** Miragem, Bruno. CURSO DE DIREITO DO CONSUMIDOR, 8ª. ed., ver., atual.e ampl., São Paulo: Thonson Reuters Brasil, 2019, p. 227 a 248.

[87] Direito, Carlos Alberto Menezes. As relações entre franqueador e franqueado e o Código de Defesa do Consumidor. In: **Informativo Jurídico da Biblioteca Ministro Oscar Saraiva**, v.18, jan-jun., 2006, p.13-14.[online]. Quando da versão original desta Tese

A PROTEÇÃO DO CONSUMIDOR NA LEGISLAÇÃO PÁTRIA

Além do principal conceito de consumidor (art. 2º, *caput*, do CDC) analisado nos parágrafos precedentes, conforme observado em uma das decisões mencionadas, há outros conceitos de consumidor. Um deles já foi citado (art. 29) e os demais constam do art.2º, parágrafo único e do art. 17. Porém, *a priori*, neste estudo, só serão tratados os conceitos de consumidor previstos no art. 2º, *caput* e no art. 29 do CDC, inseridos no capítulo a respeito das Práticas Comerciais, que aborda, entre outros, o banco de dados. No art.29, tem-se a figura do consumidor por equiparação. Segundo Claudia Lima Marques:

> Nas hipóteses que aqui mencionamos a jurisprudência brasileira passou a valorizar o art. 29 do CDC. O art. 29 é uma disposição especial, que abre o capítulo V do Código sobre "Práticas Comerciais", aplicável, portanto, a todas as seções do capítulo, quais sejam: a seção sobre oferta (arts. 30 a 35), sobre publicidade (arts. 36 a 38), sobre práticas abusivas (arts. 39 a 41), sobre cobrança de dívidas (art. 42), sobre Banco de Dados e Cadastros de Consumidores (arts. 43 a 45) e que se diz aplicável também ao capítulo posterior, o Capítulo VI, dedicado à Proteção Contratual.
>
> Trata-se atualmente, portanto, da mais importante norma extensiva do campo de aplicação da nova lei ao dispor: "Art. 29. Para os fins deste Capítulo e do seguinte, equiparam-se aos consumidores todas as pessoas determináveis ou não *expostos às práticas neles previstas*".[88]

É importante apresentar este conceito porque, dentre as práticas comerciais para a captura de dados do consumidor – pessoa física ou jurídica – há aquelas que eventualmente poderão se enquadrar no conceito de abusivas. Neste caso, elas vão contribuir para a aplicação da tutela do CDC a pessoas que não necessariamente se enquadrariam no conceito de consumidor *standard* do art. 2º, *caput*, mas que, no entanto, serão consideradas consumidor por equiparação, por força do art. 29 do CDC.

---

estava disponível neste link, mas já não está: http://www.stj.gov.br/publicacaoseriada/index.php/informativo/issue/view/46.

[88] Marques, Cláudia Lima. **Contratos no Código de Defesa do Consumidor**. 5.ed.revista, atualizada e ampliada. Biblioteca de Direito do Consumidor 1. São Paulo: RT, 2006, nota 38, p.112.

Ressaltando, contudo, que para aplicação de dispositivos da LGPD especificamente dado pessoal é aquela informação de pessoa física (conf. art. 5º, inc. I da lei).[89]

Outro aspecto essencial a respeito da aplicação do CDC é o fato de que o consumidor é a parte mais vulnerável da relação, dada aquela situação de verticalização de posições entre fornecedor e consumidor que o Código de Defesa do Consumidor visa horizontalizar.

A vulnerabilidade é um princípio do CDC – integra a Política Nacional das Relações de Consumo (art. 4º, I, do CDC) – e, por isso, está elencada entre os primeiros artigos deste Código que, por sua vez, é um microssistema[90]. Segundo Vidal Serrano Nunes Jr. e Yolanda Alves Penteado Serrano: "o princípio da vulnerabilidade informa todo o microssistema do Direito do Consumidor"[91].

Também João Batista de Almeida trata do reconhecimento pelo legislador da fraqueza do consumidor face ao fornecedor ao afirmar que a *"vulnerabilidade do consumidor*: é a espinha dorsal da proteção ao consumidor, sobre a qual se assenta toda a linha filosófica do movimento".[92]

A vulnerabilidade do consumidor, conforme mencionado em um dos julgados e em citação à Claudia Lima Marques, pode ser fática (econômica), técnica ou jurídica. Há ainda aqueles que, mais recentemente, alu-

---

[89] A Resolução CD / ANPD nº 2 de 27.01.2022 traz benefícios para o agente de tratamento pequeno, por exemplo o microempreendedor individual, que atue como controlador ou operador. Sem, contudo, aproximá-lo da categoria jurídica de titular de dados.

[90] João Batista de Almeida traz a seguinte passagem para ilustrar este microssistema: "O CDC constitui um microssistema jurídico multidisciplinar na medida em que possui normas que regulam todos os aspectos da proteção do consumidor, coordenadas entre si, permitindo uma visão de conjunto das relações de consumo. [...] O microssistema codificado, como se vê, por força de seu caráter interdisciplinar, outorgou tutelas específicas ao consumidor nos campos civil (arts. 8º-54), administrativo (arts. 55-60 e 105-106), penal (arts. 61-80) e jurisdicional (arts. 81-104) [...]. Almeida, João Batista de. **Manual de direito do consumidor**. São Paulo: Saraiva, 2003, p.52.

[91] Nunes Jr., Vidal Serrano; Serrano, Yolanda Alves Pinto. **Código de Defesa do Consumidor Interpretado**. São Paulo: Saraiva, 2003, p.29.

[92] Almeida, João Batista de. **Manual de direito do consumidor**. São Paulo: Saraiva, 2003, p.15.

A PROTEÇÃO DO CONSUMIDOR NA LEGISLAÇÃO PÁTRIA

dem a uma vulnerabilidade informacional ou informativa[93]. A respeito deste tema, ver comentário ao PLS 281/2012, que visa modernizar o CDC na parte do comércio eletrônico, objeto do item 3.3.1. (capítulo 3) desta tese.

Para a finalidade desta pesquisa interessa, em particular, a vulnerabilidade técnica do consumidor, que pode ensejar manifestação de vontade viciada uma vez que não lhe foram corretamente informadas as característica essenciais do produto ou serviço.[94]

Logo, o consumidor que em uma relação de consumo tiver seus dados eventualmente coletados pelo fornecedor sem perceber o fato e, portanto, sem anuir a essa conduta, estará em uma situação de vulnerabilidade técnica. Trata-se de uma situação hipotética que poderia perfeitamente ocorrer no ambiente virtual.

Uma técnica como esta feriria, além de dispositivo expresso do Marco Civil da Internet ("MCI"), abaixo transcrito, um dos princípios basilares do CDC, qual seja, o da boa-fé[95], e alguns dos direitos básicos do consumidor: 1) à informação adequada e clara sobre os diferentes produtos e serviços; 2) à proteção contra a publicidade enganosa e abusiva, métodos comerciais coercitivos ou desleais e práticas e cláusulas abusivas ou impostas no fornecimento de produtos e serviços. O dispositivo expresso do MCI a que se faz referência aqui é o inciso IX, de seu art. 7º[96]:

> Art. 7º O acesso à internet é essencial ao exercício da cidadania, e ao usuário são assegurados os seguintes direitos: (...) IX – consentimento expresso

---

[93] Que estaria relacionada à deficiência de informação sobre o produto ou serviço, a qual é relevante para a tomada de decisão do consumidor, no que tange a contratar.

[94] "Art. 31. A oferta e apresentação de produtos ou serviços devem assegurar informações corretas, claras, precisas, ostensivas e em língua portuguesa sobre suas características, qualidades, quantidade, composição, preço, garantia, prazos de validade e origem, entre outros dados, bem como sobre os riscos que apresentam à saúde e segurança dos consumidores. Parágrafo único [...]".

[95] Outro princípio basilar do CDC é o da equidade entre consumidores e fornecedores, conforme art. 4º, III, do CDC.

[96] Merece ser lembrado também o inciso XIII do mesmo artigo que prevê que constitui direito do usuário: "a aplicação das normas de proteção e defesa do consumidor nas relações de consumo realizadas na internet".

sobre coleta, uso, armazenamento e tratamento de dados pessoais, que deverá ocorrer de forma destacada das demais cláusulas contratuais;"

Ao longo do presente trabalho o tema dos reflexos do MCI no tema da proteção da privacidade do consumidor, usuário de internet, voltará a ser mencionado.

E no final da obra serão tratados em mais detalhes a boa fé e o princípio da transparência no tratamento de dados presentes no art. 6º da LGPD (Vide capítulo 5 desta obra).

2.3.2 A discussão doutrinária a respeito da proteção de dados pessoais da pessoa jurídica

Conforme analisado no item 2.2 (Quem é o consumidor cujo direito a proteção de dados o CDC e a CF querem tutelar?) existe uma discussão na doutrina e na jurisprudência a respeito de quando aplicar o CDC ao consumidor profissional. Também já existem diversas decisões nas quais se reconhece, com base na corrente finalista e no conceito de consumidor "por equiparação"[97] a tutela do CDC a tal figura jurídica. Bruno Miragem entende que a pessoa jurídica (consumidor profissional) pode ter seu direito de personalidade[98] (por exemplo, à privacidade e à honra objetiva) afetado por ter sua razão social incluída indevidamente em banco de dados de proteção ao crédito.

Leonardo Roscoe Bessa reconhece que o direito à privacidade da pessoa jurídica é pouco explorado pela doutrina, mas após citar alguns entendimentos favoráveis e a previsão do art. 52 do Código Civil reconhece o seu cabimento. Segundo o texto normativo: "Aplica-se às pessoas jurídicas, no que couber, a proteção dos direitos da personalidade."

Abaixo, as considerações de Miguel Ángel Ekmekdjian e Calogero Piozzolo em defesa deste reconhecimento:

---

[97] Art. 29 do CDC, segundo o qual, aquele que estiver exposto às práticas comerciais abusivas, equipara-se a consumidor.

[98] Miragem, Bruno. **Direito do Consumidor**: fundamentos do direito do consumidor; direito material e processual do consumidor; proteção administrativa do consumidor; direito penal do consumidor. São Paulo: RT, 2008, p.202.

cómo determinadas conductas afectan el honor y la intimidad de la persona moral de similar manera que afectan a una persona física. Una falsa o inexacta información sobre la solvencia de cualquier entidad financiera no afecta su prestigio y reputacion en el mundo de los negócios, de la misma manera que la falsa imputación de um delito puede afetar el honor de un individuo frente a la sociedad en general? [...]

Parece lógico, entonces, que las entidades jurídicas puedan disfrutar de un derecho de aceso o de corrección sobre información que hace referencia a esta entidad.[99]

Henrique Geaquinto Herkenhoff sustenta que estas entidades também são titulares de direitos da personalidade:

Seja pessoa física ou jurídica a vítima da violação de um direito moral, o efetivo sofrimento psicológico não é requisito para que se reconheça um dano extrapatrimonial, devendo ser superada a concepção de sua indenização pecuniária como um *pretium doloris*, de tal sorte que a suposta incapacidade da pessoa jurídica de experimentar sofrimento moral não tem relevância lógica. De toda sorte, desde que se reconheça à pessoa jurídica a idoneidade para ser titular de um bem sem conteúdo econômico imediato, é inafastável que ela deve ser capaz de se ressentir da sua supressão ou diminuição.[100]

Conclui-se que há posicionamentos na doutrina[101] reconhecendo o direito à indenização por dano moral à pessoa jurídica, cuja honra ou condição creditícia venha a ser abalada por inclusão indevida de dado negativo a seu respeito em banco de dados.

---

[99] Piozzolo, Calogero; Ekmekdjian, Miguel Angel. Habeas dada: el derecho y la intimidad frente a la revolución informática. Buenos Aires: Depalma, 1998, p.82-83 apud Bessa, Leonardo Roscoe. O consumidor e os limites dos bancos de dados de proteção ao cré dito. Biblioteca de Direito do Consumidor 25. São Paulo: RT, 2003, p.103.

[100] Herkenhoff, Henrique Geaquinto. **Os direitos da personalidade da pessoa jurídica de direito público** [online]. São Paulo: Faculdade de Direito, Universidade de São Paulo, 2011. Tese de Doutorado em Direito Civil. Disponível em: https://teses.usp.br/index.php?option=com_jumi&fileid=17&Itemid=160&lang=pt-br&id=C7A6120AB15C. Acesso em: 13 junho 2022.

[101] Aqui são feitas referências às posições de Bruno Miragem, Leonardo Roscoe Bessa e Herkenhof expostas anteriormente.

O DIREITO À PRIVACIDADE E À PROTEÇÃO DOS DADOS DO CONSUMIDOR

No entanto, antes do encerramento desta análise doutrinária e do exame jurisprudencial, cabe mencionar que este entendimento não é pacífico e que à época da redação da tese e de publicação da primeira edição deste livro existia pouco material escrito a respeito.

Para a corrente que defende que se reconheça o direito à indenização existe material favorável na jurisprudência. Abaixo, trecho parcial da decisão do STJ, na qual é reconhecido o direito como uma forma de reparar o dano moral à pessoa jurídica:

> Recurso Especial – Indenização – Pessoa Jurídica – Protesto indevido de título – Danos morais – Cabimento – Responsabilidade civil – Súmula 7/STJ – Valor excessivo – Redução – Possibilidade – Precedentes. I – O enunciado 227 da Súmula desta Corte encerrou a controvérsia a fim de reconhecer a possibilidade de a pessoa jurídica sofrer dano moral. II – Rever os fundamentos do acórdão quanto à responsabilidade dos réus e à existência de danos morais encontra óbice nesta instância especial, à luz do enunciado 7 da Súmula deste Tribunal SuperiorIII – É entendimento uníssono nesta Corte que "o valor do dano moral [...] deve ser fixado com moderação, considerando a realidade de cada caso, cabível a intervenção da Corte quando exagerado, absurdo, causador de enriquecimento ilícito" (REsp nº 255.056/RJ, DJ de 30/10/2000). IV– No caso em apreço, mostrando-se excessivo o valor fixado nas instâncias ordinárias, a redução se faz necessária. Recurso especial provido (STJ – 3ª T. – REsp 886.284/SP – rel. Min. Castro Filho – v.m. – DJ 18.12.2006).

Do resumo desta decisão verifica-se a hipótese de cabimento de indenização por dano moral à pessoa jurídica, haja vista a situação de irregularidade relacionada à emissão e ao protesto de duplicata, que ensejou um abalo de crédito à empresa, caracterizando assim ofensa à sua honra e à sua reputação. Era desnecessário demonstrar o prejuízo do autor, posto que já existe súmula do STJ que havia encerrado a controvérsia sobre o cabimento de dano moral à pessoa jurídica. No entanto, a referida Corte Superior (STJ) entendeu pelo cabimento de redução da indenização que, em instância ordinária, revelou-se excessiva.[102]

---

[102] BRASIL. Superior Tribunal de Justiça. Quando da primeira edição desta obra esta

A PROTEÇÃO DO CONSUMIDOR NA LEGISLAÇÃO PÁTRIA

Ademais, em termos de jurisprudência, importante transcrever a Súmula 227, do Superior Tribunal de Justiça[103], pela qual a Corte superior reconhece a possibilidade da pessoa jurídica sofrer dano moral: "Pessoa Jurídica – Dano Moral. A pessoa jurídica pode sofrer dano moral."

Diante do exposto, conclui-se ser defensável o entendimento de que cabe proteção aos dados da pessoa jurídica, tendo esta direito de pleitear, junto a banco de dados, a retificação de dado a seu respeito que seja, ao mesmo tempo, negativo e infundado; bem como o de requerer a reparação patrimonial pelo prejuízo à sua reputação que a publicidade de tal dado tenha lhe causado.[104]

2.3.3 O conceito de fornecedor e a remuneração indireta dos serviços disponíveis na internet

Esclarecido o conceito de consumidor *standard*[105] no item dedicado ao "consumidor cujo direito à proteção de dados o CDC e a CF querem tutelar", é importante acrescentar que como partícipe da relação do consumo há também o fornecedor. Então, não basta que a pessoa que contrate um produto ou um serviço seja o destinatário final; é necessário que o faça de outra pessoa que, por sua vez, se enquadre no conceito de fornecedor, conforme previsto no art. 3º do CDC:

Art. 3º – Fornecedor é toda pessoa física ou jurídica, pública ou privada, nacional ou estrangeira, bem como os entes despersonalizados, que desenvolvem atividade de produção, montagem, criação, construção, transforma-

---

informação estava disponível neste link, mas já não está: http://www.stj.jus.br/SCON/pesquisar.jsp

[103] BRASIL. Superior Tribunal de Justiça. Súmula nº 227 – 08/09/1999 – DJ 20.10.1999.

[104] Apenas vale lembrar que o fundamento para este entendimento não é a LGPD, mas sim outros argumentos expostos neste tópico.

[105] Consumidor "standard" ou padrão é uma expressão usada na doutrina. Por exemplo: Donato, Maria Antonieta Zanardo. **Proteção ao Consumidor** – Conceito e Extensão. Biblioteca de Direito do Consumidor. 7.ed. São Paulo: RT, 1994, p.132; Nery Jr., Nelson. Os princípios gerais do Código de Defesa do Consumidor. In: **Revista de Direito do Consumidor** [do Instituto Brasileiro de Política e Direito do Consumidor]. São Paulo: RT, set-dez. 1992, v.3, p.53.

ção, importação, exportação, distribuição ou comercialização de produtos ou prestação de serviços.

§ 1º – Produto é qualquer bem, móvel ou imóvel, material ou imaterial.

§ 2º –Serviço é qualquer atividade fornecida no mercado de consumo, mediante remuneração, inclusive as de natureza bancária, financeira, de crédito e securitária, salvo as decorrentes das relações de caráter trabalhista.

Pela análise do art. 3º, *caput*, percebe-se que a definição de fornecedor é bastante ampla. Ademais, muito já se escreveu a respeito, razão pela qual, neste estudo, não será aprofundada a sua análise[106].

Um ponto, contudo, a ser examinado é a expressão "mediante remuneração", constante da definição de "serviço", objeto do parágrafo 2º do CDC. Conforme ensinam Vidal Serrano Nunes Jr. e Yolanda Alves Penteado Serrano:

> De fato, sem remuneração não há que falar-se em serviço. Mas, é quase de laboratório a conjectura de serviço sem remuneração, o que ocorre – e muito – é a inserção da remuneração de forma recôndita, passando a enganosa ideia de gratuidade, como, por exemplo, os serviços de estacionamentos de veículos realizados e não cobrados diretamente do consumidor; certo é que a exação está inserta no *quantum* exigido pelo serviço ou produto de principal atenção do consumidor.
>
> O que se verifica na ordem prática, no que toca a este particular, é a ausência de benesses reais e liberalidades, estando tudo embutido, ainda que de forma oculta e distanciada, na contraprestação exigida do consumidor, de modo a que se fazem desnecessárias maiores alusões.[107]

---

[106] Para leitura complementar sobre o conceito de fornecedor no CDC, ver: Rocha, Silvio Luís Ferreira da. **Responsabilidade Civil do Fornecedor pelo fato do Produto no Direito Brasileiro.** Brasilcon. Biblioteca de Direito do Consumidor. São Paulo: RT, 1992, p.71-87; Benjamin, Antonio Herman V.; Lima Marques, Claudia; e Bessa, Leonardo Roscoe. **Manual de direito do consumidor.** 5.ed. revista, atualizada e ampliada. São Paulo: RT, 2013, p. 112-119.

[107] Nunes Jr., Vidal Serrano; Serrano, Yolanda Alves Pinto. **Código de Defesa do Consumidor Interpretado.** São Paulo: Saraiva, 2003, p.23.

A PROTEÇÃO DO CONSUMIDOR NA LEGISLAÇÃO PÁTRIA

Apesar dos poucos estudos a respeito do tema, já há entendimento incipiente na doutrina e na jurisprudência no sentido de que os serviços fornecidos gratuitamente pela internet, como por exemplo: 1) o de acesso à informação; ou 2) o de uso de conta de e-mail, não deixariam de se enquadrar no conceito de serviço do CDC por inexistir, à primeira vista, o requisito da remuneração. Isto, porque, ela poderia ser feita indiretamente, por meio da obtenção pelo fornecedor do serviço de receita a partir da comercialização de espaço publicitário nas páginas (*websites*) utilizadas pelos consumidores para buscar informações ou enviar e receber e-mails.

No entanto, frise-se, este posicionamento ainda não está consolidado na doutrina e na jurisprudência.

Claudia Lima Marques, ao comentar este trecho do CDC, baseia-se na decisão do STJ na qual foi relatora a Ministra Nancy Andrighi, para expor seu entendimento:

> Efetivamente, o art. 3º, §2º, menciona apenas a 'remuneração' como necessária para serviços e, contrário senso, conclui-se que os produtos podem ser gratuitos e estar sujeitos ao CDC (inclusive alguns são considerados pelo parágrafo único do art. 39 como amostras grátis). Esta conclusão é muito importante para a internet (REsp 1.186.616-MG). No julgamento do REsp 1316921/RJ, destaca o STJ que 'O fato de o serviço prestado pelo provedor de serviço de Internet ser gratuito não desvirtua a relação de consumo, pois o termo 'mediante remuneração', contido no art. 3º, §2º, do CDC, deve ser interpretado de forma ampla, de modo a incluir o ganho indireto do fornecedor. (Rel. Min. Nancy Andrighi, j. 26.06.2012, DJe 29.06.2012).

O serviço do qual trata o REsp nº 1.186.616-MG (2010/0051226-3) refere-se ao provimento de conteúdo pelo fornecedor e inclui a permissão para o uso de *site* de relacionamento na internet cujo proprietário é o fornecedor (provedor).

Este aspecto do serviço não remunerado é relevante para o tema desta tese porque, eventualmente, os dados dos consumidores poderão ser coletados como parte de um serviço de busca, que gera hábito e fidelidade. Isto permite armazenar dados a respeito das preferências de consumo das pessoas sem que elas percebam[108] o registro contínuo dessas informações.

Com o advento do Marco Civil da Internet – MCI, após a data da decisão acima, dispositivos dele possivelmente também serão considerados na análise de casos desta natureza que cheguem ao Poder Judiciário, vez que o inciso XIII do artigo 7º prevê: "O acesso à internet é essencial ao exercício da cidadania, e ao usuário são assegurados os seguintes direitos: (...) XIII – aplicação das normas de proteção e defesa do consumidor nas relações de consumo realizadas na internet."

Com o advento da LGPD, após a primeira edição desta tese, dispositivos dela possivelmente também serão considerados na análise de casos desta natureza que cheguem ao Poder Judiciário. Nesta nova lei o enfoque de proteção e regramento é a relação jurídica entre agentes de tratamento (controlador e operador) e o titular do dado. E estes agentes têm para com o titular uma obrigação de tratar o seu dado pessoal com segurança, nos termos dos artigos 46 a 49 desta lei, mesmo na relação que não seja de consumo, ou seja, mesmo quando o tema da remuneração não se colocar.

Por fim, antes de concluir este tópico cabe mencionar o caso da plataforma digital. Usualmente elas tem por clientes pessoas físicas ou jurídicas que precisam umas das outras mas não têm como se conectar diretamente e, por isso, utilizam um terceiro facilitador (a plataforma digital). O propósito desta obra não é examinar em detalhes a responsabilidade da plataforma digital. Contudo, no que tange a dados de usuários confiados à mesma sendo este usuário um consumidor nos termos do CDC, há na doutrina posicionamento no sentido de que o organizador da plataforma seja responsável pela segurança dos dados pessoais de consumidores a

---

[108] Nesse sentido, transcrevemos Claudia Lima Marques: "Parece-me que a opção pela expressão 'remuneração' significa uma importante abertura para incluir os serviços de consumo remunerados indiretamente, isto é, quando não é o consumidor individual que paga, mas a coletividade (facilidade diluída no preço de todos, por exemplo, no transporte gratuito de idosos) ou quando ele paga indiretamente o 'benefício gratuito' que está recebendo (com a catividade e os bancos de dados positivos de preferências de consumo e de *marketing* direcionado, que significam milhas, os cartões de cliente preferencial, descontos e prêmios se indicar um 'amigo' ou preencher um formulário)." (Benjamin, Antonio Herman V.; Lima Marques, Claudia; e Bessa, Leonardo Roscoe. **Manual de direito do consumidor**. 5.ed. revista, atualizada e ampliada. São Paulo: RT, 2013, p.114).

que venha a ter acesso em razão de negócio que intermedia, como informações financeiras, caso participe da concretização do pagamento.[109]

2.4 O exame do art. 43 do CDC e considerações a respeito do conceito de "banco de dados" e natureza das informações arquivadas, para além das informações creditícias

Nesse tópico 2.4. e seguintes se examina, preliminarmente, os princípios do CDC que iluminam a interpretação do art. 43 do Código.

Em seguida, realiza-se um exame mais aprofundado do artigo, um dos poucos[110] do Código a disciplinar diretamente a matéria do **banco de dados e cadastro de consumo**. O art.51, passou a tratá-lo também, haja vista o disposto na Portaria nº 5 da Secretaria de Direito Econômico do Ministério da Justiça[111]. Portaria esta, de 27.08.2002, que complementou o elenco de cláusulas abusivas constante do art. 51 do CDC. Em virtude dela, passou a ser considerada abusiva, nos contratos de fornecimento de produtos e serviços a cláusula que autorizasse o envio do nome do consumidor a bancos de dados e cadastros de consumidores, sem comprovada notificação prévia; impusesse ao consumidor, nos contratos de adesão, a obrigação de manifestar-se contra a transferência, onerosa ou não, para terceiros, dos dados cadastrais confiados ao fornecedor; ou autorizasse o fornecedor a investigar a vida privada do consumidor.

Neste tópico se faz menção, também, ao Decreto nº 2.181/97 que regulamenta o CDC, cujos dispositivos disciplinam o cadastro e o banco de dados de consumidores (art. 13, X a XV), os quais tipificam como práticas infrativas as condutas que desrespeitam o disposto no art. 43 do CDC.

São tecidas, ainda, considerações a respeito dos tipos de "arquivos de consumo" e da natureza dos dados pessoais arquivados, que vão além das informações creditícias.

---

[109] Neste sentido ver Bruno Miragem, **CURSO DE DIREITO DO CONSUMIDOR**, 8ª. ed., ver., atual.e ampl., São Paulo: Thomson Reuters Brasil, 2019, p. 127 a 132.

[110] Os arts. 72 e 73 também tratam da matéria, porém com um enfoque criminal.

[111] BRASIL. Ministério da Justiça. Portaria nº 5, de 27 de agosto de 2002. Complementa o elenco de cláusulas abusivas constante do art. 51 da Lei nº 8.078, de 11 de setembro de 1990. Disponível em: <http://www.ggbs.gr.unicamp.br/pdf/portaria-5-Attach_s470021.pdf.>. Acesso em: 12 out. 2013.

Por fim, adentra-se brevemente ao direito estrangeiro, com enfoque no direito dos Estados Unidos da América.

2.5 Estudo dos princípios do CDC atinentes à "boa fé objetiva", à "transparência nas relações de consumo", ao direito básico "à segurança" e ao direito básico à reparação integral do dano

Os princípios do CDC estão expostos em seus primeiros sete artigos conforme ensina Nelson Nery Junior, em texto dedicado à principiologia do CDC:

> Os princípios gerais das relações de consumo estão enumerados nos arts. 1° ao 7° do Código. Tudo o mais que consta da lei é, por assim dizer, uma projeção destes princípios de modo a fazê-los efetivos e operacionalizá-los. Estas normas não são, de regra, programáticas, desprovidas de eficácia, mas concretas cuja eficácia vem descrita em todo o corpo do Código.[112]

Nelson Nery sumariza bem o caráter de sistema de proteção presente no CDC. De fato, metaforicamente, é como se os primeiros sete artigos do Código fossem as hastes de um guarda chuva, posto que são a estrutura base (principiológica) de tudo o que virá disposto depois, nos gomos de tecido, que seriam, propriamente, os capítulos, que compõem o CDC.

Dentre estes princípios, para o estudo do art. 43, destaca-se, inicialmente o princípio basilar da boa-fé objetiva.

2.5.1 Princípio da boa-fé objetiva

A boa fé está prevista no art. 4°, III, do CDC. Constitui o princípio base do Código, em especial no que tange às relações contratuais.[113] Conforme

---

[112] Nery Jr., Nelson. Os princípios gerais do Código de Defesa do Consumidor. In: **Revista de Direito do Consumidor** [do Instituto Brasileiro de Política e Direito do Consumidor]. São Paulo: RT, set-dez. 1992, v.3, p. 51. Também escreveram neste sentido: Gregori, Maria Stella. Banco de dados e cadastro de consumidores. In: Sodré, Marcelo Gomes; Meira, Fabíola; Caldeira, Patrícia (Orgs.) **Comentários ao código de defesa do consumidor**. São Paulo: Verbatim, 2009, p.281.

[113] Nery Jr., Nelson. Os princípios gerais do Código de Defesa do Consumidor. In: **Revista de Direito do Consumidor** [do Instituto Brasileiro de Política e Direito do Consumidor]. São Paulo: RT, set-dez. 1992, v.3, p.52.

esta pesquisadora se manifestou em artigo jurídico a respeito da "boa-fé objetiva", tem-se que:

> Com o CDC introduziu-se o princípio da *boa-fé objetiva* em nosso ordenamento jurídico posto. Esta *boa-fé* do direito contemporâneo, presente no CDC e em alguns artigos do Novo Código Civil, está relacionada a uma regra geral de conduta. Regra esta já presente no direito alemão. A doutrina convencionou denominá-la de *boa-fé objetiva*, apesar das normas apenas mencionarem *boa-fé*. A boa-fé objetiva está ligada à ideia de modelo de conduta social, segundo o qual cada parte contratante deve ajustar sua conduta ao parâmetro (modelo) legitimamente esperado para aquele caso, agindo com correção, lealdade, probidade e mútua confiança.[114]

A menção ao direito alemão na citação anterior refere-se, mais precisamente, ao art. 242 do Código Civil Alemão (BGB): "Art. 242. Prestação em boa fé. O devedor está adstrito a realizar a prestação tal como o exija a boa fé, e levando em consideração os costumes usualmente praticados".

Conforme ensinam diversos autores brasileiros, a boa-fé objetiva está relacionada ao comportamento coerente, probo e leal que os contratantes, reciprocamente, esperam um do outro. Abaixo, segue a transcrição de considerações feitas por quatro autores: Camila de Jesus Mello Gonçalves, Luiz Guilherme Loureiro, Maria Stella Gregori e Ricardo Maurício Freire Soares, que ao se posicionarem sobre a boa-fé, corroboraram a afirmação acima:

Camila de Jesus Mello Gonçalves:

> A confiança, por sua vez, foi estabelecida no item 3.2., *supra*, como base indispensável de todas as relações humanas, imprescindível para a formação e a manutenção de condições que permitam aos homens se relacionar e formar vínculos, na construção de sua identidade em sociedade, confiança que é parte integrante da boa-fé. [...]
>
> Em relação aos princípios, no item 4.3., *supra*, consignou-se a assimilação de conteúdos e valores pré-jurídicos pelo ordenamento, incorporada com prin-

---

[114] Blum, Rita Peixoto Ferreira. Boa-fé objetiva. In: **Marketing Industrial**. São Paulo: Instituto de Marketing Industrial, Revista nº 22, ano 9, 2003, p.72.

cípios e critérios jurídicos, os quais, na lição de Castanheira Neves, passam a constituir os fundamentos de juridicidade e integram a consciência jurídica geral, [...], expressamente referindo à *fides*, no sentido de vinculação à palavra dada, dever de honradez, de lealdade e boa-fé[115].

Luiz Guilherme Loureiro:

A boa fé objetiva se caracteriza pela imposição de deveres; expressa a lealdade, a honestidade, a probidade e a confiança em um comportamento. **A parte, em todas as fases do contrato, portanto, tem o dever de agir com honestidade e lealdade.**[116] (Grifos meus)

Estes dois primeiros autores tratam da boa-fé no âmbito do direito privado, mas são relevantes neste estudo dada a aproximação principiológica com o Código Civil de 2002 (CC) e o CDC, que permite este uso/estudo por analogia. Uma das razões desta aproximação é o fato de que, em certo momento da história, os dois códigos teriam sido "gestados" ao mesmo tempo no Congresso Nacional brasileiro. O CC, por ser lei geral demorou mais para ser promulgado, mas teve, em certo momento, tramitação concomitante com a do CDC. Os dois autores seguintes tratam, por sua vez, do princípio da boa-fé objetiva no contexto específico das relações de consumo.

Maria Stella Gregori:

No CDC, a boa-fé é objetiva, denota a conduta social, observando os valores éticos de lealdade, honestidade, probidade. **A boafé, em comunhão com a equidade e o equilíbrio, são os princípios fundamentais das relações jurídicas de consumo.**
Com efeito, a cláusula geral da boa-fé permeia todo o CDC, determinando ser nula de pleno direito, cláusula que com ela seja incompatível. No tocante às práticas comerciais, preocupou-se em enumerar, exemplificativamente,

---

[115] Gonçalves, Camila de Jesus Mello. **Princípio da BoaFé** – Perspectivas e Aplicações. São Paulo: Elsevier, 2008, p.93-94.
[116] Loureiro, Luiz Guilherme. **Teoria Geral dos Contratos no Novo Código Civil**. São Paulo: Método, 2002, p.70.

práticas abusivas que também não coadunam com a boa-fé objetiva. (Grifos meus) [117]

Ricardo Maurício Freire Soares:

O Código de Defesa do Consumidor elevou a boa-fé objetiva à condição de conduta obrigatória pelo art. 4º, III, parte final, consagrando um dos seus princípios fundamentais. A boa-fé objetiva foi prevista não como mera intenção, mas como imperativo objetivo de conduta, exigência de respeito, lealdade, cuidado com a integridade física, moral e patrimonial.[118]

Importante salientar que, como o CDC se aplica a todas as fases da contratação, a boa-fé, um dos seus princípios basilares, deve ser observada, inclusive, na etapa pré-contratual. Isso significa que, no início da relação, quando normalmente os primeiros dados do consumidor começam a ser coletados, a transparência e a boa-fé objetiva (art. 4º do CDC) devem incidir. O consumidor deve ser instado a se manifestar a respeito da coleta do dado e aceitar ou não o seu uso para um determinado fim.

A Lei Geral de Proteção de Dados Pessoais – LGPD reforça isso porque elenca a defesa do consumidor entre seus fundamentos (art. 2º, inciso VI) e, antes de enumerar os princípios a serem observados, enfatiza que as atividades de tratamento de dados pessoais deverão ser pautadas pela boa fé (Art. 6º, *caput*). Portanto, a expectativa de comportamento probo por parte dos agentes de tratamento (controlador e operador) foi reforçada nesta passagem da lei[119]. Referida passagem será analisada em detalhes no capítulo 5 desta obra.

---

[117] Gregori, Maria Stella. Banco de dados e cadastro de consumidores. In: Sodré, Marcelo Gomes; Meira, Fabíola; Caldeira, Patrícia (Orgs.) **Comentários ao código de defesa do consumidor**. São Paulo: Verbatim, 2009, p.281.

[118] Soares, Ricardo Maurício Freire. **A nova interpretação do Código brasileiro de defesa do consumidor**. São Paulo: Saraiva, 2007, p.95.

[119] Segundo o artigo 5º da LGPD incisos VI e VII: "controlador: pessoa natural ou jurídica, de direito público ou privado, a quem competem as decisões referentes ao tratamento de dados pessoais" e "operador: pessoa natural ou jurídica, de direito púlico ou privado, que realiza o tratamento de dados pessoais em nome do controlador".

2.5.2 Princípio da transparência nas relações de consumo

Ao tratar do conceito de *vulnerabilidade* do consumidor, ao longo desta tese foi citado o art. 4º, *caput*, do CDC. Deste dispositivo consta a referência expressa ao princípio da "transparência das relações de consumo". De acordo com Maria Stella Gregori, "o princípio da transparência se traduz pela imposição ao fornecedor do dever de assegurar informações corretas, claras, precisas, ostensivas e em língua portuguesa, quando ofertar ou apresentar seus produtos e serviços". [120]

Este princípio gera desdobramentos em dois dos direitos básicos do consumidor que lhe asseguram o direito de receber divulgação adequada (art. 6º, II, do CDC), bem como o de ser adequada e claramente informadas, pelo fornecedor, as condições de contratações (art. 6º, III, do CDC).

Tais dispositivos, somados ao que foi dito sobre a boa-fé objetiva permite a interpretação expressa acima de que o consumidor tem o direito de ser corretamente informado a respeito da forma e do momento em que seus dados são coletados; e, também, de ser informado a respeito da finalidade para a qual será utilizada pelo fornecedor.

Com o fim de exemplificar a aplicação do princípio da transparência e os direitos básicos do consumidor de ser adequadamente informado, foram transcritos, abaixo, alguns trechos de julgados do TJSP, ambos de 16.05.2013:

Primeiro julgado:

EMENTA:
Ação de indenização. Autor que celebra junto a vendedora contrato de seguro para cobertura no caso de desemprego. Descumprimento injustificado do contrato. Ação deduzida contra a vendedora, que na contratação ostenta a posição jurídica de mera estipulante. Legitimidade passiva reconhecida considerando que foi ela, vendedora, quem cobrou o autor e ameaçou encaminhar seu nome para o cadastro de inadimplentes.
Irregularidade da cobrança. Ré que não demonstrou que o autor tomou conhecimento das cláusulas restritivas do seguro quando da contratação.

---

[120] Gregori, Maria Stella. Banco de dados e cadastro de consumidores. In: Sodré, Marcelo Gomes; Meira, Fabíola; Caldeira, Patrícia (Orgs.) **Comentários ao código de defesa do consumidor**. São Paulo: Verbatim, 2009, p.281.

A PROTEÇÃO DO CONSUMIDOR NA LEGISLAÇÃO PÁTRIA

Utilização de risco excluído para não cumprimento do contrato de seguro. Dano moral ocorrente pela conduta da ré em cobrar parcela coberta pelo seguro. Indenização fixada em valor adequado em 1º grau. Reparação do dano moral que deve ser fixada em valor que permita propiciar uma compensação razoável à vítima, sem configurar fonte de enriquecimento indevido em detrimento da parte vencida. Apelo da ré improvido.

TRECHO:

Do anteprojeto, Forense Universitária, 1998, p. 115. É o caso de se invocar doutrina de Cláudia Lima Marques para a compreensão da amplitude do dever de informar nas relações de consumo: **"Enquanto tratado como simples dever secundário pela doutrina contratual, o dever de indicação e esclarecimento tinha sua origem somente no princípio jurisprudencial de boafé e só atingia determinadas circunstâncias consideradas pelo judiciário como relevantes contratualmente. Era um dever de cooperação entre contratantes, portanto, restrito pelos interesses individuais (e comerciais) de cada um. No sistema do CDC este dever assume proporções de dever básico, verdadeiro ônus imposto aos fornecedores,** obrigação agora legal, cabendo ao art. 31 do CDC determinar quais os aspectos relevantes a serem obrigatoriamente informados." (Contratos no Código de Defesa do Consumidor. O novo regime das relações contratuais. 6ª ed., Revista dos Tribunais, 2011, p. 801). E a exposição de motivos do Código de Defesa do Consumidor já dispunha que a tutela dos interesses deste englobava "O acesso dos consumidores a uma informação adequada que lhes [...]"[121] (Grifos meus).

Este julgado foi escolhido porque, além de demonstrar a aplicação prática dos princípios da transparência e da boa-fé, mostra o seu aspecto de "eficácia", salientado por Nelson Nery Jr., em trecho de sua autoria citado anteriormente.

Segundo julgado:

[121] *Site* da Associação dos Advogados do Estado de São Paulo (AASP). Quando da primeira edição desta Tese estava disponível neste link, mas já não está: <https://juris.aasp.org.br/jurisprudencia2/result.html?cId=117274>

TRECHO:

Do produto ou serviço oferecido (arts. 18, 20 e 35) ou um defeito (arts. 12, 13 e 14). Resumindo, como reflexo do princípio da transparência, temos o novo dever de informar o consumidor". Conforme já decidiu o Colendo Superior Tribunal de Justiça, em acórdão de relatoria do Ministro Herman Benjamin: "O direito à informação, abrigado expressamente pelo art. 5º, XIV da Constituição Federal é uma das formas de expressão concreta do Princípio da Transparência, sendo também corolário do princípio da boa-fé objetiva e do princípio da confiança, todos abraçados pelo CDC". (REsp nº 586.316, Rel. Min. Herman Benjamin, j. 19.03.2009). 1 Benjamin, Antonio Herman; Marques, Cláudia Lima; Miragem, Bruno. Comentários ao Código de Defesa do Consumidor . 3ª ed. rev. ampl. e atual. São Paulo: Editora Revista dos Tribunais, 2010. p. 248. TRIBUNAL DE JUSTIÇA PODER JUDICIÁRIO São Paulo Apelação nº 0010317-37.2012.8.26.0196 – Franca – VOTO Nº 19.162 – EMS – 5/8 Pois bem. 3. O contrato firmado entre o autor e a construtora é pouco elucidativo quanto aos valores que deveria o autor pagar pelos serviços prestados pela imobiliária ré, e tampouco descreve tais serviços"[122].

Somando-se ao que já havia no nosso ordenamento, a LGPD também valoriza a transparência na coleta de dados de pessoas naturais, titulares de dados pessoais[123], inclusive aqueles que sejam consumidores, porque o artigo 6º, inciso VI, prevê ser princípio a ser observado no tratamento de dados a: "transparência: garantia, aos titulares, de informações claras, precisas e facilmente acessíveis sobre a realização do tratamento e os respectivos agentes de tratamento, observados os segredos comercial e industrial".

Portanto, com base na Portaria nº 5 de 2002 da SDE, no princípio da boa-fé previsto no CDC e na LGPD, no princípio da transparência,

---

[122] *Site* da Associação dos Advogados do Estado de São Paulo (AASP). Disponível em: <https://juris.aasp.org.br/jurisprudencia2/result.html?cId=117274>. Acesso em: 02 nov. 2013.

[123] O conceito de titular de dado previsto no art. 5º, inciso V, da LGPD é o seguinte: "titular: pessoa natural a quem se referem os dados pessoais que são objeto de tratamento".

previsto também em ambos os diplomas, e ainda com base na doutrina e jurisprudência sobre estes princípios, a conclusão deste item e do 2.5.1. é de que a informação e a explicação sobre a forma de coleta de dados para integrarem o cadastro de consumo, bem como a respeito do uso desses dados, devem ser prestadas pelo fornecedor ao consumidor previamente à coleta e ao cadastramento da informação. Ademais, a manifestação do consumidor deve ser expressa, ativa e não deve ser realizada por mera adesão à cláusula imposta pelo fornecedor.

O entendimento exposto no parágrafo acima goza de ainda mais robustez quanto se trata de consumidor que esteja trafegando no ambiente da internet, isso porque há regras expressas no Marco Civil da Internet (art. 7º, incisos VIII e IX) segundo as quais se consubstanciam em direitos do usuário da internet os de, respectivamente: ser informado de forma clara e completa sobre coleta, uso, armazenamento, tratamento e proteção de seus dados pessoais, que somente poderão ser utilizados para as finalidades que estejam especificadas nos contratos de prestação de serviços[124] ou em termos de aplicações de internet[125]; e de consentir de forma expressa sobre coleta, uso, armazenamento e tratamento de seus dados pessoais.

2.5.3 Direito básico à segurança
Sabidamente a atividade de coleta e armazenamento de dados de consumidores em computadores conectados à internet é uma atividade benéfica, porém, ao mesmo tempo, de risco. A materialização deste risco foi objeto de notícia veiculada em 10.12.2013, em que uma falha de segurança no aplicativo do Banco do Brasil para dispositivos móveis (celulares) expôs, na noite de 09.12.2013, por alguns minutos, certos dados das contas bancárias de clientes do BB que usam o aplicativo. Segundo

---

[124] Vale ressaltar que de acordo com o art. 6º da LGPD a finalidade informada pelo titular no momento de coleta de seu dado norteará a atividade de tratamento dele pelo controlador e/ou operador. O princípios da finalidade nesta lei tem a seguinte definição: "realização do tratamento para propósitos legítimos, específicos, explícitos e informados sem possibilidade de tratamento posterior de forma incompatível com essas finalidades".

[125] Aplicações de internet correspondem ao conjunto de funcionalidades que podem ser acessadas por meio de um terminal conectado à internet. (art. 5º, inc. VII do Marco Civil da Internet).

alegam alguns correntistas do banco: "[...] ao tentarem acessar suas próprias contas pelo aplicativo para Android e iOS, acabaram vendo dados pessoais de terceiros, como nome completo, extratos bancários, saldos e últimas movimentações da conta"[126].

Diante de tal risco real, cabe lembrar os direitos básicos do consumidor à segurança e à reparação integral do dano, em caso de acidente de consumo, que o prejudique.

De acordo com o art. 6º, I, do CDC, o consumidor tem o direito básico à proteção de sua segurança, em especial, contra produtos ou serviços perigosos ou nocivos.

No entanto, mesmo os produtos ou serviços que não tenham este potencial, também devem primar pela segurança, posto que a ausência de segurança que comprovadamente ensejar dano (material ou moral), é motivo para este pleitear, do fornecedor, uma reparação. Esta possibilidade está prevista no art. 12, §1º, do CDC[127], que dispõe acerca do produto defeituoso por falta de segurança, e na hipótese do art. 14, §1º, do Código[128], que dispõe a respeito do serviço defeituoso por falta de segurança.

---

[126] Quando da primeira edição desta tese esta informação estava disponível neste link, mas já não está: http://g1.globo.com/tecnologia/noticia/2013/12/falha-em-app-do- -banco- -do-brasil-expoe-contas-dizem-usuarios.html

[127] "Art. 12. O fabricante, o produtor, o construtor, nacional ou estrangeiro, e o importador respondem, independentemente da existência de culpa, pela reparação dos danos causados aos consumidores por defeitos decorrentes de projeto, fabricação, construção, montagem, fórmulas, manipulação, apresentação ou acondicionamento de seus produtos, bem como por informações insuficientes ou inadequadas sobre sua utilização e riscos. §1º – O produto é defeituoso quando não oferece a segurança que dele legitimamente se espera, levando-se em consideração as circunstâncias relevantes, entre as quais: I – sua apresentação; II – o uso e os riscos que razoavelmente dele se esperam; III – a época em que foi colocado em circulação".

[128] "Art. 14. O fornecedor de serviços responde, independentemente da existência de culpa, pela reparação dos danos causados aos consumidores por defeitos relativos à prestação dos serviços, bem como por informações insuficientes ou inadequadas sobre sua fruição e riscos. §1º – O serviço é defeituoso quando não fornece a segurança que o consumidor dele pode esperar, levando-se em consideração as circunstâncias relevantes, entre as quais: I – o modo de seu fornecimento; II – o resultado e os riscos que razoavelmente dele se esperam [...]".

O direito à segurança gera expectativa ao consumidor de que seus dados, quando informados ao fornecedor serão por ele armazenados adequadamente com mecanismos de segurança da informação atualmente disponíveis no mercado. Esta segurança, segundo o *Codex* levará em consideração as ferramentas disponíveis à época da contratação razoáveis para as circunstâncias do caso.

Outro exemplo de falta de segurança pode ser extraído do episódio ocorrido em abril de 2011 envolvendo uma empresa de videogame. Na época, a empresa reconheceu ter ocorrido acesso indevido por *hacker*[129] a dados pessoais (Ex.: nome completo, endereço e informações do cartão de crédito utilizado no portal da empresa) de mais de 77 milhões de jogadores que utilizam o seu site. Houve notícia do fato, na mídia, por meio da empresa que guardava os dados, que pediu especial atenção dos consumidores com o cartão de crédito, cujo número tivesse sido fornecido à instituição por meio de seu site oficial. [130]

Este caso, apesar de ter afetado poucos consumidores no Brasil, exemplifica a correlação entre o direito do consumidor à segurança e o cadastro de dados de consumidores e como, na sociedade da informação, este risco é aumentado. Foi, inclusive, objeto de procedimento administrativo da Fundação Procon do Estado de São Paulo.

Vale mencionar que no primeiro semestre de 2016 o Decreto nº 8.771, de 11.05.2016, regulamentou o MCI e inovou ao indicar procedimentos[131] para a guarda e proteção de dados dos usuários por provedores de

---

[129] "*Hacker* é um indivíduo que secretamente encontra um modo de olhar (ter acesso) ou modificar informação constante do computador de outra pessoa, sem a sua permissão. Ele se dedica, com intensidade incomum, a conhecer e modificar os aspectos mais internos de dispositivos, programas e redes de computadores. Graças a esses conhecimentos, um hacker frequentemente consegue obter soluções e efeitos extraordinários, que extrapolam os limites do funcionamento "normal" dos sistemas como previstos pelos seus criadores; incluindo, por exemplo, contornar as barreiras que supostamente deveriam impedir o controle de certos sistemas e acesso a certos dados". Disponível em: <http://pt.wikipedia.org/wiki/Hacker>. Acesso em: 06 nov. 2013. Referido texto já não está disponível neste link.

[130] Disponível em: http://g1.globo.com/tecnologia/noticia/2011/04/usuarios-da-rede--do-ps3-temem-exposicao-de-dados-na-internet.html Acesso em: 13 jun. 2022.

[131] Mais precisamente o Decreto em comento estabelece diretrizes sobre padrões internos de segurança a serem observadas. Há regras, também, sobre a forma de manutenção dos dados e o momento em que o descarte desses dados se torna obrigatório.

conexão[132] e de aplicação[133]. Faz-se referência aqui aos procedimentos de guarda e proteção de dados previstos nos artigos 11 a 16 do aludido Decreto.

Com o advento do Decreto nº 8.771/2016 muitas empresas que por meio da internet prestam serviço ou vendem produtos e, em tais práticas, coletam, por exemplo, dados de clientes passaram a ter que se adaptar às novas exigências e adotar medidas de segurança para cumprimento das exigências desta norma.

A LGPD tem, dentre os princípios que norteiam a atividade de tratamento, o da segurança e da prevenção, assim definidos, no art. 6º, incisos VII e VIII, respectivamente: "segurança: utilização de medidas técnicas e administrativas aptas a proteger os dados pessoais de acessos não autorizados e de situações acidentais ou ilícitas de destruição, perda, alteração, comunicação ou difusão", e prevenção "adoção de medidas para prevenir a ocorrência de danos em virtude do tratamento de dados pessoais". Estes princípios têm desdobramentos em outros trechos da LGPD, em especial nos artigos 46 a 49, que correspondem à seção dela dedicada à segurança e ao sigilo de dados. Exposto o tema da segurança, passa-se ao estudo, ainda que sucinto, do direito básico do consumidor à reparação de dano.

2.5.4 Direito básico à reparação integral do dano

De acordo com o art. 6º, VI, do CDC, o consumidor tem o direito básico à reparação de danos patrimoniais e morais, individuais, coletivos e difusos. A regra da cumulação entre o dano patrimonial e moral encontra amparo na CF. Ademais, a Súmula nº 37 do Superior Tribunal de Justiça, estabelece: "37. São cumuláveis as indenizações por dano material e dano moral oriundos do mesmo fato". Vale mencionar que, a regra da responsabilidade civil no CDC é a "responsabilidade objetiva", em que pese alguns casos, excepcionados no Código, seja ela "subjetiva", como na hipótese da apuração da responsabilidade pessoal dos profissionais libe-

---

[132] Provedor de conexão aqui empregado como aquele que provê a habilitação de um terminal para envio e recebimento de pacotes de dados pela internet, mediante a atribuição ou autenticação de um endereço de protocolo de internet ("IP").

[133] Provedor de aplicação aqui conceituado como aquele que oferta serviços, certos conteúdos e aplicações, via internet.

rais (art. 14, § 4º do CDC). Faz-se a presente menção ao direito de reparação integral do dano para afirmar que o tratamento e a conservação dos dados do consumidor em desconformidade à lei e/ou à regulamentação, que cause a este (consumidor) dano, ensejará ao fornecedor a obrigação de ressarcimento.

A respeito do tema deste tópico, com o advento da LGPD é importante ter em mente dois pontos. Na seção que trata das regras para responsabilidade e reparação de danos previstas na lei há uma que diz que a tutela jurisdicional pode ser pleiteada de forma individual ou coletiva (art. 42, parágrafo 3º), algo bastante semelhante com o que já se tinha em termos de litígios de consumo. O segundo ponto é que a LGPD prevê que "as hipóteses de violação do direito do titular no âmbito das relações de consumo permanecem sujeitas às regras de responsabilidade previstas na legislação pertinente" (art. 45).

Vale trazer a seguinte EMENTA que reconheceu que cabia danos morais para reparar o dano associado ao fato de que dados do consumidor foram indevidamente divulgados em website. Na fundamentação o magistrado relator cita o art. 14, do CDC e o art. 44 da LGPD.

"COMPRA E VENDA DE BEM MÓVEL – AÇÃO DE INDENIZAÇÃO – VAZAMENTO DE DADOS DO CONSUMIDOR NO WEBSITE DA RÉ – VULNERABILIDADE DO SISTEMA – RESPONSABILIDADE OBJETIVA DA FORNECEDORA – DANOS MORAIS CONFIGURADOS – RECURSO PROVIDO PARA JULGAR A AÇÃO PARCILAMENTE PROCEDENTE. A Lei Geral de Proteção de Dados dispõe que o operador de dados pessoais deve responder por eventual dano decorrente de falha de segurança, sem prejuízo da aplicabilidade das disposições consumeristas. (Apelação Cível n. 1003122-23.2020.8.26.0157, Cubatão – SP, TJ/SP, Rel. Des. Renato Sartorelli, julgado em 22.06.2021).

Vale mencionar também que pelo fato da LGPD ter dentre os princípios de tratamento de dados o da responsabilidade demonstrável do controlador e operador (Art. 6º, inc. x)[134], quem trata dados pessoais

---

[134] "Art. 6º As atividades de tratamento de dados pessoais deverão observar a boa-fé e os seguintes princípios: (...) X – responsabilização e prestação de contas: demonstra-

profissionalmente deve fazê-lo de maneira responsável, e tendo como demonstrar as medidas técnicas a administrativas que adota. Neste sentido decisão que enfatiza a teoria da "responsabilidade civil ativa ou proativa", e cuja EMENTA tem o seguinte teor:

LEI GERAL DE PROTEÇÃO DE DADOS PESSOAIS (LGPD) E DIREITO DO CONSUMIDOR. AÇÃO COM PRECEITOS CONDENATÓRIOS. Sentença de improcedência dos pedidos. Recurso de apelação do autor. Vazamento de pessoais não sensíveis do autor (nome completo, números de RG e CPF, endereço de e-mail e telefone), sob responsabilidade da ré. LGPD. Responsabilidade civil ativa ou proativa. Doutrina. Código de Defesa do Consumidor. Responsabilidade civil objetiva. Ausência de provas, todavia, de violação à dignidade humana do autor e seus substratos, isto é, liberdade, igualdade, solidariedade e integridade psicofísica. Autor que não demonstrou, a partir do exame do caso concreto, que, da violação a seus dados pessoais, a ocorrência de danos morais. Dados que não são sensíveis e são de fácil acesso a qualquer pessoa. Precedentes. Ampla divulgação da violação já realizada. Recolhimento dos dados. Inviabilidade, considerando-se a ausência de finalização das investigações. Pedidos julgados parcialmente procedentes, todavia, com o reconhecimento da ocorrência de vazamento dos dados pessoais não sensíveis do autor e condenando-se a ré na apresentação de informação das entidades públicas e privadas com as quais realizou o uso compartilhado dos dados, fornecendo declaração completa que indique sua origem, a inexistência de registro, os critérios utilizados e a finalidade do tratamento, assim como a cópia exata de todos os dados referentes ao titular constantes em seus bancos de dados, conforme o art. 19, II, da LGPD. Determinação para envio de cópia dos autos à Autoridade Nacional de Proteção de Danos (art. 55-A da LGPD). RECURSO PARCIALMENTE PROVIDO. (Apelação Cível n. 1008308-35.2020.8.26.0704, Comarca de São Paulo, TJ/SP, Rel. Des. Alfredo Attié, julgado em 16.11.2021). (sic)

ção, pelo agente, da adoção de medidas eficazes e capazes de comprovar a observância e o cumprimento das normas de proteção de dados pessoais e, inclusive, da eficácia dessas medidas."

2.6 Exame do art. 43 do CDC

O art. 43 está inserido em uma seção específica denominada "Dos Bancos de Dados e Cadastros de Consumidores", a qual integra o capítulo do CDC que disciplina as práticas comerciais dos fornecedores. Segundo o artigo:

> Art. 43. O consumidor, sem prejuízo do disposto no art. 86, terá acesso às informações existentes em cadastros, fichas, registros e dados pessoais e de consumo arquivados sobre ele, bem como sobre as suas respectivas fontes.
>
> § 1º – Os cadastros e dados de consumidores devem ser objetivos, claros, verdadeiros e em linguagem de fácil compreensão, não podendo conter informações negativas referentes a período superior a cinco anos.
>
> § 2 – A abertura de cadastro, ficha, registro e dados pessoais e de consumo deverá ser comunicada por escrito ao consumidor, quando não solicitada por ele.
>
> § 3º – O consumidor, sempre que encontrar inexatidão nos seus dados e cadastros, poderá exigir sua imediata correção, devendo o arquivista, no prazo de cinco dias úteis, comunicar a alteração aos eventuais destinatários das informações incorretas.
>
> § 4º – Os bancos de dados e cadastros relativos a consumidores, os serviços de proteção ao crédito e congêneres são considerados entidades de caráter público.
>
> § 5º – Consumada a prescrição relativa à cobrança de débitos do consumidor, não serão fornecidas, pelos respectivos Sistemas de Proteção ao Crédito, quaisquer informações que possam impedir ou dificultar novo acesso ao crédito junto aos fornecedores.

Em razão deste dispositivo, o consumidor tem o direito ao acesso às informações existentes em cadastros, fichas, registros de dados pessoais e de consumo arquivadas sobre ele, bem como sobre as respectivas fontes.

Ademais, a abertura de cadastro, ficha, registro e dados pessoais e de consumo deverá ser comunicada por escrito ao consumidor, quando não solicitada por ele. Isso está ligado a outro direito do consumidor, qual seja, o de exigir a correção dos seus dados, em caso de inexatidão[135]. Ade-

---

[135] A respeito do direito do consumidor de ser informado sobre a abertura de cadastro,

mais, resta regrado que, informações negativas sobre o consumidor não podem ser arquivadas nos bancos de dados, por mais de cinco anos.

Por fim, a lei prevê a equiparação dos bancos de dados e cadastro relativos aos consumidores, a entidades de caráter público. Este aspecto (equiparação a entidades de caráter público) permite o uso do *habeas data* pelo consumidor, conforme tratado no item 1.4 "O instituto do *habeas data* e o direito do consumidor".

2.6.1 Dos tipos de arquivos de consumo

Aqueles doutrinadores que comentam o art. 43 do CDC distinguem o "cadastro de consumo" do "banco de dados"[136], não obstante o capítulo do CDC no qual este artigo se insere (Dos bancos de dados e cadastro de consumidores) não fazer tal distinção, assim como não o faz o *caput* do dispositivo.

Trata-se, portanto, de construção doutrinária[137] que utiliza essencialmente dois critérios para a distinção: (1) a origem da informação e (2) o destino da informação.

---

ficha, registro de dados pessoais e de consumo, vale mencionar que na Cidade de São Paulo, Estado de São Paulo, há norma que regulamenta a inserção do nome do consumidor em cadastro de proteção ao crédito. Trata-se da Lei Estadual nº 15.659, de 09/01/2015 modificada pela Lei nº 16.624, de 15/12/2017. Decisão do Superior Tribunal Federal na ADI 5254 por sua vez declarou inconstitucional, em controle concentrado, o parágrafo único do artigo 2º da lei em comento. Para detalhes do texto da lei ver o site da Assembleia Legisltativa do Estado de São Paulo. Link https://www.al.sp.gov.br/repositorio/legislacao/lei/2015/lei-15659-09.01.2015.html Último acesso em 23.05.2022.

[136] Cadastros de consumo e bancos de dados são as espécies que compõem o gênero "arquivos de consumo".

[137] Neste sentido, estão perfilados os seguintes autores: Gregori, Maria Stella. **Banco de dados e cadastro de consumidores**. In: Sodré, Marcelo Gomes; Meira, Fabíola; Caldeira, Patrícia (Orgs.) **Comentários ao código de defesa do consumidor**. p.279-292, São Paulo: Verbatim, 2009, p.282 e 283; Benjamin, Antonio Herman V.; Lima Marques, Claudia; Bessa, Leonardo Roscoe. **Manual de direito do consumidor**. 5.ed. revista, atualizada e ampliada. São Paulo: RT, 2013, p.306-307; Benjamin, Antonio Herman V. **Guia de Leitura**: uma introdução ao código de defesa do consumidor. In: Lazzarini, Marilena; Rios, Josué de Oliveira; Nunes Jr., Vidal Serrano. **Código de Defesa do Consumidor anotado e exemplificado pelo Idec** – Instituto Brasileiro de Defesa do Consumidor. São Paulo: ASV, 1991, p.255.

Na obra *Código Brasileiro de Defesa do Consumidor*, comentado pelos autores do anteprojeto, afirma-se:

OS DIVERSOS TIPOS DE ARQUIVOS DE CONSUMO – A expressão arquivo de consumo é gênero do qual fazem parte os bancos de dados e os cadastros de consumidores.

Os bancos de dados podem apresentar-se de inúmeras formas. A mais comum, no Brasil, é o Serviço de Proteção ao Crédito (SPC).

O vocábulo "banco de dados" carreia a ideia de *informações organizadas*, arquivadas de maneira *permanente* em estabelecimento outro que não o do fornecedor que diretamente lida com o consumidor; ali ficam, de modo latente, à espera de utilização. A abertura do arquivo no banco de dados nunca decorre de solicitação do consumidor. Muito ao revés, é inteiramente feita à sua revelia. Finalmente, não é o arquivista o destinatário das informações armazenadas, mas sim terceiros, sendo ele mero veículo para circulação destas.

Já os cadastros assim não são entendidos. A *organização* e *permanência* não são características necessárias. Via de regra, o cadastro do consumidor é feito por ele próprio junto ao seu fornecedor, atual ou futuro. Mas nada impede que uma empresa acrescente a ele informações suas. Daí a sua equiparação aos bancos de dados, uma vez que podem se tornar inexatos. No mais das vezes, diversamente do que sucede com os bancos de dados, uma vez que o consumidor não mantenha um certo número de transações com a empresa, o cadastro é destruído.[138]

Pelo fato de Antonio H. Vasconcellos e Benjamin ser coautor do CDC, sua explicação tem valor especial para um entendimento mais preciso (em sentido *stricto*) das expressões *banco de dados* e *cadastro*.

Enéas Costa Garcia cita Antônio H. Vasconcellos e Benjamin e sumariza a posição da doutrina dominante, afirmando:

---

[138] Grinover, Ada Pelegrini; Benjamin, Antonio Herman Vasconcellos; Fink, Daniel Roberto, Filomeno, José Geraldo Brito; Watanabe, Kazuo; Nery Junior, Nelson; Denari, Zelmo. **Código Brasileiro de Defesa do Consumidor**. 2.ed. Rio de Janeiro: Forense, 1992, p.255-256.

A doutrina distingue "banco de dados" e "cadastro de consumidores". Terminologia que também se encontra do Código de Defesa do Consumidor, nominando a Seção VI do Capítulo V do referido diploma legal.

Em geral as distinções gravitam em torno da classificação apresentada por Antônio Herman de Vasconcellos e Benjamin. [...] [139]

Antônio Carlos Efing, partindo da distinção apresentada inicialmente por Antonio Herman V. Benjamin, entre banco de dados e cadastro de consumo, opta por descrever separadamente cada um desses institutos:

> No entanto, é necessário que sejam traçadas as características dos dois institutos isoladamente, pois, apesar de terem ligação indiscutível, apresentam formas e conteúdos particulares. Na tentativa de desvencilhar, alguns paralelos devem ser extraídos de suas características dos dois individuais e comparados, em especial, no que diz respeito: à forma de coleta dos dados, à organização dos dados armazenados, à continuidade da coleta e da divulgação, à extensão dos dados postos à disposição, à existência de requerimento para o cadastramento, à função das informações obtidas e ao alcance da divulgação das informações armazenadas. [...]
> As características inerentes aos chamados "arquivos de consumo", que englobam os cadastros de consumidores e os bancos de dados de consumidores, são diferenciadas em vários aspectos, apesar de trazerem "em comum a qualidade de armazenarem informações sobre terceiros, para uso em operações de consumo (mesmo que de forma indireta, como é o caso de seu emprego no 'targeting' publicitário), nomeadamente aquelas executadas mediante crédito.[140]

Em seu livro sobre a matéria, Efing distingue os dois institutos com mais critérios, além da (I) origem da informação e (II) do destino da informação, já mencionados, destaca, ainda, distinções no que diz respeito: (III) à forma de coleta dos dados, (IV) à organização dos dados

---

[139] Garcia, Enéas Costa. **Responsabilidade civil por abalo de créditos e banco de dados**. São Paulo: Juarez de Oliveira, 2008, p.13.

[140] Efing, Antônio Carlos. **Banco de dados e cadastro de consumidores**. Biblioteca de Direito do Consumidor 18. São Paulo: RT, 2002, p.28-30.

A PROTEÇÃO DO CONSUMIDOR NA LEGISLAÇÃO PÁTRIA

armazenados, (V) à continuidade da coleta e da divulgação; (VI) à extensão dos dados postos à disposição; (VII) à existência de requerimento para o cadastramento, (VIII) à função das informações obtidas e (IX) ao alcance da divulgação das informações armazenadas[141].

Em suma, o termo *banco de dados* é utilizado pela doutrina para designar arquivo com dados de consumidores cujo gestor (do arquivo) é, normalmente, uma empresa de prestação de serviço de informações creditícias, como o é a entidade de proteção ao crédito. Nesta hipótese, a informação é originária de um outro fornecedor, por exemplo, o lojista que realizou uma venda, ao consumidor, que se revelou inadimplente. Ademais, no caso do *banco de dados*, o destino da informação não é um fornecedor específico, mas o mercado. Aquele que remunerar o serviço de fornecimento de informação da empresa que possui os dados receberá a informação.

No *cadastro de consumo*, por sua vez, a informação é, normalmente, originária do consumidor, por exemplo, quando este adquire um produto em um estabelecimento comercial e, no ato da compra, fornece dados pessoais a pedido do lojista (fornecedor) que os arquiva.

Vale mencionar que a Portaria nº 5 da SDE/MJ, de 27.08.2002, expressamente considera cláusula abusiva, em acréscimo ao rol do art. 51 do CDC aquelas que automaticamente autorizem o compartilhamento de dados de consumidores com terceiros. Portanto, acertou o Poder Executivo na emissão dessa norma. Na recente LGPD, inclusive, há previsão semelhante:

> Art. 7º O tratamento de dados pessoais somente poderá ser realizado nas seguintes hipóteses: (...) parágrafo 5º O controlador que obteve o consentimento referido no inciso I do caput deste artigo que necessitar comunicar ou compartilhar dados pessoais com outros controladores deverá obter consentimento específico do titular para esse fim, ressalvadas as hipóteses de dispensa do consentimento previstas nesta Lei.

---

[141] Efing, Antônio Carlos. **Banco de dados e cadastro de consumidores**. Biblioteca de Direito do Consumidor 18. São Paulo: RT, 2002, p.30-36.

O DIREITO À PRIVACIDADE E À PROTEÇÃO DOS DADOS DO CONSUMIDOR

O cadastro de consumo tem um objetivo imediato e presente relativo àquela relação (transação de consumo específica) e, um outro objetivo, diverso, que diz respeito a operações futuras[142].

Pode-se afirmar que o art. 43 visa, além de regrar os bancos de dados com informações creditícias negativas, também disciplina, ainda que sem muito detalhamento, outro tipo de dado, qual seja, aquele dado de consumo que vai além das informações creditícias. Para ilustrar esta afirmação, vale citar Antônio Carlos Efing:

> Quis o legislador abranger todas as formas de sistemas de armazenamento de informações relativas às relações de consumo, para tanto, utilizando-se de estratégia consistente em disciplinar todo e qualquer modo de reunião de dados, ampliando a tutela de consumidores diante de eventuais danos decorrentes destes serviços.[143]

Considerando a distinção mencionada, pode-se afirmar que o teor do art. 43, em comento neste tópico, enfoca mais detalhadamente a disciplina do banco de dados de proteção ao crédito que a do cadastro de dados do consumidor. Isto é demonstrado pelo simples exame dos dois últimos parágrafos do dispositivo, nos quais o legislador se dedicou a complementar o regramento do trato aos dados creditícios negativos[144]. A lei é nitidamente mais extensa nesta matéria do que na disciplina de outros dados de consumo. Consequentemente, no resultado da pesquisa

---

[142] Neste sentido: Carvalho, José Carlos Maldonado de. **Direito do Consumidor**. Fundamentos Doutrinários e Visão Jurisprudencial. 3.ed.revista e ampliada. Rio de Janeiro: Lumen Juris, 2008, p.122.

[143] Efing, Antônio Carlos. **Banco de dados e cadastro de consumidores**. Biblioteca de Direito do Consumidor 18. São Paulo: RT, 2002, p. 29.

[144] Conforme Leonardo Roscoe Bessa: "O maior número de informações registradas é de dívi das vencidas e não pagas. Por se tratar de informação que propicia, em regra, uma avaliação desfavorável – um juízo de valor negativo – sobre a pessoa cujo nome está inscrito nos arquivos, cunhou-se o termo *negativar* e suas derivações: o consumidor não é *registrado* ou inscrito nos bancos de dados, ele é *negativado*." (Benjamin, Antonio Herman V.; Marques, Claudia Lima; Bessa, Leonardo Roscoe. **Manual de direito do consumidor**. 5.ed. revista, atualizada e ampliada. São Paulo: RT, 2013, p. 310).

A PROTEÇÃO DO CONSUMIDOR NA LEGISLAÇÃO PÁTRIA

para esta tese obteve-se doutrina[145] e jurisprudência pátria em quantidade significativa no que tange ao art. 43, sob o enfoque dos bancos de dados e informações creditícias negativas. É uma quantidade bem maior que o material referente ao tema do cadastro de dados do consumidor, além das informações creditícias.

O CDC data de 1990. Naquela época já havia serviços de proteção ao crédito e, portanto, a realidade a ser enfrentada pelo legislador dizia mais respeito a questões desta natureza.

Antes de tratar do tipo de dado armazenado e do seu grau de sigilo, cabe exemplificar uma das afirmações anteriores. O resultado do estudo da jurisprudência relativa ao art. 43 é rico no que tange ao banco de dado de proteção ao crédito. Portanto, o tema merece ser examinado, visto que ajuda a avaliar como está atualmente o respeito ao direito do consumidor.

O art. 43 regulamenta os arquivos com dados de consumidores, em especial, mas sem limitação, a atividade do banco de dado de proteção

---

[145] Faz-se referência aqui aos seguintes autores: Efing, Antônio Carlos. **Banco de dados e cadastro de consumidores**. Biblioteca de Direito do Consumidor 18. São Paulo: RT, 2002, p.27-36; Garcia, Enéas Costa. **Responsabilidade civil por abalo de créditos e banco de dados**. São Paulo: Juarez de Oliveira, 2008, p.13-15; Gregori, Maria Stella. Banco de dados e cadastro de consumidores. In: Sodré, Marcelo Gomes; Meira, Fabíola; Caldeira, Patrícia (Orgs.) **Comentários ao código de defesa do consumidor**. p.279-292, São Paulo: Verbatim, 2009, p.283-284; Pfeiffer, Roberto. Práticas Abusivas, Cobrança de Dívidas e Cadastro de Consumo. In: Lopez, Teresa Ancona; Aguiar Júnior, Rui Rosado (Coords.). **Contratos Empresariais, Contratos de Consumo e Atividade Econômica**. São Paulo: Série GVLaw; Saraiva, 2009, p. 234-244. Em contrapartida, o autor Danilo Doneda tem aprofundado o tema da proteção dos dados além das informações creditícias conforme verifica-se em: Doneda, Danilo. **Considerações iniciais sobre o banco de dados informatizados e o direito à privacidade**; e Doneda, Danilo. **A proteção de dados pessoais nas relações de consumo**: para além da informação creditícia. Brasília: Ministério da Justiça, SDE/DPDC, 2010. Disponível em: <http://portal.mj.gov.br/services/ DocumentManagement/FileDownload.EZTSvc.asp?DocumentID=%7bD5C20E66-4F91-42F3-9A0A-6E5C34E0CB7E%7d& ServiceInstUID=%7b7C3D5342-485C-4944-BA65-5EBCD81ADCD4%7d>. Acesso em: 10 jun. 2013. Têmis Limberger também estuda com maior ênfase a proteção de dados pessoais e o comércio eletrônico. (Limberger, Têmis. Proteção de dados pessoais e comércio eletrônico: os desafios do século XXI. In: **Revista de Direito do Consumidor** [do Instituto Brasileiro de Política e Direito do Consumidor]. v.67, p.215-241, São Paulo: RT, 2008). O link mencionado já não dá acesso ao texto, quando da publicação desta segunda edição.

ao crédito. Nesse diapasão, o artigo, segundo Roberto Pfeiffer, tem uma dupla função:

> Assim, a preocupação do art. 43 é dupla. Por um lado, preserva um instrumento de proteção dos fornecedores, que serve como prevenção ao risco do inadimplemento. [...] Por outro lado, no entanto, visa proteger a intimidade do consumidor, preservando-o de condutas abusivas que o fornecedor ou o operador do cadastro possam tomar.
> A conclusão, portanto, é que o Código de Defesa do Consumidor se aplica indiferentemente aos bancos de dados de proteção ao crédito controlados por entes públicos ou privados.[146]

Esta afirmação é elucidativa porque mostra que, de fato, a norma tem um olhar para a tutela do fornecedor, de ver resguardado o seu direito de poder se amparar em informações pretéritas para melhor avaliar o risco de concessão de crédito ao consumidor, mas também um olhar para a proteção da sua intimidade, visto que o consumidor terá o direito de receber uma indenização por danos materiais e morais.

Pfeiffer identifica quatro requisitos de validade do registro, que o tornam lícito e em conformidade à dupla função da norma. Cada um destes requisitos tem amparo em um parágrafo do art.43 do CDC, a saber:

(I) *veracidade das informações* cadastradas a respeito do consumidor, em razão do disposto no § 1º e também do princípio da boa-fé objetiva.

(II) *ciência (ou informação) prévia ao consumidor*, com base no § 2º do mesmo artigo. Esta previsão tem como objetivo permitir ao consumidor se prevenir contra a inscrição, demonstrando, por exemplo, ao fornecedor, que não há veracidade na alegada dívida que lhe é imputada;

---

[146] Pfeiffer, Roberto. Práticas Abusivas, Cobrança de Dívidas e Cadastro de Consumo. In: Lopez, Teresa Ancona; Aguiar Júnior, Rui Rosado (Coords.). **Contratos Empresariais, Contratos de Consumo e Atividade Econômica**. São Paulo: Série GVLaw; Saraiva, 2009, p.236.

A PROTEÇÃO DO CONSUMIDOR NA LEGISLAÇÃO PÁTRIA

(III) *registro disponível/acessível ao consumidor*, de maneira que este possa requerer a sua retificação, caso a informação arquivada, conforme previsto no § 3º[147], esteja incorreta[148];

(IV) *registro negativo* a respeito do consumidor, quando houver *limitado, a certo período de tempo*, previsto em lei, conforme o §1º e o §5º do art.43 do CDC[149].

Como o tema da presente tese abarca também o exame jurisprudencial, cabe mencionar alguns julgados que reforçam os direitos estudados.

2.6.2 Banco de dados com informações creditícias – jurisprudência

Na obra de Leonardo de Medeiros Garcia[150] foram encontrados vários casos decididos nos tribunais que, somados a outros também pesquisados, corroboram para identificar o entendimento jurisprudencial abaixo sumarizado, por assunto. [151]

REQUISITO	Entendimento jurisprudencial
VERACIDADE	– No caso de inscrição indevida no SPC a prova do dano moral se satisfaz com a demonstração da existência de inscrição irregular. Já a indenização pelo dano material depende de prova de sua existência.[149]

---

[147] O não cumprimento do dever de dar acesso ao consumidor, por parte do fornecedor, é considerada uma infração penal conforme o art. 72 do CDC. A recusa também pode ensejar a interposição de *habeas data* (art. 21 da Lei nº 9.507/1997).

[148] O fornecedor que deixar de corrigir a informação que sabe ou deveria saber ser inexata comete infração penal, nos termos do art. 73 do CDC. A não retificação pode ensejar a interposição de *habeas data* (art. 21 da Lei nº 9.507/1997).

[149] Pfeiffer, Roberto. Práticas Abusivas, Cobrança de Dívidas e Cadastro de Consumo. In: Lopez, Teresa Ancona; Aguiar Júnior, Rui Rosado (Coords.). **Contratos Empresariais, Contratos se Consumo e Atividade Econômica.** São Paulo: Série GVLaw; Saraiva, 2009, p.236-241.

[150] Garcia, Leonardo Medeiros. **Direito do consumidor.** Código Comentado e Jurisprudência. 8.ed. ver.ampl. e atual. pelas Leis nº 12.414/2011 (Cadastro Positivo) e 12.529/2011 (Nova Lei do CADE). Niterói, RJ: Impetus, 2012, p.325-345.

[151] Conteúdo extraído de decisão citada em diversos julgados: REsp. 51158/DF, Rel. Min. Ruy Rosado de Aguiar, j. 27/03/1995.

O DIREITO À PRIVACIDADE E À PROTEÇÃO DOS DADOS DO CONSUMIDOR

REQUISITO	Entendimento jurisprudencial
	– O mero erro no valor inscrito não gera danos morais, uma vez que não é o valor e sim o abalo ao crédito que enseja o dano moral. Quando o registro em si é devido, descabe o dano moral somente por erro no valor.[152] – Tem-se exigido para o dano moral, também, que a inscrição irregular não seja precedida de outras inscrições que sejam legítimas, ainda disponíveis à consulta.[153] – Durante um período a jurisprudência acatava pedido de retirada do nome do cadastro negativo de órgão de proteção ao crédito, quando havia ação em curso discutindo o contrato. Contudo, mais recentemente isso foi alterado, e atualmente, com a amparo na Súmula nº 380 do STJ, julgadores têm optado por não acolher tal solicitação, posto que algumas ações estavam sendo propostas de má-fé, apenas para obtenção de tal benefício[154]. Segundo a Súmula 380 do STJ: "A simples propositura da ação de revisão do contrato não inibe a caracterização da mora do autor".

[152] Conteúdo extraído de decisão citada em diversos julgados: STJ, REsp. 831162/ES, Rel. Min. Jorge Scartezzini, DJ 21/08/2006.

[153] Entendimento extraído do seguinte julgado: REsp. 1.002.985/RS, DJe 27/08/2008 cuja ementa é: "CONSUMIDOR. INSCRIÇÃO EM CADASTRO DE INADIMPLENTES. DANO MORAL INEXISTENTE SE O DEVEDOR JÁ TEM OUTRAS ANOTAÇÕES, REGULARES, COMO MAU PAGADOR. Quem já é registrado como mau pagador não pode se sentir moralmente ofendido por mais uma inscrição do nome como inadimplente em cadastros de proteção ao crédito; dano moral, haverá se comprovado que as anotações anteriores foram realizadas sem a prévia notificação do interessado. Recurso especial não conhecido". E extraído, também, da Súmula 385 do STJ de 08/06/2009.

[154] Garcia, Leonardo Medeiros. Direito do consumidor. Código Comentado e Jurisprudência. 8.ed. rev.ampl. e atual. pelas Leis nº 12.414/2011 (Cadastro Positivo) e 12.529/2011 (Nova Lei do CADE). Niterói, RJ: Impetus, 2012, p.337.

A PROTEÇÃO DO CONSUMIDOR NA LEGISLAÇÃO PÁTRIA

REQUISITO	Entendimento jurisprudencial
CIÊNCIA PRÉVIA À ABERTURA DO CADASTRO	– A falta de comunicação enseja indenização por dano moral.[155] – A respeito deste dever de comunicação, importante mencionar a Súmula do STJ nº 404 segundo a qual: "é dispensável o Aviso de Recebimento (AR) na carta de comunicação ao consumidor sobre a negativação de seu nome em bancos de dados e cadastros".[156] A correspondência, contudo, pelo órgão de manutenção do banco de dados deve, como condição, ter sido enviada ao endereço fornecido ao órgão pelo credor do consumidor, devendo ser o mesmo informado pelo consumidor ao fornecedor (credor). – No caso do Estado de São Paulo, a Lei Estadual nº 15.659/2015 previa que os consumidores fossem informados sobre sua inclusão em cadastros de proteção ao crédito, por via postal, com AR. No entanto, esta norma teve sua redação alterada pela Lei Estadual nº 16.624/2017, para prever, no lugar do AR, a obrigação de informação ao consumidor, antes do ato de inscrição, via correspondência enviada pela entidade mantenedora do cadastro ao endereço informado por ele (consumidor)

[155] Entendimento extraído do julgado: STJ, REsp. 373219/RJ, Rel. Min. Sálvio de Figueiredo Teixeira, DJ 12/08/2002. Não cabe dano moral, no entanto, quando a informação que possibilitou a negativação já era acessível ao público em fontes públicas como cartórios e em processos judiciais. Entendimento extraído do julgado: STJ, REsp. 720493/SP, Rel. Min. Jorge Scartezzini, DJ 01/07/2005. Parte desta decisão precedida de comentários foi transcrita na obra Garcia, Leonardo. **Código de Defesa do Consumidor Comentado Artigo por Artigo**, 16ª edição revista, atualizada e ampliada. Salvador: *JusPodivm*, 2021 p. 427.

[156] Antes desta Súmula, algumas decisões já indicavam um amadurecimento do STJ quanto à desnecessidade do uso do Aviso de Recebimento na comunicação, da natureza em comento, ao consumidor. Foram julgados neste sentido: (I) REsp nº 946.708/RS (2007/0095533-0), *DJ* 25.11.2008; (II) decisão em que foi relatora Min. Nancy Andrighi, no REsp nº 1.083. 291-RS (2008/0189838-6), julgamento de 09.09.2009; (III) decisão em que foi relator Min. João Otávio de Noronha, no REsp nº 946.708/RS (2007/0095533-0), DJ 25.11.2008.

O DIREITO À PRIVACIDADE E À PROTEÇÃO DOS DADOS DO CONSUMIDOR

REQUISITO	Entendimento jurisprudencial
ACESSIBILIDADE AO CONSUMIDOR	– A recusa do fornecedor em respeitar o direito do consumidor de acesso ao dado pode ensejar "habeas data"[157]
LIMITE DE TEMPO DO REGISTRO	– A interpretação do art. 43, 1º e 5º está pacificada. Há Súmula nº 323 do STJ, pela qual: "A inscrição do nome do devedor pode ser mantida nos serviços de proteção ao crédito até o máximo de cinco anos, independentemente da prescrição da execução."

Apresentado este entendimento jurisprudencial, em especial sobre o tema "Limite de tempo do registro", cabe complementá-lo com análise breve de decisão de Tribunal do Rio Grande do Sul, a respeito de prática que constitui em pontuar o consumidor, atribuindo-lhe um escore (nota) ainda que baseado em informações subjetivas ou superiores aos cinco anos mencionados. Abaixo, ementa de um dos casos decididos[158]:

---

[157] As decisões localizadas a este respeito foram as seguintes: "Recentemente, o STJ julgou habeas data pela 1ª Seção, *HD* 160/DF, Relª Minª. Denise Arruda, DJe 22/09/2008, expondo dois entendimentos interessantes: 1. 'Em razão da necessidade de comprovação de plano do direito do demandante, mostra-se inviável a pretensão de que, em um mesmo *habeas data*, se assegure o conhecimento de informação e se determine a sua retificação. É logicamente impossível que o impetrante tenha, no momento da propositura da ação, demonstrado a incorreção desses dados se nem ao menos sabia o seu teor. Por isso, não há como conhecer do *habeas data* no tocante ao pedido de retificação de eventual incorreção existente na base de dados.' 2. 'O fornecimento de informações insuficientes ou incompletas é o mesmo que o seu não fornecimento, legitimando a impetração da ação de *habeas data*.' (Garcia, Leonardo Medeiros. **Direito do consumidor**. Código Comentado e Jurisprudência. 8.ed. rev.ampl. e atual. pelas Leis nº 12.414/2011 (Cadastro Positivo) e 12.529/2011 (Nova Lei do CADE). Inclui o Anteprojeto de Reforma do CDC. Niterói, RJ: Impetus, 2012, p.331).

[158] Esta decisão, seguida de comentário de Bruno Miragem, foi publicada em: Marques, Claudia Lima. (Coord.) Decisões Monocráticas – TJRS – ApCiv 70040551541 j. 28.10.2010 – rel. Des. Paulo Roberto Lessa Frans – DJRS 14.01.2011. In: **Revista de Direito do Consumidor** [do Instituto Brasileiro de Política e Direito do Consumidor]. v.77, p.501-512, São Paulo: RT, jan-mar., 2011.

Ementa: Apelação cível. Responsabilidade civil. Ação cominatória cumulada com pedido de indenização por danos morais. Sistema "Crediscore". Natureza. Banco de dados. Sujeição às disposições constantes do art. 43 do CDC. A elaboração, organização, consulta e manutenção de bancos de dados sobre consumidores não é proibida pelo Código de Defesa do Consumidor; ao contrário, é regulada por este, no art. 43. Hipótese em que o Sistema Crediscore, colocado à disposição das empresas conveniadas pela Câmara de Dirigentes Lojistas de Porto Alegre, caracteriza-se como um verdadeiro banco de dados de hábitos de consumo e pagamento dos consumidores, sujeito, portanto, às disposições do art. 43 do CDC.

Dano moral. Configuração. Comprovado o agir ilícito da demandada, que criou o banco de dados com informações pessoais da autora, sem a devida publicização, inviabilizando os direitos de amplo acesso às informações pessoais do consumidor e de reclamar por ilegalidades ou incorreções (art. 43, *caput* e § 3º), gerando, inclusive, provável restrição de crédito, diante do escore desfavorável, caracterizando este dano *in re ipsa*, exsurgindo, daí, o dever de indenizar.

Quantum indenizatório. Arbitramento. É cediço que, na fixação da reparação por dano extrapatrimonial, incumbe ao julgador, atentando, sobretudo, para as condições do ofensor, do ofendido e do bem jurídico lesado, e aos princípios da proporcionalidade e razoabilidade, arbitrar quantum que se preste à suficiente recomposição dos prejuízos, sem importar, contudo, enriquecimento sem causa da vítima. Ao concreto, demonstrada a ilicitude do ato praticado pela ré, e sopesadas as demais particularidades do caso, entendo adequada a fixação da verba indenizatória em R$ 10.000,00 (dez mil reais), que deverá ser corrigida monetariamente pelo IGP–M e acrescida de juros legais, a contar desta decisão.[159]

Pelo que se depreende do relatório desta decisão, a consumidora (apelante) não foi comunicada da abertura de um arquivo com os seus dados e, apesar de, no momento da propositura da ação, não possuir nenhuma restrição ao crédito em seu nome registrada em órgão de proteção ao crédito, não conseguia obter crédito no mercado pelo fato de ter uma

---

[159] ApCiv 70040551541 – Comarca de Porto Alegre; 10ª Câm. Civ.; apelante: Anacir Dutra; apelada: Câmara de Dirigentes de Lojistas de Porto Alegre – CDL.

pontuação baixa no SPC Crediscore (serviço da apelada) em função de ter sido inscrita indevidamente no SPC. Segundo o apelante, e conforme descrito no relatório, o SPC Crediscore utiliza informações que têm mais de cinco anos:

> [...] alimentado por dados inclusos pelos associados, dados "históricos" do SPC "armazenados em 10 anos" e do SP Cheque Garantido, além dos dados comportamentais do cliente, verificados em operações anteriores e colocado à disposição das empresas associadas, para uso em operações comerciais, mediante realização de escores de pretensos clientes [...]

A decisão favorável à consumidora condena a prática de um sistema oculto de informações a respeito do consumidor, haja vista o requisito de caráter público do banco (art. 43, *caput*, § 2º e § 4º do CDC) e a existência de limite de tempo para a informação negativa constar do mesmo (cinco anos), aspecto não observado pelo órgão responsável pelo serviço de escore. Além disso, entendeu o TJRS que os critérios do arquivo carecem de objetividade, outro requisito previsto no art. 43 do CDC.

A decisão em comento é do Estado do Rio Grande do Sul (RS). Reportagem realizada na cidade de Porto Alegre (RS) e divulgada na internet com o título "Tribunal condena SPC a indenizar consumidores que estão com 'nome limpo' mas têm crédito negado por pontuação no Crediscore" abordou o tema e foi trazida parcialmente a esta tese por ilustrar o sistema de escore:

> Tribunal condena SPC a indenizar consumidores que estão com "nome limpo" mas têm crédito negado por "pontuação" no CREDISCORE. Em meados de 2009 o Serviço de Orientação ao Consumidor (SOS Consumidor), responsável pelo site www.sosconsumidor.com.br, recebeu uma série de reclamações de consumidores que estavam com o nome limpo e mesmo assim tinham o crédito negado. Vários destes consumidores haviam sido cadastrados indevidamente nos órgãos de restrição ao crédito (a maioria por fraude) e conseguiram excluir o nome através de ordem judicial, mas mesmo assim não conseguiam mais crédito em lojas e bancos.
> Alguns consumidores, que tentaram obter um cartão de crédito junto a um hipermercado, receberam uma carta-resposta informando que o motivo da

negativa de crédito seria a baixa pontuação fornecida pelo CREDISCORE. Após pesquisa, descobriu-se que o CREDISCORE é um sistema de consulta criado pela CDL PORTO ALEGRE (responsável pelo SPC no Rio Grande do Sul) disponibilizado às empresas e que gera uma pontuação aos consumidores que estão com o nome "limpo", dando a "probabilidade" daquele consumidor não pagar a dívida que está assumindo. A "pontuação" fornecida pelo SPC leva em consideração centenas de "variáveis comportamentais", analisando dados pessoais e de consumo, além de várias informações sobre o consumidor. Dentre os dados e informações analisados para gerar a pontuação está o "histórico" do consumidor como o fato do consumidor já ter tido registros negativos, quantos, por quanto tempo, bem como se tem ou teve ações judiciais. Ocorre que esta "pontuação" não é informada ao consumidor, muito menos os dados e informações sobre o consumidor que são utilizados para obter a mesma. Também são utilizados, para obter a "pontuação", registros negativos com mais de 5 anos, além daqueles com menor prazo mas já excluídos dos cadastros negativos pelo pagamento da dívida ou por ordem judicial.[160]

Ao final da reportagem foram mencionados os números de nove decisões do TJRS sobre o tema em comento. A prática descrita no texto afrontaria o art. 43, *caput*, §1º e 2º do CDC, transcritos abaixo para fins ilustrativos:

Art. 43 – O consumidor, sem prejuízo do disposto no art. 86, terá acesso às informações existentes em cadastros, fichas, registros e dados pessoais e de consumo arquivados sobre ele, bem como sobre as suas respectivas fontes. §1º – Os cadastros e dados de consumidores **devem ser objetivos**, claros, verdadeiros e em linguagem de fácil compreensão, não podendo conter informações negativas referentes a período superior a cinco anos. § 2º – A abertura de cadastro, ficha, registro e dados pessoais e de consumo deverá

---

[160] Quando da redação original desta Tese esta informação estava disponível neste link, mas já não está: http://www.assuncaoassuncao.adv.br/web/artigos/detalhes_do_artigo/578/tribunal+condena+spc+a+indenizar+consumidores+que+estao+com++nome+limpo++mas+tem+credito+negado+por++pontuacao++no+crediscore.

ser comunicada por escrito ao consumidor, quando não solicitada por ele. [...] (Grifos meus)

Importante ressaltar que a decisão citada (ApCiv 70040551541 – Comarca de Porto Alegre; 10ª Câm. Civ) guarda bastante semelhança, em termos fáticos, com o teor da notícia transcrita, denotando a existência de, à época da primeira edição desta obra, muitos casos, de fato, no Rio Grande do Sul. Para este entendimento corrobora o trecho escrito pelo desembargador Paulo Roberto Lessa Frans, nos seus fundamentos do julgado:

> *Prima facie*, cumpre registrar que a questão posta em liça encontra entendimento sedimentado neste Órgão Fracionário, motivo pelo qual profiro decisão monocrática com fulcro no art. 557 do CPC[161].

O que o Tribunal do Rio Grande do Sul apreciou e contrapôs na decisão comentada foram os argumentos da apelante (consumidora) e da apelada. A consumidora questiona a licitude da informação negativa a seu respeito e o fato de seu uso extrapolar a forma prevista pela Lei nº 8.078/1990, por ser, por exemplo, pouco objetiva, adotar critérios secretos e próprios, trazer informação negativa por tempo fora do limite legal de cinco anos e inexistir publicidade ao consumidor, ou seja, o cadastro, ao invés de ser público, é oculto. A Câmara de Dirigentes de Lojistas local[162] (apelada), por sua vez, alega que não se está diante de um banco de dados, mas de uma ferramenta probabilística:

---

[161] O artigo aqui mencionado é do Código de Processo Civil (Lei nº 5.869/1973) anterior ao que vige atualmente. O teor do "caput" deste artigo era: "Art. 557. O relator negará seguimento ao recurso manifestamente inadmissível, improcedente, prejudicado, ou em confronto com a súmula ou com a jurisprudência dominante do respectivo tribunal, do Supremo Tribunal Federal, ou de Tribunal Superior." Se comparado com o texto do Código de Processo Civil atual (Lei nº 13.105/2015), o dispositivo que tem teor bastante próximo seria a alínea "a", do inciso IV, do art. 932, que "in verbis" estabelece: "Art. 932. Incumbe ao relator: (...); IV – negar provimento a recurso que for contrário a: a) súmula do Supremo Tribunal Federal, do Superior Tribunal de Justiça ou do próprio tribunal."
[162] Da cidade de Porto Alegre.

A PROTEÇÃO DO CONSUMIDOR NA LEGISLAÇÃO PÁTRIA

[...] a fim de constatar, com base em dados enviados pelas empresas associadas, se a pessoa é confiável ou não, motivo pelo qual não haveria de se falar em incidência do art. 43 do CDC e, consequentemente, em direito à prévia notificação à informação do escore atribuído ao consumidor e dos critérios utilizados.[163]

Para se ter uma visão conclusiva deste assunto é relevante a leitura de acordão do Superior Tribunal de Justiça que aborda o tema da licitude da prática comercial do sistema de *credit scoring*[164] e seus limites, como, por exemplo, o dever de respeito ao direito fundamental do consumidor à privacidade e os princípios consumeristas da transparência e da boa fé[165]: Acórdão proferido no Recurso Especial nº 1.419.697-RS (2013/0386285-0), em que foi Rel. Ministro Paulo de Tarso Sanseverino, segunda seção, julgado em 12.11.2014. Abaixo alguns trechos do voto do Relator:

"Assim, essa nova prática comercial é lícita, mas deve respeito aos princípios basilares do sistema jurídico brasileiro de proteção do consumidor, desenvolvido no sentido da tutela da privacidade e da exigência da máxima trans-

---

[163] Trecho extraído de: Marques, Claudia Lima. (Coord.) Decisões Monocráticas – TJRS – ApCiv 70040551541 j. 28.10.2010 – rel. Des. Paulo Roberto Lessa Frans – DJRS 14.01.2011. In: **Revista de Direito do Consumidor** [do Instituto Brasileiro de Política e Direito do Consumidor]. v.77, p.501-512, São Paulo: RT, jan-mar., 2011, p. 505.

[164] Neste Acórdão são feitas duas observações a respeito deste sistema merecendo destaque a que diz que por se tratar de uma metodologia de cálculo do risco de concessão de crédito, a partir de modelos estatísticos, que busca informações em cadastros e bancos de dados disponíveis no mercado digital, não se pode exigir o prévio e expresso consentimento do consumidor avaliado (exigência constante da versão original do art. 4º da Lei 12.414/2011), pois não constitui um cadastro ou banco de dados, mas um modelo estatístico. A exigência flexibilizada na decisão, se se desse quando da publicação da segunda edição desta tese em forma de livro talvez nem seria objeto de ponderação do poder judicante, porque o aludido artigo, em sua versão atual, não requer autorização prévia para inclusão do dado positivo do consumidor, mas estabelece dever de comunicação de tal fato (inclusão). Ponto melhor descrito no tópico deste livro destinado à Lei nº 12.414/2011 – "Lei do Cadastro Positivo".

[165] Art. 4º, "caput" e artigo 4º, inc. III, do Código de Defesa do Consumidor.

parência nas relações negociais, partindo do Código Civil, passando pelo CDC e chegando-se a Lei n. 12.414/2011."[166]

"No Brasil, a proteção da honra e da privacidade constituem tanto direitos fundamentais contemplados no art. 5º, X, da Constituição Federal, como direitos da personalidade, regulados pelos artigos 11 a 21 do Código Civil."[167]

"Enfim, o consumidor deve ser informado clara e objetivamente acerca de todos os aspectos atinentes à relação contratual desde o período pré-negocial, incluindo dever de máxima transparência dos arquivos de consumo."[168]

"A vedação de utilização de dados sensíveis busca evitar a utilização discriminatória da informação, conforme claramente definido pelo legislador como aqueles "pertinentes à origem social e étnica, à saúde, à informação genética, à orientação sexual e às convicções políticas, religiosas e filosóficas. Desse modo, no sistema jurídico brasileiro, encontram-se devidamente regulados tanto o dever de respeito à privacidade do consumidor (v.g. Superior Tribunal de Justiça informações excessivas e sensíveis), como o dever de transparência nessas relações com o mercado de consumo (v.g. deveres de clareza, objetividade e veracidade).(...) No caso específico do "credit scoring", devem ser fornecidas ao consumidor informações claras, precisas e pormenorizadas acerca dos dados considerados e as respectivas fontes para atribuição da nota (histórico de crédito), como expressamente previsto no CDC e na Lei nº 12.414/2011."[169]

"A simples circunstância, porém, de se atribuir uma nota insatisfatória a uma pessoa não acarreta, por si só, um dano moral, devendo-se apenas oportunizar ao consumidor informações claras acerca dos dados utilizados nesse cálculo estatístico.

Entretanto, se a nota atribuída ao risco de crédito decorrer da consideração de informações excessivas ou sensíveis, violando sua honra e privacidade, haverá dano moral "in re ipsa".[170]

---

[166] Acórdão citado, p.24.
[167] Acórdão citado, p.27.
[168] Acórdão citado, p.34.
[169] Acórdão citado, p.36 e 37.
[170] Acórdão citado, p.39.

Cumpre mencionar neste ponto a Súmula 550 do STJ, segundo a qual:

A utilização de escore de crédito, método estatístico de avaliação de risco que não constitui banco de dados, dispensa o consentimento do consumidor, que terá o direito de solicitar esclarecimentos sobre as informações pessoais valoradas e as fontes dos dados considerados no respectivo cálculo.

Frise-se que a falta de objetividade da informação tem, sem dúvida, potencial de discriminar injustamente o consumidor e, por essa razão não é aceita como boa prática. Reforçam este entendimento os princípios da qualidade do dado e o da não discriminação ao titular deste previstos no art. 6º da LGPD.

Leonardo Roscoe Bessa destaca a **subjetividade** da informação, um aspecto extremamente ruim do sistema de escore baseado em hábitos de pagamento do consumidor e exemplifica, mencionando as observações vagas como risco de atraso ou risco de perda, feitas pelo administrador do banco. Contudo, o consumidor não conhece a razão desta observação que leva a uma pontuação (escore) mais baixa, portanto, não tem como retificar o dado, direito previsto no art. 43 do CDC. Segundo o autor:

Na verdade, tal tipo de avaliação colabora com desvirtuamento das finalidades dos bancos de dados de proteção ao crédito que existem, não para emitir opiniões, mas para fornecer informações *objetivas* que possam auxiliar na tomada de decisão de determinado fornecedor.[171]

É citado o trecho acima sobre a subjetividade, porque, mais adiante, será abordada a natureza do dado do consumidor conforme o seu grau de sensibilidade. Há dados que nada têm de objetivos e podem ensejar a discriminação do consumidor, o que a legislação europeia já proibia expressa e amplamente e a brasileira, com as modificações feitas à Lei do Castro Positivo e com o advento da Lei Geral de Proteção de Dados Pessoais, também, passou a contemplar de formar mais clara e ampla, do que anteriormente.

---

[171] Bessa, Leonardo Roscoe. **O consumidor e os limites dos bancos de dados de proteção ao crédito**. Biblioteca de Direito do Consumidor 25. São Paulo: RT, 2003, p.267.

O DIREITO À PRIVACIDADE E À PROTEÇÃO DOS DADOS DO CONSUMIDOR

Ademais, deu-se destaque ao fato de o cadastro ser oculto (e não público) porque a autodeterminação (certo controle) do consumidor sobre o dado é outro direito já tutelado na União Europeia e que recentemente foi reforçado por ser fundamento da LGPD (art. 2º, inc. II), como será visto adiante. O direito à autodeterminação do consumidor só pode ter efetividade se o cadastro com o seu dado pessoal tiver caráter público, posto que não há como ter controle sobre algo a que não se tem acesso.

Não há dúvida, contudo, que os bancos de dados de serviço de proteção ao crédito, ao manterem um banco de dados com informações negativas, porém objetivas, e com observância das demais regras do art. 43 do CDC, prestam um serviço ao comércio. Conforme ensina Silvano Covas, as informações dos bancos de dados são importantes para a segurança jurídica do ambiente econômico:

> A segurança jurídica do ambiente econômico, no qual se desenvolve e são realizadas as relações de consumo, depende desta atividade de proteção ao crédito para eliminar o vício contratual da assimetria de informações.
> Conceder crédito a determinada pessoa é confiar riqueza própria (bens ou serviços) a terceiros, na esperança de receber no futuro. Por conseguinte, assume grande importância a assimetria de informações.[172]

Esta citação é feita para enfatizar um dos fins do art. 43 do CDC: o de ver resguardado o direito do fornecedor de se amparar em informações pretéritas para melhor avaliar o risco de concessão de crédito ao consumidor. O autor tem ainda, dentre seus argumentos, alguns precedentes do STF, aqui transcritos para mostrar "o outro lado da moeda" (pró interesse do fornecedor) do conflito entre o respeito à privacidade e à intimidade do consumidor, nos arquivos de consumo. Ademais, tais julgados ajudam a auferir como anda a tutela do consumidor. Segundo o autor:

> O art. 170, parágrafo único, da Carta Magna, legitima a atividade dos bancos de dados de proteção ao crédito, pois privilegia a livre iniciativa e livre con-

---

[172] Covas, Silvano. O cadastro positivo de proteção dos dados pessoais do consumidor. In: **Revista de Direito Bancário e do Mercado de Capitais**, RDB, v. 45, p.29-59, São Paulo: RT, jul-set., 2009, p.36.

A PROTEÇÃO DO CONSUMIDOR NA LEGISLAÇÃO PÁTRIA

corrência, e o art. 43 do CDC, regulamenta-a. Nesse particular, conclui-se que tais dispositivos asseguram campo próprio ao direito de registrar dados e se ele deverá coexistir com o direito à intimidade ou à privacidade.

O STF já decidiu que o direito à privacidade não é absoluto, devendo ceder diante do interesse público, do interesse social e do interesse da Justiça, bem como na forma e observância de procedimento estabelecido em lei e com respeito ao princípio da razoabilidade. A disposição constitucional é garantidora do direito, estando as exceções na norma infraconstitucional. O STF, nesse mesmo sentido, em ação direta de inconstitucionalidade, já decidiu que "a convivência entre a proteção da privacidade e os chamados arquivos de consumo, mantidos pelo próprio fornecedor de crédito ou integrados em bancos de dados, tornou-se um imperativo da economia da sociedade de massas: de viabilizá-lo cuidou o Código de Defesa do Consumidor, segundo o molde das legislações mais avançadas [...]". A garantia da privacidade "há de harmonizar-se à existência de bancos de dados pessoais, cuja realidade a própria Constituição reconhece (art. 5º, LXXII, *in fine*) e entre os quais os arquivos de consumo são um dado inextirpável da economia fundada nas relações massificadas de crédito.[173]

Em que pese o entendimento de Silvano Covas, é importante ficar atento para que a conduta dos bancos de dados não ultrapasse a linha tênue que separa o ato lícito do ilícito como descrito no Acórdão proferido no Recurso Especial nº 1.419.697-RS (2013/0386285-0).

Por fim, cumpre esclarecer que este tipo de problema tem precedente internacional. Os Estados Unidos da América aprimoraram a legislação interna de modo a enfrentá-lo. Abaixo, trecho de Leonardo Roscoe Bessa que aborda o tema:

---

[173] Covas, Silvano. O cadastro positivo de proteção dos dados pessoais do consumidor. In: **Revista de Direito Bancário e do Mercado de Capitais**, RDB, v. 45, p.29-59, São Paulo: RT, jul.-set., 2009, p.45. A primeira decisão do STF mencionada nesta citação recebeu a nota de rodapé de Silvano Covas: V.RE 219780/PE, 2ª T., j. 13.04.1999, rel. Min. Carlos Velloso; a segunda decisão, por sua vez, teve a nota de rodapé: MC na ADIn 1.790/DF, Pleno, j. 23.04.2001, rel. Min. Sepúlveda Pertence.

O DIREITO À PRIVACIDADE E À PROTEÇÃO DOS DADOS DO CONSUMIDOR

Entre os anos de 1965 e 1972, havia no Congresso norte-americano dezenas de projetos de lei sobre os mais diversos aspectos da privacidade. Entretanto, apenas duas proposições foram aprovadas: uma lei de 1968 (Omnibus Crime Control and Safe Streets Act), limitando o uso de escutas telefônicas; e, em 1970, o Fair Credit Reporting Act (FCRA), que regula a atuação de *credit bureaus.*

A aprovação do FCRA se deveu a um grande número de reclamações relativas aos relatórios de crédito elaborados pelas agências que continham muitas informações subjetivas (ex.: estilo de vida), incompletas, inexatas, coletadas de forma ilícita. Ademais, invariavelmente, negava-se acesso do consumidor aos seus dados.[174]

Uma vez introduzido o tema da proteção de dados no Brasil, por meio de julgados trazidos à tese bem como de menções a trechos da LGPD, passa-se ao exame dos diferentes conceitos e graus de sigilo dos dados pessoais.

---

[174] Bessa, Leonardo Roscoe. **Cadastro Positivo** – Comentários à Lei nº 12.414, de 09.06.2011., São Paulo: RT, 2011, p.66-67.

3.
NATUREZA JURÍDICA DE OUTRAS INFORMAÇÕES ARQUIVADAS, ALÉM DAS CREDITÍCIAS

Paulatinamente a doutrina pátria foi se preocupando com a existência de outros dados pessoais (inclusive sobre os hábitos do consumidor), que vão além das informações creditícias, constantes de arquivos, cadastros, fichas, ou bancos de registros de dados.

Isso acontece tendo em vista o contraponto ou o conflito entre o direito à informação e os direitos à privacidade do consumidor, este último, potencializado no contexto da sociedade da informação.

Por sua vez, na sociedade da informação – nome dado a aquela na qual há presença de internet – enfrenta-se a agilidade por meio da qual os dados, creditícios ou não, podem ser coletados, armazenados, transferidos e transacionados. Tais atividades podem ocorrer de forma bastante volumosa.

Logo, fez-se necessária uma modernização do regramento para torná-lo mais adequado à disciplina do tema da privacidade (art. 5º, X, da CF) na sociedade da informação. A criação da Lei nº 12.965 em 23 de abril de 2014, conhecida como Marco Civil da Internet e a promulgação do Decreto nº 8.771 de 11 de maio de 2016 que a regulamenta são reflexo de aludida necessidade de modernização.

Mesmo com este avanço ainda havia deficiência legal no regramento da matéria que foi enfrentada pelo legislador para que exista mais segurança jurídica. Com a entrada em vigor da LGPD o consumidor e o fornecedor têm mais clareza sobre as regras que não só "dão o norte", mas, de fato emolduram (dão o *framework*) à matéria da privacidade, no que tange à coleta, guarda (armazenamento), uso e transferência a terceiros de dados do consumidor, que vão além das informações creditícias. Isso foi necessário para dar maior efetividade ao direito à privacidade, previsto no art. 5º, X, da CF. Referido artigo 5º inclusive foi alterado após o advento da LGPD de modo a passar a ter inciso específico que eleva a proteção de dados pessoais à categoria de direito fundamental.

Na sociedade da informação há uma preocupação cada vez maior em proteger a privacidade do consumidor para não injustamente excluí-lo (discriminá-lo) do mercado de consumo, em razão de seus dados arquivados serem informados a um fornecedor, por terceiros (diferente do consumidor). Sobre o tema, José Afonso da Silva afirma:

> o intenso desenvolvimento da complexa rede de fichários eletrônicos, especialmente sobre dados pessoais, constitui poderosa ameaça à privacidade das pessoas. O amplo sistema de informações computadorizadas gera um processo de esquadrinhamento das pessoas, que ficam com sua individualidade inteiramente devassada. O perigo é tão maior quanto mais a utilização da informática facilita a interconexão de fichários com a possibilidade de formar grandes bancos de dados que desvendem a vida dos indivíduos, sem sua autorização e até sem seu conhecimento.[175]

Este ponto do risco de esquadrinhamento das pessoas, fruto da interconexão de fichários automatizados, é algo para o qual a União Europeia já despertou, tanto que limita o uso de dados pessoais para as finalidades às quais foram coletados, restringe esta coleta ao necessário (sem excessos) e disciplina a cessão dos dados e a sua movimentação (transferência) entre países dentro e além das fronteiras da UE. Para a transferência ocorrer de forma lícita e benéfica para as pessoas (cujos dados são cadastrados) e para as empresas (que controlam os dados), um dos requisitos é que o país destinatário tenha uma legislação de proteção de dados pessoais reconhecida pela União Europeia como adequada (compatível) ao da UE[176]. A LGPD

---

[175] Silva, José Afonso da. **Curso de direito constitucional positivo.**29.ed. São Paulo: Malheiros, 2008 apud Leonardi, Marcel. **Tutela e privacidade na internet**. São Paulo: Saraiva, 2012, p.69.

[176] Dispositivos como o parágrafo 3º, do art. 3º da Lei do Cadastro Positivo demonstram que no Brasil aos poucos vem avançando esta conscientização. Diz o artigo 3º: "Art. 3o Os bancos de dados poderão conter informações de adimplemento do cadastrado, para a formação do histórico de crédito, nas condições estabelecidas nesta Lei. § 1o (...) § 2o (...) § 3o Ficam proibidas as anotações de: I – informações excessivas, assim consideradas

no art. 6º incisos I e III[177], que serão analisados no capítulo 5 desta tese, e no art. 33 a 36[178] também traz regras deste tipo.

Quando da redação desta obra os países externos às fronteiras da UE na América do Sul com legislações de proteção de dados pessoais reconhecidas por ela como adequadas eram somente a Argentina e o Uruguai.[179]

Têmis Limberger, ao tratar da matéria da proteção de dados e comércio eletrônico, escreveu:

> A necessidade de proteger o cidadão juridicamente se origina no fato de que os dados possuem um conteúdo econômico, pela possibilidade de sua comercialização. Devido às novas técnicas da informática, a intimidade adquire outro conteúdo, uma vez que se tenta resguardar o cidadão com relação aos dados informatizados. Um cadastro pode armazenar um número quase ilimitado de informação. Assim, o indivíduo que confia seus dados deve contar com a tutela jurídica para que estes sejam utilizados corretamente, seja em entidades públicas ou privadas.
>
> Os dados traduzem aspectos da personalidade e revelam comportamentos e preferências, permitindo até traçar um perfil psicológico dos indivíduos. Dessa maneira, pode-se detectar hábitos de consumo, que têm grande importância para a propaganda e para o comércio eletrônico. É possível, por meio dessas informações, produzir uma imagem total e pormenorizada da pessoa, que se poderia denominar traços de personalidade, inclusive na esfera da intimidade. O cidadão se converte no denominado "homem de cristal".
>
> As novas tecnologias tornam a informação uma riqueza fundamental da sociedade. Os programas interativos criam uma nova mercadoria. O sujeito

---

aquelas que não estiverem vinculadas à análise de risco de crédito ao consumidor; e II – informações sensíveis, assim consideradas aquelas pertinentes à origem social e étnica, à saúde, à informação genética, à orientação sexual e às convicções políticas, religiosas e filosóficas."

[177] Respectivamente, princípios da finalidade e da necessidade no tratamento de dados.

[178] O Capítulo V da LGPD onde estão estes artigos é destinado ao tema da transferência internacinoal de dados.

[179] Conforme site da Comissão Europeia. Link consultado: https://ec.europa.eu/info/law/law-topic/data-protection/international-dimension-data-protection/adequacy--decisions_en Acesso em 21.04.2022.

fornece os dados de uma maneira súbita e espontânea e, por conseguinte, depois que estes são armazenados, esquece-se que os relatou. É necessário, então, construir uma tutela eficaz do consumidor.

Os meios de comunicação interativos modificam a capacidade de coleta de dados, instituindo uma comunicação eletrônica contínua e direta entre os gestores dos novos serviços e os usuários. Portanto, é possível não só um controle do comportamento dos usuários, mas também um conhecimento mais estreito de seus costumes, inclinações, interesses e gostos. Disso deriva a possibilidade de toda uma série de empregos secundários dos dados coletados.

A função da intimidade no âmbito informático não é apenas proteger a esfera privada da personalidade, garantindo que um indivíduo não seja incomodado devido à má utilização de seus dados. Pretendese evitar, outrossim, que o cidadão seja transformado em números, tratado como se fosse uma mercadoria, sem a consideração de seus aspectos subjetivos, desconsiderandose a sua intimidade. [...]

Os direitos no Estado Social possuem um cunho positivo, que é o aspecto prestacional de demanda com relação aos poderes públicos. A intimidade, que até então se restringia ao direito a não ser molestado (aspecto negativo), típico do Estado Liberal, resolvido com a não intervenção da esfera pública na seara particular, começa a demandar ações concretas, como o consentimento para a coleta de dados, com especial ênfase para os dados sensíveis. Estes devem ser corretamente armazenados e por um prazo delimitado, bem como utilizados para os fins a que foram recolhidos (e que somente haja repasse nas hipóteses legais). São também exemplos dessas prestações concretas o direito de informação, acesso, retificação e cancelamento de dados.[180] (Grifos meus)

Este entendimento de Têmis Limberger permite fazer uma ligação entre a proteção de dados do consumidor e o princípio da dignidade da pessoa humana, já que há uma clara preocupação da doutrina pátria quanto ao fato de a pessoa humana ser tratada como um ser racional, que existe como fim em si, e não simplesmente como meio (como ocorre com

---

[180] Limberger, Têmis. Proteção de dados pessoais e comércio eletrônico: os desafios do século XXI. In: **Revista de Direito do Consumidor** [do Instituto Brasileiro de Política e Direito do Consumidor]. São Paulo: RT, v.67, 2008, p. 219-222.

NATUREZA JURÍDICA DE OUTRAS INFORMAÇÕES ARQUIVADAS, ALÉM DAS CREDITÍCIAS

os seres desprovidos de razão, a que chamamos *coisas*). Mário Frota assim escreveu:

> a sociedade da informação constituirá um enorme potencial com base na qual consideráveis benefícios advirão para os consumidores. A partilha de uma informação sem fronteiras e a aceleração das trocas constituirão algo de inestimável. Domínios há, porém, que exigem peculiar preocupação: a privacidade, a segurança nos pagamentos, a fiabilidade das ofertas, a autenticidade eletrônica. O reconhecimento das faturas eletrônicas, os direitos de autor e direitos conexos.[181]

Mário Frota costumava vir muito ao Brasil para participar de congressos e milita em Portugal, país em que é Diretor do CENTRO DE ESTUDOS DE DIREITO DO CONSUMO DE COIMBRA. Percebe-se em seu comentário uma visão dupla em relação ao uso dos dados dos consumidores: uma benéfica para eles e para a economia e outra com potencial "maléfico" às pessoas, caso as legislações não cuidem adequadamente dos pontos de preocupação aos quais se referiu ao final da frase.

No direito italiano, esta preocupação com o controle dos dados pessoais, antes mesmo dos dados relacionados aos hábitos de consumo, existe desde 1970, porém com um enfoque na tutela da não discriminação. Danilo Doneda esclarece o amadurecimento do tema na Itália ao afirmar:

> A partir da década de 1950, certos episódios ligados à utilização de informações pessoais vieram a público e chamaram a atenção da sociedade italiana. Dentre estes, uma deliberação do Conselho de Ministros de 1954 determinou uma série de medidas discriminatórias a serem tomadas em relação aos cidadãos inscritos no Partido Comunista Italiano; em 1964, veio à tona o episódio do SIFAR (ex-serviço secreto militar), que mantinha um banco de dados relativo a 150.000 cidadãos, dos quais 731 fariam parte de um grupo que, por suas opiniões e atividades políticas, poderiam vir a ser

---

[181] Frota, Mário. Direito europeu do consumo: reflexo das políticas de consumidores na União Europeia. Curitiba: Juruá, 2007, p.73, *apud* Morato, Antonio Carlos. O cadastro positivo de consumidores e seu impacto nas relações de consumo. **Revista de Direito Bancário do Mercado de Capitais e da Arbitragem**, v.53, p.13-26, nota de rodapé n.6, 2011.

presos e deportados em uma eventual situação de "emergência" (leia-se, a ida do partido comunista ao poder). Em 1971, em meio ao debate sobre o assunto em outros países, se tornou público o fato de que o fabricante de automóveis FIAT tinha utilizado, desde 1948, na seleção de seus empregados, informações provenientes de militares, dos *carabinieri* e de membros do serviço secreto que remontavam à época da ditadura fascista.

A vinda à tona destes fatos, aliada à consciência de que outros países vizinhos estavam desenvolvendo institutos para a proteção de dados pessoais, marcou de certa forma o "fim da inocência" na Itália em relação a este problema. Assistiu-se, então, a evolução do *diritto allá riservatezza* na jurisprudência e na doutrina, abarcando situações que envolviam a proteção de dados pessoais; também uma significativa parcela dos problemas conexos foram tratados dentro do direito à identidade pessoal.

A pressão para que a Itália elaborasse uma base jurídica precisa para a proteção e o tratamento de dados pessoais, na forma de uma lei específica, vem desde a década de 1970. Mesmo com a assinatura da Convenção de Strasbourg e com alguns projetos de lei que foram sucessivamente apresentados e descartados, o país ficou até 1996 sem legislar sobre a matéria quando foi o penúltimo Estado da União Europeia a fazê-lo, na urgência de adequar-se à disciplina da Diretiva96/45/CE [...].

A lei nº 675, de 31 de dezembro de 1996, sobre a "Tutela das pessoas e de outros sujeitos em relação ao tratamento de dados pessoais" introduziu no ordenamento italiano um sistema de proteção de dados pessoais, ao transportar a Diretiva 96/45/CE da União Europeia. [...][182]

Em matéria de privacidade de dados, a lei italiana era considerada uma das mais completas da Europa.[183]

---

[182] Doneda, Danilo. **Da Privacidade à Proteção de Dados Pessoais**. Rio de Janeiro: Renovar, 2006, p.249-253. No texto original, o trecho citado é acompanhado de 12 notas de rodapé que não foram trazidas à presente tese. Cabe mencionar que a Diretiva mencionada foi revogada pelo Regulamento Geral de Proteção de Dados da UE, o qual é analisado mais adiante nesta obra.

[183] A lei italiana foi impactada em 25/05/2018 pela entrada em vigor do Regulamento citado acima.

Os escândalos internacionais relativos à espionagem entre países e os acidentes sobre vazamento de dados de empresas dos setores de bancos, de energia elétrica, de videogames, de saúde, dentre outros, contribuíram paulatinamente para que o Brasil abandonasse definitivamente a inocência sobre a importância da proteção dos dados pessoais.

No próximo tópico, os conceitos de dados de caráter pessoal e dados sensíveis serão examinados com mais profundidade.

3.1 Evolução do conceito de dados de caráter pessoal na legislação e doutrina pátrias

A legislação brasileira possuía uma lacuna parcial relativa à disciplina dos dados pessoais até o advento da LGPD e da Emenda Constitucional que acrescentou a proteção de dados como um direito e garantia fundamental ao rol do art. 5º da Constituição Federal.

Conforme vimos, a Constituição Federal estipula desde sua versão original em 1988 a proteção à intimidade, à vida privada (art. 5º, X e XII) e, somente bem mais recentemente, passou a tutelar também expressamente a proteção aos dados pessoais (art. 5º, inc. LXXIX) . O Código Civil (art. 21) reforça a proteção à privacidade.[184] A Lei nº 8.078 de 1990, a Lei nº 12.527, de 18.11.2011 (apelidada Lei de Acesso à Informação)[185], a Lei nº 12.414, de 09.06.2011 (coloquialmente chamada Lei do Cadastro Positivo) recentemente modificada, a Portaria nº 5 (Da SDE/MJ, de 27.08.2002)[186], e a Lei nº 12.965 de 23 de abril de 2014 (apelidada de Marco Civil da Internet – "MCI") já regulamentada pelo Decreto nº 8.771 de 11 de maio de 2016, são normativos que, apesar de esparsos, se analisados em conjunto, já podiam levar a algumas das linhas mestras sobre

---

[184] "A vida privada da pessoa natural é inviolável, e o juiz, a requerimento do interessado, adotará as providências necessárias para impedir ou fazer cessar ato contrário a esta norma".

[185] Lei de Acesso à Informação que regula o acesso à informação previsto no art.5º, XXXIII; art. 37, I, § 3º e art. 216, §2º da CF. A norma, em suma, disciplina o acesso a certos dados constantes de bancos administrados por instituições públicas (i.e. órgãos públicos integrantes da administração direta, autarquias, fundações públicas, empresas públicas, sociedades de economia mista e demais entidades controladas direta ou indiretamente pela União, Estados, Distrito Federal e Municípios).

[186] Esta Portaria disciplina o consentimento do consumidor para o cadastro de seus dados pelo fornecedor, em complemento ao os arts. 51 e 43 do CDC.

O DIREITO À PRIVACIDADE E À PROTEÇÃO DOS DADOS DO CONSUMIDOR

como deveria se dar a proteção de dados no país, o que vem ser culminado com a LGPD, que, sim, estabelece a moldura ("framework") para tal regramento.

A Lei do Cadastro Positivo, a Lei de Acesso à Informação e o Decreto nº 8.771/2016 são normas com incidência restrita e as outras normas mencionadas não trazem, em si, um conceito objetivo do que sejam dados pessoais ou dados sensíveis. Assim, na primeira versão deste obra foi necessário analisar a questão sob o enfoque do conteúdo do dado pessoal em si para possibilitar a distinção entre o que poderia ou não ser considerado juridicamente sensível. E à época a distinção sobre o grau de sigilo do dado foi feita na pesquisa principalmente a partir do exame da Lei do Cadastro Positivo e da Lei de Acesso à Informação, da doutrina e da tímida jurisprudência nacional sobre este tema. A doutrina, particularmente, desenvolveu categorias específicas, separando os *dados pessoais* dos *dados sensíveis*.

Na LGPD isso fica claro pois a norma traz conceitos de dado pessoal e de dado pessoal sensível. Segundo seu art. 5º, inc. I, o conceito de dado pessoal: "dado pessoal: informação relacionada à pessoa natural identificada ou identificável" . E mais adiante no mesmo artigo, no inc. III, traz o conceito do que seja dado pessoal sensível como o: "[...] dado pessoal sobre a origem racial ou étnica, convicção religiosa, opinião política, filiação a sindicatos ou a organização de caráter religioso, filosófico ou político, dado referente à saúde ou à vida sexual, dado genético ou biométrico, quando vinculado à pessoa natural".

3.1.1 Do conceito de dado de caráter pessoal no sistema jurídico
Primeiramente cumpre explicar brevemente qual o uso da expressão "sistema jurídico brasileiro" nesta tese.

A respeito dos temas *Ordenamento Jurídico*[187] e *Sistema Jurídico*[188], os professores da disciplina Filosofia do Direito ensinam que a ordem jurídica pressupõe uma ideia de unidade e de normalidade.

---

[187] Aqui entendido como conjunto de normas.
[188] Aqui entendido como visão que o doutrinador tem do ordenamento.

NATUREZA JURÍDICA DE OUTRAS INFORMAÇÕES ARQUIVADAS, ALÉM DAS CREDITÍCIAS

Esta ordem jurídica, aqui entendida como um conjunto de normas é um bem adquirido na vida comunitária que evita o caos e promove o convívio e o equilíbrio social.

Assim, o ordenamento jurídico é formado por quatro elementos essenciais: *unidade* (entre as diversas normas); *hierarquia* (posto que há hierarquia entre as normas constitucionais, gerais, e assim sucessivamente); *consistência* (coerência e harmonia entre as normas); e *plenitude* (não é lacunoso).

Segundo Hans Kelsen, o sistema elimina as contradições existentes no ordenamento jurídico. Sistema jurídico brasileiro é empregado nesta pesquisa, portanto, como a visão que o doutrinador tem do ordenamento.

Concluída esta explanação, retorna-se à conceituação do dado.

De modo geral, os dados de caráter pessoal envolveriam informações que podem identificar a pessoa direta ou indiretamente. O nome, o endereço, o RG, o CPF e o número de telefone fixo da pessoa são exemplos de dados de caráter pessoal[189].

A respeito do conceito de dado pessoal no direito europeu, J. Manoel Pereira dos Santos escreveu:

[...] Aplicando esta regra geral, o art. 2º, alínea "a", da Diretiva 95/46/CE traz a seguinte definição:

– Dados pessoais: qualquer informação relativa a uma pessoa singular identificada ou identificável (pessoa em causa); é considerável identificável todo aquele que possa ser identificado, directa ou indirectamente, nomeadamente por referência a um número de identificação ou a um ou mais elementos específicos da sua identidade física, fisiológica, psíquica, econômica, cultural ou social[190].

---

[189] No que tange ao telefone, ver item "Lei do Não Perturbe" nesta tese, que analisa o teor e o efeito das principais leis atuais desta natureza. Sobre o número do telefone, apesar de não ser um dado sensível, é defensável o entendimento de que o número de telefone celular seria um dado sigiloso. Até pelos usos e costumes, posto que é um dado que as pessoas compartilham com maior parcimônia. No entanto, como o costume é uma fonte de direito sem uma formulação escrita, fixa e clara, presta-se a maior insegurança; logo, é possível que outros autores divirjam do entendimento aqui externado.

[190] Santos, Manoel J. Pereira dos. Princípios para Formação de um Regime de Dados Pessoais. In: De Lucca, Newton; Simão Filho, Adalberto (Coord.). **Direito & Internet Aspec-**

O aspecto de que o dado para ser pessoal deve permitir a identificação de uma pessoa em particular é óbvio por ser lógico, mas como existe a figura dos dados agregados (os quais não têm proteção sob o enfoque do direito da privacidade), é importante enfatizar a relação entre "dado pessoal e identidade de alguém". A Lei Geral de Telecomunicações, por exemplo, permite que a prestadora de serviços de telecomunicações "divulgue a terceiros informações agregadas sobre o uso de seus serviços, desde que elas não permitam a identificação, direta ou indireta, do usuário, ou a violação de sua intimidade."[191]

A proteção do dado no direito brasileiro, com fulcro no CDC, aplica-se aos bancos de dados ou cadastros privados e públicos, desde que presente a relação jurídica de consumo. Quanto aos entes públicos, isto ocorre porque o art. 3º do CDC elenca a pessoa pública no rol daqueles que podem ser fornecedores para os fins da lei. O art. 22 do Código prevê que os órgãos públicos, por si, ou suas empresas concessionárias, permissionárias ou sob qualquer outra forma de empreendimento, são obrigados a fornecer serviços adequados, eficientes e seguros. Portanto, a pessoa pública que prestar serviço ao consumidor também deverá observar regras de cadastro de dados do art. 43 do CDC.

Posteriormente, somou-se ao arcabouço legal da matéria da "pessoa jurídica pública e seu cadastro" a Lei nº 12.527, de 18 de novembro de 2011 que disciplina, em particular, os dados disponíveis em *sites* governamentais. Vale mencionar, para a construção dos conceitos básicos do tema da privacidade no direito pátrio, algumas definições previstas na lei. Esta lei é expressamente mencionada no art. 23 da LGPD

O art. 4º, por exemplo, assim define o conceito de informação: "Art. 4º – Para os efeitos desta Lei, considera-se: [...] I – informação: dados,

---

tos Jurídicos Relevantes, v.II., p.355-374, São Paulo: Quartier Latin, outono de 2008, p.358. No novo Regulamento Geral de Proteção de Dados da UE o conceito de "pessoa singular identificável" tem o seguinte teor: "(...) é considerada identificável uma pessoa singular que possa ser identificada, direta ou indiretamente, em especial por referência a um identificador, como por exemplo um nome, um número de identificação, dados de localização, identificadores por via eletrônica ou a um ou mais elementos específicos da identidade física, fisiológica, genética, mental, econômica, cultural ou social dessa pessoa singular."

[191] Trecho extraído da Lei nº 9.472/97, art.72, §2º (Lei Geral das Telecomunicações).

processados ou não, que podem ser utilizados para produção e transmissão de conhecimento, contidos em qualquer meio, suporte ou formato".

A informação pessoal, por sua vez, também é definida pelo art.4º, IV: "aquela relacionada à pessoa natural identificada ou identificável".

O Decreto nº 8.771 de 11 de maio de 2016 (Regulamento do Marco Civil da Internet) trouxe para o âmbito das relações jurídicas entre, notadamente, usuários de internet e provedores de conexão e de aplicação, um conceito de "dados cadastrais" e outro de "dado pessoal". No primeiro caso, conforme consta do parágrafo 2º do art. 11 do Decreto "São considerados dados cadastrais: I – a filiação; II – o endereço; e III – a qualificação pessoal, entendida como nome, prenome, estado civil e profissão do usuário." No segundo caso, de acordo com o seu art. 14:

> "Para fins deste Decreto, considera-se: I – dado pessoal – dado relacionado à pessoa natural identificada ou identificável, inclusive números identificativos, dados locacionais ou identificadores eletrônicos, quando estes estiverem relacionados a uma pessoa"

Estes conceitos reforçam o da doutrina, especialmente o entendimento de Manoel J. Pereira dos Santos e da Lei Geral de Telecomunicações, já mencionados, no que tange à possibilidade de identificar a pessoa. Isso fica sedimentado com o conceito de dado pessoal trazido na LGPD, que ora é novamente mencionado: art. 5º – Para os fins desta Lei, considera-se: I – dado pessoal: informação relacionada a pessoa natural identificada ou identificável; (...)

A doutrina e a jurisprudência não viam, ao menos antes do advento da LGPD, a privacidade de dados pessoais públicos como algo que merecesse tutela absoluta, mas ao contrário, conforme será apresentado a seguir. Nesta linha vale transcrever, abaixo, o entendimento de Tércio Sampaio Ferraz Junior:

> Pelo sentido inexoravelmente comunicacional da convivência, a vida privada compõe, porém, um **conjunto de situações que, usualmente, são informadas sem constrangimento. São dados que, embora privativos – como o nome, endereço, profissão, idade, estado civil, filiação, número de registro público oficial, etc., condicionam o próprio intercâmbio humano**

em sociedade, pois constituem elementos de identificação que tornam a comunicação possível, corrente e segura. Por isso, a **proteção desses dados em si, pelo sigilo, não faz sentido. [...] Em conseqüência, simples cadastros de elementos identificadores (nome, endereço, RG, filiação, etc.) não são protegidos.**[192] (Grifos meus)

Na jurisprudência anterior à LGPD se distinguiam dados pessoais de dados sigilosos para aferir a violação da privacidade no caso concreto, conforme se observa da leitura das decisões colacionadas[193].

PENAL. EMBARGOS DE DECLARAÇÃO NO RECURSO ORDINÁRIO EM MANDADO DE SEGURANÇA. PROCEDIMENTO INVESTIGATÓRIO CRIMINAL. **DADOS CADASTRAIS OBTIDOS JUNTO AO BANCO DE DADOS DO SERPRO. INEXISTÊNCIA DE SIGILO FISCAL OU BANCÁRIO.** [...] III – **Não estão abarcados pelo sigilo fiscal ou bancário os** dados cadastrais **(endereço, nº telefônico e qualificação dos investigados) obtidos junto ao banco de** dados **do Serpro**. Embargos parcialmente acolhidos, com efeitos infringentes, para dar parcial provimento ao recurso. (Superior Tribunal de Justiça, Rel. Min. Felix Fischer, EDcl nº 25375/PA no MS 2007/0241057-9, 18 de novembro de 2008)" (Grifos meus).

É em sentido similar, ou seja, de não tutela como sigiloso o dado público, a decisão do TRF-3:

TRIBUTÁRIO. MANDADO DE SEGURANÇA. MULTA PELO NÃO FORNECIMENTO DE DADOS CADASTRAIS DE CLIENTES. SIGILO BANCÁRIO. ART. 5, INC. X, DA CF. ART. 38 DA LEI Nº 4.595/64. DADOS SEM RELAÇÃO COM AS ATIVIDADES EXERCIDAS. INEXISTÊNCIA

---

[192] Ferraz Junior, Tércio Sampaio. Sigilo de Dados: o Direito à Privacidade e os Limites à Função Fiscalizadora do Estado. In: **Sigilo Fiscal e Bancário**. Pizolio, Reinaldo; Gavaldão Jr, Jayr Viégas (Coord.). São Paulo: Quartier Latin, 2005, p.28-29. Vale mencionar que este entendimento é anterior à vigência da LGPD.

[193] No Acórdão proferido no Recurso Especial nº 1.419.697-RS (2013/0386285-0) mencionado anteriormente nesta tese, quando foi abordado o tema do sistema de *credit* escore de pontuação, o Relator faz distinção entre dado e dado sensível, enfatizando que o desrespeito ao sigilo deste último enseja responsabilização objetiva. Ambas as decisões são anteriores à vigência da LGPD.

NATUREZA JURÍDICA DE OUTRAS INFORMAÇÕES ARQUIVADAS, ALÉM DAS CREDITÍCIAS

DE SIGILO. 1. O sigilo bancário é protegido pela Constituição (Art. 5º, inc. X) e é definido na doutrina como a obrigação imposta aos bancos de não revelarem a terceiros os dados referentes à relação estipulada no contrato bancário. 2. No caso vertente, estava em vigor a Lei nº 4.595/64 que afirma que o sigilo bancário deve ser mantido nas operações ativas e passivas e serviços prestados, não mencionando dados cadastrais. 3. Os dados cadastrais não são imprescindíveis para a atividade bancária, são facilmente encontrados e têm caráter público, não sendo protegidos pelo sigilo bancário. 4. Apelação improvida. (TRF–3 – AMS: 28312 SP 2002.61.00.028312-3, Relator: DESEMBARGADORA FEDERAL CONSUELO YOSHIDA, Data de Julgamento: 02/12/2010, SEXTA TURMA)

Ao examinar detalhadamente a fundamentação no voto da relatora Consuelo Yoshida, no que tange ao seu entendimento a respeito de dados cadastrais, tem-se que:

> Portanto, o alvo do sigilo bancário são os dados referentes às operações bancárias, tais como, os créditos e empréstimos. Os dados cadastrais, como CPF, RG, data de nascimento, filiação, endereço, identificação, entre outros, não se enquadram no conceito de sigilo bancário pela própria natureza dessas informações, que não são fornecidas em razão das atividades exercidas pelo banco, mas tão somente para que o banco cheque a viabilidade econômica de tal cliente e tenha informações para identificá-lo. Para as atividades bancárias os dados cadastrais não são imprescindíveis, tanto o é que bancos em paraísos fiscais não o requisitam. Além disso, tais dados são facilmente encontrados e de caráter público, como a certidão de nascimento e a de casamento, que contém alguns dos dados solicitados. Conclui-se, portanto, que os dados cadastrais requisitados no caso não são abarcados pelo sigilo bancário e, portanto, deveriam ter sido fornecidos pela instituição bancária.

Em ambos os julgados citados, resta claro que o direito à privacidade não é irrestrito assim como não são todos os dados das pessoas que mereciam tutela do Estado no que tange ao sigilo[194]. Assim, é possível

---

[194] Foi encontrada, contudo, decisão que aplicou o art. 31, da Lei nº 12.527/11, para restringir a divulgação de endereço residencial de pessoa. Tratava-se de discussão sobre divulgar

O DIREITO À PRIVACIDADE E À PROTEÇÃO DOS DADOS DO CONSUMIDOR

ter clareza também sobre o que constituía uso ilícito do dado e aquilo que o sistema jurídico pátrio entendia como uso normal, regular, portanto, lícito.

O entendimento jurisprudencial (fonte de direito)[195] que se depreende dos acórdãos e o doutrina, externada por Tércio Sampaio Ferraz Junior, até o advento da LGPD, convergiram e tornavam defensável o entendimento, com base nestas fontes, segundo o qual, alguns dados pessoais (ex. data de nascimento, filiação, endereço, profissão, idade, estado civil e número de registro público oficial) embora inerentes à pessoa, não fossem considerados sigilosos pelo sistema jurídico brasileiro.

Esta afirmação é feita com uma ressalva, inspirada na sentença da Corte Constitucional Alemã da década de 1980, que reconheceu a seguinte sutileza, trazida à reflexão da doutrina brasileira por Danilo Doneda:

> Também encontrou expressão na sentença uma ideia que influenciou fortemente a proteção de dados pessoais: a desmistificação da noção de que o tratamento de certos tipos de dados pessoais seria irrelevante para a pri-

---

endereço residencial de servidor público, pela administração, o que se entendeu não ser possível por fugir ao escopo da Lei de Acesso à Informação. Decisão do TRF-2 – APELAÇÃO//REEXAME NECESSÁRIO REEX 201151030006267 (TRF-2). Abaixo, transcrição parcial da decisão: "[...] o tratamento das informações pessoais deve ser feito de forma transparente e com respeito à intimidade, vida privada, honra e imagem das pessoas, bem como às liberdades e garantias individuais [...]", bem como "terão seu acesso restrito, independentemente de classificação de sigilo". 3. A despeito das exceções previstas na Lei nº 12.527 /11, o pedido de fornecimento dos endereços pessoais dos servidores, não se adequa a nenhuma das hipóteses legais, razão pela qual não há que se falar em direito líquido e certo a ser amparado na via eleita".
Importante mencionar decisão na qual foi aplicada o art. 31, da Lei nº 12.527/11 para restringir a divulgação de **nome**; tratava-se de discutir a identificação do nome do servidor ao valor de sua remuneração, disponível no *site* da administração. TRF da 4ª Região AI nº 5012555-92. 2012.404.0000.

[195] A respeito das decisões judiciais como fonte de direito, vale mencionar André Franco Montoro: "A atividade jurisdicional ou judicante leva, por isso, quase necessariamente à formulação explícita de regras que se encontravam, em estado latente e implícito, na lógica do sistema social em vigor. Graças ao trabalho do juiz, o processo de gestação histórica do di reito se acelera; o sistema em vigor firma-se e se aperfeiçoa com novos elementos, até mesmo quando ele ainda possui regras legais formalizadas" (Montoro, André Franco. **Introdução à Ciência do Direito**. 25.ed. 2ª tiragem. São Paulo: RT, 2000, p.326).

NATUREZA JURÍDICA DE OUTRAS INFORMAÇÕES ARQUIVADAS, ALÉM DAS CREDITÍCIAS

vacidade. Conforme se lê na sentença, "não se pode levar em consideração somente a natureza das informações; são determinantes, porém, a sua necessidade de utilização. Estas dependem em parte da finalidade para a qual a coleta do dado é destinada, e, de outra parte, da possibilidade de elaboração de conexão próprias da tecnologia da informação. Nesta situação, um dado que, em si, não aparenta possuir nenhuma importância, pode adquirir um novo valor; portanto, nas atuais condições do processamento automático de dados, não existe mais um dado "sem importância".[196]

Esta reflexão foi propositalmente trazida a esta tese para registrar o cuidado que se deve ter com o potencial risco de cruzamento automatizado de dados. Isto, porque, daí pode surgir um perfil formado por dados do indivíduo que, apesar de públicos, uma vez interconectados com outras informações, no limite, poderá ensejar violação à sua privacidade tutelada constitucionalmente e a deixá-lo mais exposto a fraudes.

3.1.2 Do conceito de dado sensível ou sigiloso

Esclarecido o conceito de dado pessoal, passemos ao exame de dado sensível.

Dados de caráter sensível são aqueles que se referem às convicções filosóficas, morais, sociais, políticas e sindicais, questões raciais e étnicas, crença religiosa, vida sexual e orientação sexual, referentes à saúde, e os dados genéticos. A proteção do dado sensível tenta minimizar o risco de discriminação conforme veremos adiante.

Abaixo conceito de dado pessoal sensível trazido na LGPD:

Art. 5º Para os fins desta Lei, considera-se: (...); II – dado pessoal sensível: dado pessoal sobre origem racial ou étnica, convicção religiosa, opinião política, filiação a sindicato ou a organização de caráter religioso, filosófico ou político, dado referente à saúde ou à vida sexual, dado genético ou biométrico, quando vinculado a uma pessoa natural; (...)

---

[196] Doneda, Danilo. **Da Privacidade à Proteção de Dados Pessoais**. Rio de Janeiro: Renovar, 2006, p.195.

A Lei nº 12.414/2011 disciplina o cadastro positivo sobre informações creditícias referentes ao adimplemento de consumidores e, em seu art. 3º, § 3º, II, inovou ao prever, bem antes do advento da LGPD, que:

> Art. 3º – Os bancos de dados poderão conter informações de adimplemento do cadastrado, para a formação do histórico de crédito, nas condições estabelecidas nesta Lei.
> *§ 1º – Para a formação do banco de dados, somente poderão ser armazenadas informações objetivas, claras, verdadeiras e de fácil* compreensão, que sejam necessárias para avaliar a situação econômica do cadastrado. [...]
> *§ 3º – Ficam proibidas as anotações de:*
> I – informações excessivas, assim consideradas aquelas que não estiverem vinculadas à análise de risco de crédito ao consumidor; e
> **II – informações sensíveis, assim consideradas aquelas pertinentes à origem social e étnica, à saúde, à informação genética, à orientação sexual e às convicções políticas, religiosas e filosóficas.** (*Grifos meus*)

Benvindo à época este conceito da Lei do Cadastro Positivo, pois ajudou a preencher uma lacuna do ordenamento jurídico brasileiro.

Na doutrina, Danilo Doneda entende que dados sensíveis,

> [...] seriam determinados tipos de informação que, caso sejam conhecidas e processadas, prestar-se-iam a uma potencial utilização discriminatória ou particularmente lesiva e que apresentaria maiores riscos potenciais que a média, para a pessoa e não raro para a coletividade. Alguns desses dados seriam informações sobre raça, credo, político ou religioso, opções sexuais, o histórico médico ou os dados genéticos de um indivíduo. [197]

Ao longo desta pesquisa, durante a leitura de alguns textos jurídicos, como o de Têmis Limberger, é possível perceber a preocupação da comunidade jurídica em distinguir o dado em duas categorias básicas: dados de caráter pessoal que se referem a informações da pessoa física e permite

---

[197] Doneda, Danilo **Da Privacidade à Proteção de Dados Pessoais.** Rio de Janeiro: Renovar, 2006, p.160-161.

NATUREZA JURÍDICA DE OUTRAS INFORMAÇÕES ARQUIVADAS, ALÉM DAS CREDITÍCIAS

identificá-la e dados denominados sensíveis, que requerem uma atenção especial. A respeito desta distinção, Têmis Limberger escreveu:

> Os dados de caráter pessoal contêm informação das pessoas físicas que permitem sua identificação no momento ou posteriormente. Na sociedade tecnológica, os cadastros armazenam alguns dados que possuem um conteúdo especial, e por isso são denominados **dados sensíveis**. Tais dados podem se referir a questões como ideologia, religião ou crença, origem racial, saúde ou vida sexual. Exige-se que os cadastros que os armazenem contenham uma segurança especial, como forma de evitar que sejam mal utilizados. [...] O dado pessoal é uma informação que permite identificar uma pessoa de maneira direta. A proteção do dado sensível tenta prevenir ou eliminar discriminações.[198] (Grifo meu)

Pelo exposto acima, pode-se dizer que dado sensível não envolve a integração do ser humano com a sociedade, no sentido de que, não é usado normalmente para a sua apresentação, mas requisitado apenas em casos extremos, específicos ou particulares.

Os dados sensíveis são constitucionalmente protegidos pelo "manto" do direito à privacidade e do direito à proteção de dados pessoais (direitos fundamentais de qualquer brasileiro ou estrangeiro residente no país) e quando coletados por fornecedores, para fins específicos, devem ser tratados com sigilo e empregados somente para os fins para os quais foram divulgados pelo consumidor. Na LGPD eles têm regramento em seção específica (art. 11 a 13) e hipóteses de uso restritíssimas.

Trata-se do que na Europa já se denominava princípio da finalidade no tratamento dos dados pessoais, presente também em nosso ordenamento jurídico, no inc. I, do art. 6, da LGPD.

A tutela particular atribuída ao dado sensível está relacionada ao reconhecimento de que seu uso inadequado tem potencial para causar a discriminação injusta da pessoa humana, inclusive quando esta estiver na posição de consumidora.

---

[198] Limberger, Têmis. Proteção de dados pessoais e comércio eletrônico: os desafios do século XXI. In: **Revista de Direito do Consumidor** [do Instituto Brasileiro de Política e Direito do Consumidor]. v.67, p.215-241, São Paulo: RT, 2008, p.233.

Uma vez definidos os conceitos bases a respeito de dados no direito pátrio, passa-se ao estudo da matéria da proteção dos dados pessoais, no âmbito da União Europeia.

3.2 Da privacidade de dados pessoais no direito europeu

A Carta dos Direitos Fundamentais da União Europeia (2007/C 303/01) prevê, em seu art. 1º: "A dignidade do ser humano é inviolável. Deve ser respeitada e protegida". Os arts. 7º e 8º, por sua vez, tratam da intimidade e da vida privada.

Art.7 – Respeito pela vida privada e familiar
Todas as pessoas têm direito ao respeito pela sua vida privada e familiar, pelo seu domicílio e pelas suas comunicações.
Art. 8 – Protecção de dados pessoais
1. Todas as pessoas têm direito à protecção dos dados de carácter pessoal que lhes digam respeito.
2. Esses dados devem ser objecto de um tratamento leal, para fins específicos e com o consentimento da pessoa interessada ou com outro fundamento legítimo previsto por lei. Todas as pessoas têm o direito de aceder aos dados coligidos que lhes digam respeito e de obter a respectiva rectificação.
3. O cumprimento destas regras fica sujeito a fiscalização por parte de uma autoridade independente.

A esta tese foi trazido trecho do direito da União Europeia por enunciar princípios nos quais o legislador brasileiro se inspirou para aperfeiçoar a proteção de dados pessoais no país.

No tratado que estabelece uma Constituição para a União Europeia (UE) são reconhecidos os direitos, as liberdades e os princípios enunciados na Carta dos Direitos Fundamentais (item 1, art.I-9). O documento também adere à Convenção Europeia para a Proteção dos Direitos do Homem e das Liberdades Fundamentais (item 2, art.I-9).

Este tratado dispõe sobre o respeito à vida privada e familiar e sobre a proteção de dados (arts. II-7º e art. II-8º) e seu teor é bastante semelhante ao da Carta, conforme se observa dos dispositivos citados.

Como documentos importantes do direito à proteção de dados na UE, cabe mencionar as diretrizes europeias de 23.09.1980, da Organização

NATUREZA JURÍDICA DE OUTRAS INFORMAÇÕES ARQUIVADAS, ALÉM DAS CREDITÍCIAS

para Cooperação e Desenvolvimento Econômicos (OCDE) intituladas "Diretrizes para a Proteção da Privacidade e dos Fluxos Transfronteiriços de Dados Pessoais". Elas dispõem sobre a circulação de dados e visam oferecer aos Estados-membros da União referências principiológicas. A eles caberia, futuramente, dispor em âmbito interno, em cada legislação nacional, em consonância com os princípios já estabelecidos. Escreveu Leonardo Roscoe Bessa que:

> Embora se considere que as Diretrizes refletiam interesse primordial da OCDE em possibilitar a circulação de dados e apenas secundariamente se ocupar da privacidade, fato é que foram enumerados importantes princípios relativos à proteção de dados pessoais: **princípio da finalidade, princípio da qualidade dos dados (as informações devem ser verdadeiras e atualizadas), limitação da coleta e utilização dos dados (os dados devem se vincular necessariamente aos propósitos da coleta) e o princípio da segurança.** Ademais, foram estabelecidos os direitos de comunicação de registros de dados, de acesso e de retificação das informações. Cabe destacar que as diretrizes destinam-se igualmente, tanto ao setor público quanto ao privado. (Grifos meus)

Nota-se que boa parte do direito brasileiro relativo à proteção de dados pessoais, estudado até o momento nesta tese, está em sintonia com o direito europeu, daí a pertinência da presença das referências às normas da UE, nesta pesquisa. Ademais, o documento mais importante, até quatro anos atrás, sobre a proteção de dados pessoais na UE era a Diretiva 95/46/CE, que é objeto de estudo no próximo tópico e foi revogada a partir de 25 de maio de 2018 pelo Regulamento (UE) 2016/679 do Parlamento Europeu e do Conselho de 27/04/2016.

3.2. União Europeia – Diretiva 95/46/CE[199] (Revogada pelo Regulamento Geral Europeu de Proteção de Dados)

Preliminarmente cabe explicar o que é uma Diretiva. Apresenta-se aqui uma explanação bastante concisa:

---

[199] Foi aprovado em 27.04.2016 o Regulamento (UE) 2016/679 do Parlamento Europeu e do Conselho relativo à proteção de dados pessoais e a Diretiva (EU) 2016/680

As directivas europeias fixam os objectivos a atingir pelos Estados-Membros, delegando nestes a escolha dos meios para o fazer. Podem ter como destinatários um ou vários Estados-Membros ou a totalidade destes. Para que os princípios estabelecidos nas directivas produzam efeitos ao nível do cidadão, o legislador nacional tem de adoptar um acto de transposição para o direito nacional dos objectivos definidos na directiva.

As directivas preveem uma data-limite para serem transpostas para o direito nacional: os Estados-Membros dispõem, para a transposição, de uma margem de manobra que lhes permite ter em consideração as especificidades nacionais. A transposição deve ser efectuada no prazo estabelecido na directiva.

As directivas são utilizadas para harmonizar as legislações nacionais, nomeadamente com vista à realização do mercado único (por exemplo, as normas relativas à segurança dos produtos).[200]

Esta pesquisadora teve a oportunidade de estudar, em julho de 1996, o *Direito do Consumidor na Comunidade Europeia*, em curso realizado na Bélgica. Pelo que foi aprendido na ocasião, o conceito de Diretiva acima está bem posto, vez que esclarece de forma sucinta, e não obstante completa, o papel e a importância de uma Diretiva no sistema jurídico da União Europeia.

A Diretiva nº 95/46/CE, de 24.10.95, foi mantida na presente obra para fins de histórico. Ela dispunha sobre a proteção das pessoas singulares no que diz respeito ao tratamento de dados, à livre circulação desses dados e primava pelo tratamento leal das informações (art. 10, "c" da Diretiva). Na parte dos "Considerandos" da Diretiva 95/46 era mencionada uma ampliação de direitos para abarcar o tratamento *automatizado* de dados

---

do Parlamento Europeu e do Conselho. O Regulamento revogou a Diretiva 95/46/CE, após uma *vacacio legis* de adaptação dos países membros. O texto do Regulamento e da Diretiva estão disponíveis em https://eur-lex.europa.eu/legal-content/EN/TXT/?uri=CELEX%3A02016R0679-20160504&qid=1532348683434 Acesso em 21 abril.2022.

[200] Este texto estava disponível na internet quando da redação da primeira edição desta obra em: http://ec.europa.eu/eu_law/directives/directives_pt.htm Mas, atualmente já não está.

NATUREZA JURÍDICA DE OUTRAS INFORMAÇÕES ARQUIVADAS, ALÉM DAS CREDITÍCIAS

pessoais (Considerando 11)[201]. Esta norma dispunha, em particular, a respeito dos dados pessoais contidos ou destinados aos arquivos (Considerando 15). A Diretiva enfatizava o respeito à qualidade dos dados, à segurança técnica, e dispunha ainda acerca das circunstâncias nas quais os dados podiam ser tratados. Já era assegurado à pessoa o acesso aos dados, assim como poder solicitar sua retificação e, em certos casos, opor--se a que fossem tratados (Considerando 25). Interessante também notar que já foram estabelecidos ali parâmetros de tratamento, ou seja, como deverá incidir sobre dados adequados, pertinentes e não excessivos em relação à finalidade para os quais foram coletados. Ademais, tratamentos posteriores deviam ocorrer em consonância à finalidade original de coleta (Considerando 28). O conceito de tratamento e de consentimento já eram objeto da Diretiva e aparecem logo no início do Regulamento Geral Europeu de Proteção de Dados.

Na UE já nos idos da Diretiva havia princípios gerais para tratar dados pessoais como a proporcionalidade, a finalidade, a transparência e a razoabilidade. E a segurança dos dados no ambiente informacional, ou informático, também era contemplada na Diretiva:

Art. 17º – Segurança do tratamento
1. Os Estados-membros estabelecerão que o responsável pelo tratamento deve pôr em práticas medidas técnicas e organizativas adequadas para proteger os dados pessoais contra a destruição acidental ou ilícita, a perda acidental, a alteração, a difusão ou acesso não autorizados, nomeadamente quando o tratamento implicar a sua transmissão por rede, e contra qualquer outra forma de tratamento ilícitos [...].

O modelo contudo orquestrado pela Diretiva fazia com que cada Estado-membro tivesse sua própria legislação ou Código em matéria de tratamento de dados pessoais, diploma próprio que por meio do qual cada Estado-membro transpunha para o seu ordenamento jurídico pátrio os princípios da Diretiva 95/46. Em abril de 2016 entendeu por bem o Parlamento Europeu em estabelecer um regulamento geral e comum a

---

[201] Na UE, a Convenção nº 108 de 28/01/1981dispõe, especificamente, a respeito da proteção das pessoas em relação ao tratamento automatizado de dados pessoais.

todos os estados membros sendo diretamente aplicável em tais estados após dia 25 de maio de 2018. Com isso, novas normas sobre proteção de dados foram aprovadas na União Europeia, reforçando a privacidade na internet. Trata-se do Regulamento Geral de Proteção de Dados, a ser analisado de forma sucinta no próximo tópico.

Antes de adentrar a ele cabe mencionar que especificamente no tema relativa à privacidade e à confidencialidade nas comunicações eletrônicas, de 12.07.2012[202] segue em vigor a Diretiva nº 2002/58/CE, cuja última revisão se deu em 25/05/2020[203].

3.2.2 Regulamento (UE) 2016/679 do Parlamento Europeu e do Conselho de 27.04.2016

Conhecido em inglês como "General Data Protection Regulation – GDPR" este regulamento substituiu a Diretiva 95/46/EC, quando passou a ser efetivamente aplicável aos 25/05/2018. Diferentemente de uma Diretiva, que prevê uma data-limite para ser transportada para o direito nacional, o Regulamento se tornou diretamente aplicável em cada Estado-membro da UE, sem necessidade de uma legislação de implementação. Isso significa que todo o espaço da União Europeia ("União") passou a ter um ordenamento comum sobre o tema, havendo, contudo, espaço para especificidades locais, que fogem ao escopo do presente trabalho.

Há obrigações da "GDPR" que em muitos casos se assemelham às impostas pela Diretiva 95/46/EC. Porém, ela trouxe também modificações substanciais como acréscimos de conceitos (ex. pseudomização de dados), regras de comunicação em caso de violação de dados, reforço de regras para transferência de dados pessoais para países situados fora do Espaço Econômico Europeu ("EEE"), imposição de multas administrativas significativas, dentre outras novidades.

O Regulamento possui uma parte introdutória com 173 Considerados, cuja leitura é importante para a interpretação da maior parte de seus

---

[202] As três Diretivas citadas neste tópico são do Parlamento Europeu e do Conselho da União Europeia.

[203] Conforme informação disponível no site oficial da União Européia, URL: https://eur-lex.europa.eu/summary/PT/LEGISSUM:l24120?celex=celex:32002L0058 Último acesso em: 22/02/2022.

NATUREZA JURÍDICA DE OUTRAS INFORMAÇÕES ARQUIVADAS, ALÉM DAS CREDITÍCIAS

99 artigos. Na parte do texto normativo, propriamente, para as empresas brasileiras que coletam, tratam e/ou armazenam dados o Regulamento é especialmente relevante para aquelas que:

(i) têm estabelecimento na União e tratam dados pessoais de titulares residentes no território da União;

(ii) ofertam bens ou serviços a estes titulares de dados residentes no território da UE (por ex. consumidores ou clientes de produtos ou serviços brasileiros), ou mesmo que controlam o comportamento destas pessoas localizadas na UE, desde o Brasil;

(iii) armazenam ou tratam, no Brasil, dados de titulares residentes no território da União; e

(iv) de forma direta ou subcontratada armazenam, tratam dados no território da União.[204]

Outro ponto que merece atenção se refere às sanções, uma vez que há no Regulamento hipóteses de violação que além de causar danos à reputação da empresa, podem levar a perdas financeiras. Há penas pecuniárias administrativas que podem chegar, nas hipóteses indicadas na norma, a 20.000.000,00 EUR (vinte milhões de euros) ou, no caso de uma empresa, até 4% do seu volume de negócios anual a nível mundial correspondente ao exercício financeiro anterior, consoante o valor que for mais elevado.[205]

Já foram aplicadas multas e outras penalidades na União Europeia por tratamento de dados com insuficiente base legal e também por insuficiência nas medidas técnico organizações preventivas para evitar incidentes de segurança da informação com dados pessoais, dentre outras hipóteses. É possível pesquisar na internet detalhes sobre as sanções aplicadas, por exemplo no site: *CMS.Law (https://cms.law/en/deu/publication/gdpr-enforcement-tracker-report/numbers-and-figures)*.

Conforme mencionado anteriormente, no início deste item 3 (*NATUREZA JURÍDICA DE OUTRAS INFORMAÇÕES ARQUIVADAS, ALÉM*

---

[204] O âmbito de aplicação territorial do Regulamento está previsto no seu artigo 3º.
[205] O Considerando 150 e o artigo 83, itens 4 e 5 tratam das condições gerais para aplicação das multas administrativas.

DAS CREDITÍCIAS), acima, a transferência internacional de dados pessoais para destinatários situados em países terceiros, ou seja, fora do "EEE" são regulamentadas e restritas. Assim, a observância de regras para a transferência internacional de dados continua sendo um tema especialmente importante para organizações multinacionais, de origem europeia (ex. matriz sediada na UE), com presença no Brasil. A Comissão Europeia tem o poder de determinar que países, dentre outras figuras jurídicas, oferecem nível adequado de proteção. Segundo texto disponível no site do Comissão Europeia a respeito de locais que foram reconhecidos pela mesma como tendo norma com adequado nível de proteção de dados comparativamente às normas europeias estão na lista os seguintes, aqui do continente americano: Argentina, Canadá (onde se aplica o PIPEDA "Personal Information Protection and Eletronic Documents Act") e Uruguai. A lista completa de locais incluindo outros continentes está disponível no site da aludida Comissão.[206]

O Brasil recentemente aprovou sua legislação geral em proteção de dados pessoais, a LGPD. A entrada em vigor da LGPD somada à efetiva aplicação dela, com o passar do tempo, pela Autoridade Nacional de Proteção de Dados – ANPD poderão contribuir para o possível ingresso do país na lista acima.

Por fim, vale mencionar que os responsáveis pelo tratamento de dados, ainda que subcontratados pelos responsáveis, estão sujeitos, de acordo com o Regulamento, a um regime geral de notificação de violação de dados pessoais. Este tema, no modo brasileiro, está contemplado na citada LGPD, a qual foi analisada abaixo (item 4.2).

3.3 Substitutivo do Projeto de Lei do Senado nº 281/2012
Este Projeto de Lei do Senado dispõe sobre a atualização do CDC na parte relativa, principalmente, ao comércio eletrônico. A Comissão de Juristas responsável por fornecer subsídios ao Senado Federal para modernizar o Código foi instituída em 02.12.2010. A respeito deste trabalho de atualização, entende Claudia Lima Marques, relatora-geral do projeto, no que tange ao CDC:

---

[206] Link consultado: https://ec.europa.eu/info/law/law-topic/data-protection/international-dimension-data-protection/adequacy-decisions_en Acesso em 21.04.2022.

NATUREZA JURÍDICA DE OUTRAS INFORMAÇÕES ARQUIVADAS, ALÉM DAS CREDITÍCIAS

[...] a coerência com o atual microssistema só pode ser assegurada se evitar a fragmentação atual em leis especiais. [...]

As diretrizes traçadas pelo Senado Federal para Atualização do Código de Proteção e Defesa do Consumidor definiram que não deveria ser promovida uma reforma integral do texto legislativo, senão sua atualização pontual, que não permitisse o retrocesso no nível já alcançado de proteção dos consumidores [...]. Da mesma forma, o ato de criação autorizou incluir outros temas novos que não puderem ser tratados pelo legislador em virtude do estágio de desenvolvimento social, econômico e tecnológico do Brasil em 1990, que fossem identificados pela Comissão como os mais necessários, e assim decidiu em relação ao comércio eletrônico e as normas instrumentais que o acompanham.[207]

É importante expor a intenção do grupo de trabalho, sumarizada acima, que esclarece serem "cirúrgicas", ou seja, pontuais e sem excessos, as alterações propostas ao *Codex*. Por uma decisão metodológica, nesta tese serão abordadas somente as sugestões de atualização do CDC relativas aos dados do consumidor, deixando de analisar, ainda, artigos dele que, de certa forma, já tiveram seu conteúdo contemplado em dispositivos da LGPD.

3.3.1 Aspectos do PLS nº 281/12 atualmente interessantes para o tema do tratamento dos dados do consumidor[208]

Os artigos mencionados neste item foram originalmente extraídos do parecer do relator, senador Ricardo Ferraço, emitido no quarto trimestre de 2013 e atualizados segundo versão do PLS nº 281/2012, publicada em

---

[207] Marques, Claudia Lima. Anteprojetos de Lei de Atualização do Código de Defesa do Consumidor. In: **Revista do Direito do Consumidor**, nº 82, ano 21, p. 231-234, São Paulo: RT, 2012, p.332.

[208] Este Projeto de Lei tramita há muitos anos no Congresso. Está na Câmara desde novembro de 2015. Foi originado no Senado Federal sob a responsabilidade da Comissão de Juristas, composta pelo ministro Antonio Herman V. Benjamin (presidente), Claudia Lima Marques (relatora-geral), Ada Pellegrini Grinover (falecida), Leonardo Roscoe Bessa, Roberto Pfeiffer e Kazuo Watanabe. Quando da primeira edição desta tese o PLS estava em estado avançado, com boa chance de ser convertido em lei, razão pela qual houve menção a alguns de seus dispositivos na tese. As Emendas analisada foram obtidas no parecer do relator, senador Ricardo Ferraço, emitido no quarto trimestre de 2013. Disponível no *site* do Senado Federal. Acesso em: 07 dez. 2013.

O DIREITO À PRIVACIDADE E À PROTEÇÃO DOS DADOS DO CONSUMIDOR

29.10.2015 no Diário Oficial do Senado (Diário do Senado).[209] Posteriormente a esta publicação o texto foi remetido à Câmara dos Deputados, em 04.11.2015, para revisão nos termos do art. 65 da CF. Passados cerca de seis anos não se verificou mudança no status de tramitação.[210]

Este PLS na versão ora em comento comtempla dispositivo para acrescentar, no CDC, seção destinada ao Comércio Eletrônico que se iniciaria com o artigo 45-A, abaixo transcrito:

> "Art. 45-A. Esta seção dispõe sobre normas gerais de proteção do consumidor no comércio eletrônico e a distância, visando a fortalecer sua confiança e assegurar sua tutela efetiva, mediante a diminuição da assimetria de informações, a preservação da segurança nas transações e a proteção da autodeterminação e da privacidade dos dados pessoais."

Percebe-se já em novembro de 2015 a preocupação do legislador com o direto do consumidor de ter resguardada sua privacidade e também de ter controle sobre seus dados pessoais, prestados ou coletados, e que integram banco de dados ou cadastro de fornecedor, temas estes que também foram contemplados na LGPD[211].

Esta ideia de controle sobre o dado tem relação com a "autodeterminação" que já estava presente no Decreto nº 7.963, de 15 de março de 2013, art. 2º, VII, *in verbis*: "São diretrizes do Plano Nacional de Consumo e Cidadania: [..] autodeterminação, privacidade, confidencialidade e segurança das informações e dados pessoais prestados ou coletados, inclusive por meio eletrônico."

O conceito de "autodeterminação" foi objeto de nota do Departamento de Proteção e Defesa do Consumidor da Sec. de Dir. Econômico, do Ministério da Justiça, de 11.09.2013, nota nº 40/CGEMM/DPDC/SENACON/2013, na qual o DPDC esclareceu que: "(...) a autodeterminação informativa consiste no poder de tomar pessoalmente as decisões

---

[209] Diário do Senado Federal, ano LXX, nº 174, quinta-feira, 29.10.2015, páginas 281 e seguintes. Último acesso em 16.01.2017

[210] https://legis.senado.leg.br/sdleg-getter/documento?dm=4182499&ts=16304265015 57&disposition=inline Último acesso em 03.06.2022

[211] Segundo o art. 2º da LGPD a proteção de dados pessoais tem como fundamentos, dentre outros: o respeito à privacidade, a autodeterminação informativa e a defesa do consumidor.

NATUREZA JURÍDICA DE OUTRAS INFORMAÇÕES ARQUIVADAS, ALÉM DAS CREDITÍCIAS

fundamentais sobre a utilização de seus dados pessoais, estando informado e consciente das consequências desta decisão."

Ensina Danilo Doneda que este termo esteve presente em uma sentença da Corte Constitucional Alemã, proferida a respeito de uma Lei de 1982 que organizava um censo na Alemanha, e gerou insegurança nos cidadãos que, à época, foram obrigados a responder a 160 perguntas que, posteriormente, seriam informatizadas e poderiam ter destino diverso do originalmente informado no ato da coleta. Havia também a possibilidade destes dados serem intercambiados entre os departamentos do Estado alemão. Segundo o autor:

A sentença também utilizou a expressão *autodeterminação informativa* para designar o direito dos indivíduos de "decidirem por si próprios, quando e dentro de quais limites seus dados pessoais podem ser utilizados [...]

O direito à autodeterminação informativa orienta até hoje a proteção de dados pessoais na Alemanha e exerce grande influência em países de sistema jurídico romano-germânico. Concebido como um direito fundamental, na esteira do direito geral de personalidade, o direito à autodeterminação informativa proporciona ao indivíduo o controle sobre suas informações. Na tradição democrática alemã, este direito fundamental é entendido como uma afirmação do personalismo, porém conjugado com a dimensão da participação social de cada indivíduo, conforme resulta claro em uma outra sentença da Corte Constitucional que enfrentou o tema dos direitos fundamentais: "Os direitos fundamentais não são concedidos ao cidadão para que deles disponha livremente, porém na sua condição de membro da comunidade e também no interesse público"[...]

A influência da decisão alemã se fez sentir decisivamente em vários pontos da evolução posterior da matéria. Um deles é a solidificação do entendimento segundo o qual a proteção de dados pessoais requer um embasa mento constitucional direto – assim, respaldada como um direito fundamental, é possível a tutela da personalidade, mesmo numa área específica como a proteção de dados.[212]

---

[212] Doneda, Danilo. **Da Privacidade à Proteção de Dados Pessoais**. Rio de Janeiro: Renovar, 2006, p.196-197.

O DIREITO À PRIVACIDADE E À PROTEÇÃO DOS DADOS DO CONSUMIDOR

Clara, portanto, a importância do controle do indivíduo sobre os seus dados pessoais. Como muitas das informações são coletadas e compartilhadas sem que ele se dê conta, os direitos à privacidade, à segurança das informações e dados pessoais e ao acesso a eles e às fontes, que já constavam do PLS em comento e hoje estão contemplados na LGPD "iluminarão" a interpretação e aplicação prática do CDC na tutela de dados do consumidor.

Danilo Doneda ao tratar do assunto "autodeterminação informativa" refere-se também ao direito espanhol:

> Na Espanha, o direito à autodeterminação informativa encontrou acolhida, tendo sido mencionado pelo Tribunal Constitucional Espanhol em sua sentença 254/93. José Cuervo. *Autoderminación informativa,* in: www.informaticajuridica.com/trabajos/autodeterminacion_informtiva.asp (20/10/2005).
> Parte da doutrina espanhola, porém, prefere nominar um direito fundamental, a *libertad informática* como por exemplo Perez Luño: "La libertad informática aparece como um nuevo derecho de autotutela de la propria identidad informática: o sea, el derecho de controlar (conocer, corregir, quitar o agregar) los datos personales inscritos en un programa electrónico". Antonio-Henrique Peréz Luño: *Manual de Informática y Derecho,* 1ª ed., Ariel: Barcelona, 1996, p. 43.[213]

A citação indireta ao autor espanhol traz uma ideia bastante interessante: a de que a autodeterminação é um direito de autotutela da pessoa em face daquela que coleta e organiza seus dados em uma base informatizada.

Algumas previsões constantes do PLS foram contempladas na LGPD, como a obrigação do fornecedor que utilizar o meio eletrônico ou similar de utilizar mecanismos de segurança eficazes (inc. V do art. 45 – D) e inc. VII de aludido artigo prevê o dever do fornecedor de informar imediatamente às autoridades competentes e o consumidor sobre o vazamento de dados ou comprometimento, mesmo que parcial, da segurança do sis-

---

[213] Doneda, Danilo. **Da Privacidade à Proteção de Dados Pessoais.** Rio de Janeiro: Renovar, 2006, p.197 (nota de rodapé nº 425).

NATUREZA JURÍDICA DE OUTRAS INFORMAÇÕES ARQUIVADAS, ALÉM DAS CREDITÍCIAS

tema, aspecto que se assemelha a disposição da LGPD[214]. Na parte do art. 45-F o PLS disciplina o tema da publicidade massiva, indevida e direcionada do *spam*, visando assegurar o direito do consumidor de manifestar-se expressamente sobre se deseja ou não receber mensagens. Tal direito atualmente se depreende de dispositivos como o art. 7, incisos I, V e IX e o art. 18, parágrafo 2º, ambos da LGPD[215]. Abaixo transcrição do artigo do PLS ora em comento, apenas porque, em termos de histórico, é interessante acompanhar detalhes que podem contribuir para a reflexão a respeito do assunto "contornos do *spam*".

Art. 45-F. É vedado ao fornecedor de produto ou serviço enviar mensagem eletrônica não solicitada a destinatário que:

I – não possua relação de consumo anterior com o fornecedor e não tenha manifestado consentimento prévio e expresso em recebê-la;

II – esteja inscrito em cadastro de bloqueio de oferta;

III – tenha manifestado diretamente ao fornecedor a opção de não recebê-la.

§1º – Se houver prévia relação de consumo entre o remetente e o destinatário, admite-se o envio da mensagem não solicitada, desde que o consumidor tenha tido oportunidade de recusá-la.

§2º – O fornecedor deve informar ao destinatário, em cada mensagem enviada:

I – o meio adequado, simplificado, seguro e eficaz que lhe permita, a qualquer momento, recusar, sem ônus, o envio de mensagens eletrônicas não solicitadas;

---

[214] Vide arts 46 a 48, respectivamente, da LGPD.

[215] "Art. 7º O tratamento de dados pessoais somente poderá ser realizado nas seguintes hipóteses: I – mediante o fornecimento de consentimento pelo titular; (...)V – quando necessário para a execução de contrato ou de procedimentos preliminares relacionados a contrato do qual seja parte o titular, a pedido do titular dos dados; (...)IX – quando necessário para atender aos interesses legítimos do controlador ou de terceiro, exceto no caso de prevalecerem direitos e liberdades fundamentais do titular que exijam a proteção dos dados pessoais; (...)". "Art. 18. O titular dos dados pessoais tem direito a obter do controlador, em relação aos dados do titular por ele tratados, a qualquer momento e mediante requisição: (...) § 2º O titular pode opor-se a tratamento realizado com fundamento em uma das hipóteses de dispensa de consentimento, em caso de descumprimento ao disposto nesta Lei."

II – o modo como obteve seus dados.

§3º – O fornecedor deve cessar imediatamente o envio de ofertas e comunicações eletrônicas ou de dados ao consumidor que manifeste recusa a recebê-las.

§4º – Para fins desta seção, entende-se por mensagem eletrônica não solicitada a relacionada a oferta ou publicidade de produto ou serviço e enviada por correio eletrônico ou meio similar.

§5º – É também vedado:

I – remeter mensagem que oculte, dissimule ou não permita de forma imediata e fácil a identificação da pessoa em nome de quem é efetuada a comunicação a sua natureza publicitária.

II – veicular, exibir, licenciar, alienar, compartilhar, doar ou de qualquer forma ceder ou transferir dados, informações ou identificadores pessoais, sem expressa autorização e consentimento informado do seu titular. § 6º – Na hipótese de o consumidor manter relação de consumo com fornecedor que integre conglomerado econômico, o envio de mensagem por qualquer sociedade que o integre não se insere nas vedações do *caput* deste artigo, desde que o consumidor tenha tido oportunidade de recusá-la e não esteja inscrito em cadastro de bloqueio de oferta.

§ 7º A vedação prevista no inciso II do § 5º não se aplica aos fornecedores que integrem um mesmo conglomerado econômico.

Para dar efetividade a parte destes dispositivos, se o PLS um dia for aprovado, as sanções previstas no CDC também sofrerão acréscimos, dentre as quais, destacam-se a de suspensão temporária ou proibição de oferta de comércio eletrônico (Inc. XIII do art. 56), agravada da pena de suspensão de pagamentos e transferências financeiras para o fornecedor de comércio eletrônico que descumprir a pena anterior e/ou bloqueio das contas bancárias deste fornecedor (Incs. I e II, respectivamente, do § 4º, do art. 59).

Por fim, a Emenda nº 29, relacionada ao art. 72, suprime do texto anterior do PLS os termos *utilizar* e *hospedar*. O objetivo, segundo a justificativa do parecer do Senado, "é coibir a circulação de informações de consumidores e a venda de cadastros e bases de dados a terceiros sem expressa autorização e consentimento informado do consumidor". Este teor com alguns singelos ajustes foi mantido na versão do PLS nº 281/2012 publicada no Diário do Senado, em 29.10.2015, conforme segue:

> Art.72-A. Veicular, exibir, licenciar, alienar, compartilhar, doar ou de qualquer forma ceder ou transferir dados, informações ou identificadores pessoais, sem a autorização expressa e consentimento informado de seu titular.

Vale mencionar que com entrada em vigor da LGPD o tema do compartilhamento de dados já fica disciplinado em seu art. 7º, inc. I e parágrafo 5º.[216]

3.4 Decreto nº 11.304, de 05.04.2022, que regulamenta o CDC, para estabelecer diretrizes e normas sobre o Serviço de Atendimento ao Consumidor – SAC

A respeito do tema da privacidade e proteção de dados do consumidor esta norma traz duas regras que merecem ser mencionadas. A primeira delas consta do parágrafo 4º, do art. 4º, segundo o qual:

> Art. 4º O acesso ao SAC estará disponível, ininterruptamente, durante vinte e quatro horas por dia, sete dias por semana. (...). 4º O acesso inicial ao atendente não será condicionado ao fornecimento prévio de dados pelo consumidor.

O outro dispositivo que merece ser mencionado é o que faz referência expressa à LGPD ao estabelecer que:

> Art. 8º No tratamento das demandas, o SAC garantirá a: I – tempestividade; II – segurança; III – privacidade; e IV – resolutividade da demanda.

---

[216] "Art. 7º O tratamento de dados pessoais somente poderá ser realizado nas seguintes hipóteses: I – mediante o fornecimento do consentimento pelo titular; (...) § 5º O controlador que obteve o consentimento referido no inciso I do caput deste artigo que necessitar comunicar ou compartilhar dados pessoais com outros controladores deverá obter consentimento específico do titular para esse fim, ressalvadas as hipóteses de dispensa do consentimento previstas nesta Lei."

Art. 9º Os dados pessoais do consumidor serão coletados, armazenados, tratados, transferidos e utilizados exclusivamente nos termos do disposto na Lei nº 13.709, de 14 de agosto de 2018.

Portanto, verifica-se que houve um cuidado do legislador em harmonizar as novas regras do SAC com a LGPD. Importante mencionar que quando da redação desta obra o Decreto ainda estava em *vacacio legis*.[217]

---

[217] De acordo com o art. 18 do Decreto ele entrará em vigor cento e oitenta dias após a data de sua publicação. Ele foi publicado no Diário Oficial da União no dia 06.04.2022.

4.
CONTEXTO ATUAL E ANÁLISE DAS NORMAS ORDINÁRIAS. ELAS SEGUEM A REFERÊNCIA CONSTITUCIONAL DE PRIVACIDADE E DE TUTELA DO DIREITO DO CONSUMIDOR?

4.1 Contexto atual. A evolução das técnicas de marketing aliadas às novas tecnologias foi tornando mais complexa a coleta, o armazenamento e o uso de dados pessoais

No capítulo anterior foi introduzida a preocupação dos doutrinadores brasileiros com a proteção de dados pessoais do consumidor, em especial diante do contexto da sociedade da informação.

Como sabido, a soma das técnicas de marketing às novas tecnologias da informação tornaram mais complexo o tema da coleta, armazenamento, cruzamento e uso, em geral, de dados pessoais dos consumidores.[218] Quanto ao conceito de marketing, afirma Philip Kotler:

> O conceito de marketing começa com clientes atuais e em potencial e com suas necessidades; planeja um conjunto coordenado de produtos e programas para servir a essas necessidades; e realiza o lucro através da satisfação do cliente [...]

---

[218] Os dados dos hábitos de consumo da pessoa, somados ao seu perfil financeiro, idade, e outros elementos que possam influenciar na decisão de compra de novos e melhores produtos, ou contratação de novos serviços são hoje muito importantes para fins de marketing. Por esta razão têm também valor econômico para os fornecedores. Tais dados são úteis a eles seja para estreitar o vínculo que têm com o consumidor, seja para melhor definir o teor da propaganda que será elaborada e apresentada a um consumidor potencial.

O conceito de marketing é uma orientação para o cliente, tendo como retaguarda o marketing integrado, dirigido para a realização da satisfação do cliente como solução para satisfazer aos objetivos da organização[219].

Os meios de comunicação, as técnicas de marketing atuais, como por exemplo, o preenchimento de cupons e os programas de fidelidade somadas às ferramentas virtuais de coletas de dados, como o registro das páginas nas quais o usuário costuma navegar na internet, dentre outras técnicas *online*, ampliaram significativamente a capacidade de coleta, armazenamento e organização de dados.

Abaixo, alguns exemplos de novas formas de coletas de dados, extraídas do relatório da Comissão Federal de Comércio (*Federal Trade Comission*[220] *– FTC*) dos Estados Unidos da América (EUA), divulgado em 2010.

– se você pesquisa por produtos ou serviços *online*, anunciantes podem coletar e compartilhar informações sobre as suas atividades, inclusive sobre as suas pesquisas, os sites que você visitou, e o conteúdo que você viu;

– se você participa de um site de relacionamento social (i.e. rede social) os aplicativos de empresa terceira provavelmente terão acesso às informações ou conteúdos que você ou seus amigos "postar" (publicar) no referido site; – se você usa aplicativos de localização no seu *smartphone* (i.e. telefone móvel com acesso à internet), diversas companhias podem ter acesso ao seu paradeiro de forma exata;

---

[219] Kotler, Philip Kotler. **Marketing**. São Paulo: Atlas, 1985, p.43.

[220] A FTC é a agência reguladora dos EUA que, dentre outras coisas, lida com assuntos relacionados à proteção de direitos do consumidor. No caso deste relatório a intenção da agência era contribuir para adoção de medidas e boas práticas de privacidade de dados nas corporações, as quais sirvessem para proteger informações pessoais dos consumidores e, com isso, a assegurar que eles tenham confiança neste mercado atual e possam dele usufruir de forma benéfica. Esta ideia estava no relatório de 2010 ***Protection of Consumer Privacy in an Era of Rapid Change***. *A proposed framework for business and policymakers, preliminary FTC staff report, December 2010*, p, 3. Atualmente o que está na internet é uma versão mais recente deste relatório emitida em março de 2012. Disponível em https://www.ftc.gov/reports/preliminary-ftc-staff-report-protecting-consumer-privacy-era-rapid-change--proposed-framework Último acesso em 13.06.2022.

CONTEXTO ATUAL E ANÁLISE DAS NORMAS ORDINÁRIAS. ELAS SEGUEM A REFERÊNCIA...

– se você utiliza cartões de fidelidade com uma loja de doces ou preenche um cartão de garantia de produto, seu nome, endereço e informações sobre a sua compra talvez sejam compartilhadas com corretores de dados ("data brokers") e combinadas com outras informações.[221]

Exemplo de conduta descrita no segundo item acima – que se refere à prática de uma dada rede social compartilhar dados de seus usuários com empresas terceiras do setor de aplicativos para dispositivos móveis (ex. *smartphones*) – ocorreu no Brasil. Uma rede social teria compartilhado, a partir de sincronização informática, dados de seus usuários com empresa de aplicativo para celular e motivou, com isso, ajuizamento de uma ação, por um dos usuários.

O caso se refere a um estudante, com perfil em uma rede social a qual, segundo alegado por ele na petição inicial, sem a sua autorização, compartilhou sua foto e alguns outros dados seus, que permitiram a sua identificação pessoal com um aplicativo (*app*) de uma empresa terceira[222]. Aplicativo este chamado "Lulu", que permite às mulheres com quem mantém contato na rede social, avaliarem ou indicarem, de forma anô-

---

[221] Trecho extraído do relatório da FTC de Dezembro de 2010, mencionado na nota anterior, p. 2 (versão original em inglês): " – if you browse for products and services online, advertisers might collect and share information about your activities, including your searches, the websites you visit, and the content you view; – if you participate in a social networking site, third–party applications are likely to have access to the information you or your friends post on the site; – if you use location– enabled smartphone applications, multiple entities might have access to your precise whereabouts; – if you use loyalty cards at a grocery store or send in a product warranty card, your name, address, and information about your purchase may be shared with data brokers and combined with other data".

[222] Em matéria divulgada em 16 dez.2013, o Facebbok esclareceu que a página que detalha os Termos de Privacidade dessa rede social permite essa operação. Disponível em: http://tecnologia.uol.com.br/noticias/redacao/2013/12/16/lulu-muda-politica-e-passa-aceitar--apenas-homens-cadastrados-no-aplicativo.htm Acesso em: 13 jun. 2022. Nos termos de privacidade dessa rede social era informado ao usuário que seu nome, fotos do perfil ou de capa, redes e número de identificação são tratados como quaisquer informações. Caso o usuário opte por torná-las públicas, ficarão acessíveis em aplicativos utilizados por ele e seus amigos. Estes Termos de Privacidade estavam disponíveis em: https://www.facebook.com/legal/proposeddup/pt#whatyoushare quando da primeira edição desta Tese, conforme acesso de 16 dez. 2013. Mas referida versão já não está disponível neste link.

O DIREITO À PRIVACIDADE E À PROTEÇÃO DOS DADOS DO CONSUMIDOR

nima e individualmente, qualidades ou defeitos seus[223]. Estas avaliações ficaram publicadas *online* e poderiam ser vistas por outras usuárias que tivessem baixado o mesmo *app*, em seu respectivo telefone celular[224].

O estudante autor da ação sentiu-se ofendido pelas avaliações recebidas *online* e publicadas na internet. Em virtude disso, ajuizou uma ação de indenização por danos morais em face da rede social.

Quanto ao relatório da FTC, esta Agência expressamente reconheceu que mesmo nos EUA, um país de tradição liberal, é necessário apertar o passo para promover medidas mais eficazes no que tange à proteção de dados pessoais, uma vez que o rápido desenvolvimento da tecnologia e dos modelos de negócios possibilitou às empresas coletarem e usarem informações de consumidores por vias que, muitas vezes, são invisíveis ao consumidor. Ademais, se por um lado há empresas que adotaram nos seus negócios soluções inovadoras para respeitar adequadamente a privacidade do consumidor, outras tantas não se comportam assim.[225]

Esta realidade também está presente no Brasil e vem preocupando parte da doutrina que observa, neste ponto, a necessidade de construir

---

[223] Segundo escreveu Samara Schuch Bueno no texto "Lulu: justiça pode obrigar aplicativo a revelar identidade de quem avaliou": "Várias são as características do aplicativo que atraem as mulheres, dentre elas, a garantia de que a avaliação será totalmente anônima. Ainda, as *hashtags* pré-carregadas no aplicativo, permitem atribuir à avaliação do parceiro detalhes bem pessoais, como: #nãoquernadacomnada; #nãosabenemfritarumovo; #lerdo; #filhinhodamamãe; #esquentadinho; #acendeumcigarronooutro; #dormedeconchinha; e alguns mais ousados, como #safadonamedidacerta; #graduadoempornô; #conquistouminhacalcinha, dentre outros." Quando da primeira edição desta Tese estava disponível neste link mas já não está: http://estilo.br.msn.com/tempodemulher/amor-e-sexo/lulu-justi%c3%a7a-pode-obrigar-aplicativo-a-revelar-identidade-de-quem-avaliou

[224] Segundo notícia divulgada em 16 dez. 2013, a partir desta dada o aplicativo "Lulu" exibirá apenas avaliações de usuários cadastrados no serviço. Antes desta mudança, os serviços mostravam automaticamente à usuária todos os amigos dela do sexo masculino cadastrados no Facebook. Referida informação estava disponível quando da primeira edição desta Tese no seguinte link, mas já não está: http://tecnologia.uol.com.br/noticias/redacao/2013/12/16/ lulu-muda-politica-e-passa-aceitar-apenas-homens-cadastrados--no-aplicativo.htm

[225] Neste sentido, o entendimento do relatório **Protection of Consumer Privacy in an Era of Rapid Change**. A proposed framework for business and policymakers, preliminary FTC staff report, december 2010, p.3, mencionado anteriormente nesta Tese.

CONTEXTO ATUAL E ANÁLISE DAS NORMAS ORDINÁRIAS. ELAS SEGUEM A REFERÊNCIA...

uma tutela legal mais eficaz para o consumidor, seja para que ele possa ter mais controle sobre os seus dados, seja para protegê-lo de potencial risco de segurança associado à divulgação acidental de suas informações, risco este devido, por exemplo: (I) à uma falha sistêmica do fornecedor, ou (II) à invasão do servidor deste por um *hacker*.

Na doutrina foram encontradas afirmações a respeito deste contexto, aqui citadas com a intenção de reforçar a opinião exposta nesta pesquisa. Têmis Limberger afirma:

> As novas tecnologias tornam a informação uma riqueza fundamental da sociedade. Os programas interativos criam uma nova mercadoria. O sujeito fornece os dados de uma maneira súbita e espontânea e, por conseguinte, depois que estes são armazenados, esquece-se de que os relatou. É necessário, então, construir uma tutela jurídica eficaz do consumidor.[226]

Ronaldo Porto Macedo Jr. escreveu, há vinte e três anos, a respeito de no passado não ser desejada a intervenção do Estado regulando, em detalhes, o direito à privacidade do indivíduo. Portanto, a liberdade por muitos anos foi vista como um dever negativo do Estado, no sentido de abster-se de regulá-la. Em outras palavras, valorizava-se uma "liberdade negativa". Explica o autor que pensadores liberais clássicos citados por ele procuraram estabelecer uma relação direta entre a liberdade de mercado e a privacidade. Contudo, pondera Porto Macedo Jr. que, falta de regulação somada ao avanço tecnológico está levando as pessoas a se tornarem vítimas de uma falsa consciência.

Diz ele que estes indivíduos, vítimas da "falsa consciência", serão incapazes de reconhecer o que é melhor para si mesmos e discernir o que realmente necessitam. É uma falsa noção de liberdade. Pondera ainda que a sociedade admite a existência de outros valores além dessa liberdade, que com ela devem ser cotejados, como a justiça, a felicidade e a

---

[226] Limberger, Têmis. Proteção de dados pessoais e comércio eletrônico: os desafios do século XXI. In: **Revista de Direito do Consumidor** [do Instituto Brasileiro de Política e Direito do Consumidor]. v.67, p.215-241, São Paulo: RT, 2008, p. 219.

O DIREITO À PRIVACIDADE E À PROTEÇÃO DOS DADOS DO CONSUMIDOR

segurança. E afirma que não só interesses de mercado devem ser considerados, mas também os interesses do consumidor[227].

Diferentemente do que ocorre com a ideia de mercado e com o conceito liberal de liberdade negativa, a proteção do consumidor e da privacidade (vista como um direito à cidadania) reporta-se a uma concepção positiva de liberdade, a saber, a liberdade enquanto autonomia, e apoia-se na ideia de que o indivíduo não pode ser utilizado como um fim social. Dentro da perspectiva do direito do consumidor e da privacidade, esta concepção da liberdade enquanto autonomia representa a demanda por igual representação do consumidor em relação a outros grupos no processo de decisão sobre o grau de informação e de risco que deve ser tolerado na sociedade. Nesta mesma direção, comentando a relação entre direito à privacidade, liberdade de informação aponta Frosini: "En el marco de la civilización tecnológica, el 'derecho a la privacidad' se presenta como una nueva forma de libertad personal, que ya no és más la libertad negativa de rehusar o prohibir la utiliza ción de informaciones sobre la própria persona pero se convirtio en la libertad positiva de ejercer un derecho a control sobre los datos concernientes a la própria persona, que hayan ya salido de um archivo electrônico público o privado. Esta es la libertad informática: o sea el derecho de controlar (conocer, corregir, quitar o agregar) los datos personales inscritos en las tarjetas de um program electrônico.[228]

A citação acima interessa a esta tese porque reforça duas ideias importantes expostas ao longo deste estudo:

---

[227] Nesse sentido, ver: Macedo Junior, Ronaldo Porto. Privacidade, Mercado e Informação. In: **Revista de Direito do Consumidor** [do Instituto Brasileiro de Política e Direito do Consumidor]. v.31, São Paulo: RT,1999, p.17-21.

[228] Macedo Junior, Ronaldo Porto. Privacidade, Mercado e Informação. In: **Revista de Direito do Consumidor** [do Instituto Brasileiro de Política e Direito do Consumidor]. v.31, p.13-24, São Paulo: RT, 1999, p.23. O trecho traz a nota de rodapé seguinte em relação à citação do autor estrangeiro Frosini, "Bancos de datos y tutela de la persona", p. 24. apud Sampaio, José Adércio Leite. **Direito à intimidade e à vida privada.** Uma visão jurídica da sexualidade, da família, da comunicação e informação pessoais, da vida e da morte. Belo Hori zonte: Del Rey, 1998, p.495.

CONTEXTO ATUAL E ANÁLISE DAS NORMAS ORDINÁRIAS. ELAS SEGUEM A REFERÊNCIA...

a) enquanto na época precedente à da sociedade da informação havia uma maior preocupação em tutelar o direito do indivíduo de ser deixado só, o direito ao recato, ao qual a doutrina italiana chama de *diritto allá riservatezza*, no século XXI a preocupação vai além do campo da privacidade de certos dados do indivíduo e atinge o interesse deste em saber como e quando os seus dados serão coletados e o que será feito deles, uma vez fichados e organizados em base informatizada. Este tema foi explorado neste capítulo 4, implicitamente, no caso da ação judicial promovida por estudante em face de rede social. Ficou na época a indagação sobre se houve transparência (informação) suficiente ao usuário (consumidor) a respeito de como os dados fornecidos voluntariamente poderiam ser compartilhados e utilizados e se a forma como isso constava do Termo de Privacidade (um dos instrumentos de adesão da rede social) estaria em consonância com o estabelecido no CDC.[229]; e

b) a proteção do consumidor e da privacidade (como um direito fundamental) encontra amparo no princípio fundamental da dignidade da pessoa humana, ou seja, na ideia de que o indivíduo não pode ser utilizado como 'coisa'. O homem não é uma coisa, ou um objeto que possa ser tratado simplesmente como meio por alguns fornecedores despreocupados com o respeito à sua privacidade, mas deve ser tratado com respeito ao ser humano que é, ou seja, deve ser respeitado como um fim em si mesmo, não pode ser utilizado simplesmente como meio. Esta ideia foi abordada no capítulo 1.

Esclareça-se, por fim, que saber se o fornecedor está despreocupado com a privacidade do consumidor (referido no item "b") está mal ou bem intencionado quando coleta e usa os dados do consumidor não é rele-

---

[229] O Ministério Público do Distrito Federal e Territórios instaurou, na época, um inquérito civil público para investigar a conduta das empresas envolvidas no caso. Esta informação consta em notícia divulgada em 02 dez.2013. Quando da primeira ediação desta Tese esta informação estava disponível neste link, mas já não está: http://tecnologia.uol.com.br/ noticias/redacao/2013/12/02/app-lulu-e-alvo-de-investigacao-por-ofensa-a-direito-de-personalidade.htm

O DIREITO À PRIVACIDADE E À PROTEÇÃO DOS DADOS DO CONSUMIDOR

vante para avaliar a licitude ou a ilicitude da sua conduta. O importante, para que ela seja lícita, é que o fornecedor seja suficientemente transparente com o consumidor, durante a coleta, de maneira que caiba a este, anuir ou não com o ato; e, uma vez de posse do dado, trate-o observando o princípio da boa-fé, utilizando-o apenas para o fim ao qual foi coletado, observando o direito básico do consumidor à segurança, valendo-se de ambiente informacional que disponha de ferramentas atualizadas de segurança para minimizar riscos de acidentes com o dado, conforme ideia desenvolvida no capítulo 2 desta tese. Estas ideias que já constavam da primeira edição doa tese são reforçadas com o advento da LGPD que também enfatiza tais prátivas como importantes para o tratamento lícito dos dados pessoais.

Contextualizado o tema da proteção dos dados do consumidor no século XXI, passa-se a investigar se as normas pertinentes, atualmente em vigor no país, seguem a referência constitucional de privacidade, proteção de dados e de tutela do direito do consumidor. Este tema norteará o exame das normas selecionadas para serem analisadas nos próximos tópicos deste capítulo 4.

4.2 Análise da Lei Geral de Proteção de Dados Pessoais – LGPD (Lei nº 13.709 de 14.08.2018 modificada pela Lei nº 13.853, de 2019)

O texto da LGPD possui diversos capítulos e dispõe sobre o tratamento de dados pessoais, por pessoa jurídica de direito público ou privado, para proteger a personalidade e a dignidade da pessoa natural, ao prever certos direitos desta relacionados ao seu dado. Como pessoa natural é um termo amplo no qual se enquadram também a categoria de pessoas que sejam consumidores, pessoas físicas destinatárias finais de produtos e/ou serviços, a LGPD amplia, por assim dizer, os direitos dos consumidores, por exemplo, em termos de controle sobre como seu dado será tratado. Ela cria obrigações aos fornecedores relativamente à observância de requisitos, também denominados de "bases legais", para tratamento de dados, e a obrigação de adoção de medidas técnicas e administrativas aptas a proteger estes dados de incidentes de segurança, quando tratados por eles (fornecedores) de forma direta ou indiretamente. Este último caso é quando o tratamento originalmente confiado a um fornecedor é repassado a subcontratados.

CONTEXTO ATUAL E ANÁLISE DAS NORMAS ORDINÁRIAS. ELAS SEGUEM A REFERÊNCIA...

A lei estatui, dentre os fundamentos o da disciplina da proteção de dados pessoais, o respeito à privacidade, à autodeterminação informativa (inc. II, do art. 2º), à livre iniciativa, à livre concorrência e à defesa do consumidor (inc. VI do art. 2º). Esta defesa do consumidor como fundamento da LGPD é importante para a interpretação harmônica dela com o CDC.

A entrada em vigor desta lei disciplinando de forma abrangente o tema da proteção de dados pessoais foi pertinente por tudo o que foi escrito até o momento deste capítulo 4. Vale lembrar que o Marco Civil da Internet (MCI), a ser tratado mais adiante na presente tese[230], em seu art. 3º já previa que a disciplina da internet no Brasil tem princípios a serem observados e dentre eles está o da "proteção à privacidade" (art. 3º, II) e o da "proteção dos dados pessoais, na forma da lei" (art. 3º, III). Esta expressão "na forma da lei" corresponderia hoje, principalmente, à LGPD.

A LGPD também traz princípios a serem observados nas atividades de tratamento de dados pessoais (art. 6º) que guardam estreita relação com o capítulo 5 desta tese, intitulado "BOAS PRÁTICAS E PRINCÍPIOS QUE DEVEM NORTEAR A COLETA, USO E GUARDA DOS DADOS PESSOAIS DO CONSUMIDOR".

A LGPD prevê direitos ao titular dos dados, como a necessidade de se obter, em certas circunstâncias, seu consentimento livre, informado e inequívoco para o tratamento do seu dado para uma finalidade determinada. Traz uma Seção I, do Capítulo II destinada aos Requisitos para Tratamento de Dados Pessoais, outra Secção em sentido similar, porém relativa às hipóteses de tratamento do dado pessoal que seja sensível (Seção II), uma terceira para tratamento dos dados pessoais de crianças e adolescentes (Seção III), assim como disciplina o término do tratamento (Seção IV do mesmo Capítulo II).

Existe na LGPD um dispositivo com conceito de dado pessoal (inc. I, do art. 5º) o qual é similar porém mais enxuto e, portanto, não idêntico ao constante do Decreto nº 8.771/2016 que regulamentou o MCI. Traz conceito de dados sensíveis (inc. II, do art. 5º) e mais dois artigos dedica-

---

[230] Vide item "4.4 Marco Civil da Internet e proteção de dados".

O art. 18 da LGPD elenca uma série de direitos do titular dos dados, tais como a possibilidade de requerer: confirmação da existência do tratamento (inc. I); acesso aos dados (inciso II); a correção de dados incompletos ou desatualizados (inc. III); a anonimização, o bloqueio ou cancelamento de dados desnecessários, excessivos ou tratados em desconformidade com a lei (inc. IV), dentre outros. Tem o titular, ainda, o direito de peticionar em relação aos seus dados contra o controlador perante a Autoridade Nacional de Proteção de Dados – ANPD (art. 18, parágrafo 1º); e de se opor, em caso de descumprimento da lei (art. 18, parágrafo 2º) ao tratamento de seu dado.

A LGPD traz, ainda, passagem dedicada à ANPD (Seção I do Capítulo IX), a quem compete disciplinar algumas especificidades relevantes da lei, como: regras em caso de incidentes de segurança que impliquem em vazamento de dados (inc. IV, do art. 55-J). Compete a este órgão, ainda, fiscalizar a aplicação desta lei no âmbito administrativo e impor as sanções (artigos 52 a 54).[231]

Na Seção que trata da responsabilidade e do ressarcimento de dados por parte do controlador ou do operador está escrito que as hipóteses de violação do direito do titular do dado, no âmbito das relações de consumo, permaneçam sujeitas às regras de responsabilidade previstas na legislação pertinente (art. 45 da LGPD). Segundo Patricia Peck Pinheiro: "Dependendo do tipo de violação de direitos do titular serão aplicadas penalidades conforme já previsto na legislação consumerista (Código de Defesa do Consumidor) (...)".[232] Ademais, em um Acórdão do TJSP, publicado já na vigência da LGPD o relator escreveu:

> Frisa-se, ainda, não haver qualquer antinomia da LGPD com outras legislações, como, por exemplo, o Código de Defesa do Consumidor. Em havendo violação à legislação consumerista, se aplicam as regras do art. 14 e seguintes

---

[231] A respeito da natureza jurídica da ANPD, se convertida em lei a Medida Provisória nº 1.124, de 13 de junho de 2022, a mesma se tornará autarquia de natureza especial.

[232] PECK PINHEIRO, Patricia. **Proteção de Dados Pessoais – Comentários à Lei N. 13.709/2018 (LGPD)**, 3ª. ed., São Paulo: SARAIVA Educação, 2021, p. 148.

CONTEXTO ATUAL E ANÁLISE DAS NORMAS ORDINÁRIAS. ELAS SEGUEM A REFERÊNCIA...

do Código de Defesa do Consumidor e o regime da responsabilidade civil objetiva.[233]

Vale esclarecer que o artigo 42, inciso I da LGPD prevê que o operador responde solidariamente com o controlador nas circunstâncias ali descritas, mas o art. 45 prevê que as hipóteses de violação de direito do titular no âmbito das relações jurídicas de consumo permenecem sujeitas às regras de responsabilidade previstas na legislação pertinente. No CDC, por força do disposto no artigo 7º, parágrafo único, fornecedores que tiveram participação, por assim dizer, na oferta ou comercialização do produto ou serviço de uma dada cadeia de consumo respondem solidariamente perante o consumidor, sem condicionar este *Codex* a certas circunstâncias, como está no mencionado inciso I. Há clara diferença aqui.

Por fim, respondendo à pergunta titulo do capítulo, a LGPD está alinhada com a tutela constitucional da privacidade e da proteção de dados.

4.3 Análise da Portaria nº 5 (Da SDE/MJ de 27.08.2002)

A Portaria nº 5 da Secretaria de Direito Econômico do Ministério da Justiça, de 27.08.2002, visa complementar o elenco de cláusulas abusivas constante do art. 51 do CDC.

A tutela almejada nesta norma é resguardar o direito do consumidor de ser previamente informado pelo fornecedor, de maneira a consentir ou não com a coleta dos seus dados e de conhecer a finalidade desta coleta. Indiretamente buscou-se assegurar a transparência, a harmonia, o equilíbrio e a boa-fé nas relações de consumo. Na parte inicial desta Portaria, tem-se que:

> 1º – Considerar abusiva, nos contratos de fornecimento de produtos e serviços, a cláusula que:
> I – autorize o envio do nome do consumidor, e/ou seus garantes, a bancos de dados e cadastros de consumidores, sem comprovada notificação prévia;
> II – imponha ao consumidor, nos contratos de adesão, a obrigação de mani-

---

[233] BRASIL. Tribunal de Justiça de São Paulo – 27ª Câmara de Direito Privado, Relator Alfredo Attié, Apelação Cível 1008308-35-2020.8.26.0704, acórdão de 16.11.2021.

O DIREITO À PRIVACIDADE E À PROTEÇÃO DOS DADOS DO CONSUMIDOR

festar-se contra a transferência, onerosa ou não, para terceiros, dos dados cadastrais confiados ao fornecedor;

III – autorize o fornecedor a investigar a vida privada do consumidor; [...]

O inciso I reforça o direito previsto no parágrafo 2º do art. 43. O inciso II é de especial importância, dentre os três do art. 1º, em comento. A partir dele restou, lá em 2002, expressa a obrigação do fornecedor de que ele não pode deixar pré-redigido o direito de transferir o dado do consumidor, cabendo a este a obrigação de se manifestar contrariamente à esta transferência, se não estiver de acordo.

Como efeito prático da norma, o fornecedor passou a deixar a frase da autorização da transferência pré-redigida, porém, antes dela aparecer, faz constar uma indagação para obter o aceite ou não do consumidor.

No ambiente da internet esta prática funciona de maneira que, caso o consumidor concorde com a transferência, deverá então marcar um *tick* no box ou no quadrado em branco, ao lado da frase de autorização. Resta atendido, assim, o preceito legal de que deve haver uma manifestação positiva do consumidor para se operar o aceite ou a autorização. Se o consumidor se mantiver passivo e não se manifestar com um *tick* no box é porque não aceitou nem autorizou a transferência dos seus dados.

Os doutrinadores dos EUA sumarizaram esta conduta *online* do *tick* no box com a expressão *optin*. Usam-na para designar o processo no qual o usuário de internet precisa confirmar, explicitamente, que autoriza ou aceita a transferência dos seus dados a terceiros pela empresa (fornecedor).

No Brasil, a expressão *optin* vem sendo empregada, também, para designar a frase que, por vezes, consta na ficha de cadastro do consumidor. Se ele marcar no box um "x" estará confirmando expressamente que deseja receber mensagens de propaganda, como malas diretas, catálogos de novas coleções (no caso de lojas de roupa), no seu endereço físico ou virtual (*email*).

Por fim, cabe comentar o inciso III. Tendo em vista o contexto da proteção dos dados do consumidor no século XXI, descrito ao longo da tese, no qual se esclareceu que, muitas vezes, a investigação da sua vida privada ocorre a partir do cruzamento entre bancos de dados diversos, sem que o

CONTEXTO ATUAL E ANÁLISE DAS NORMAS ORDINÁRIAS. ELAS SEGUEM A REFERÊNCIA...

consumidor tenha conhecimento desta prática, é difícil aplicar o direito que este dispositivo visa resguardar.

De todo modo, é positivo estar expresso em norma que, caso o fornecedor insira uma cláusula em contrato de adesão pela qual o consumidor o autorize a investigar sua vida, ela será abusiva. Certamente esta norma inibirá a presença deste tipo de previsão no contrato de adesão. Na prática, entretanto, mesmo sem tal autorização, alguns fornecedores seguem investigando a vida privada do consumidor.[234]

Em resposta à pergunta objeto do título deste capítulo 4, no que tange à Portaria nº 5 de 2002, ela está alinhada com a referência constitucional de privacidade e de tutela do direito do consumidor, principalmente porque o art. 1º, II, dessa norma contribui para dar efetividade ao direito do consumidor no que se refere à proteção dos seus dados cadastrais, na medida em que obriga o fornecedor a requerer do consumidor uma autorização sua para transferir os dados a terceiros.

4.4 Marco Civil da Internet e proteção de dados

Importante expor, ainda que em apertada síntese, a Lei nº 12.965, de 23 de abril de 2014, conhecido como Marco Civil da Internet ("MCI"), que entrou em vigor em 23 de junho de 2014.

Vale mencionar que os escândalos, no segundo semestre de 2013, relativos à espionagem internacional, contribuíram para amadurecer a relevância do tema da privacidade no Brasil e reforçar o regramento da proteção a ela e aos dados pessoais. Tais proteções foram alçadas à categoria de princípios da disciplina da internet no Brasil (art. 3º, do MCI).

Art.3º – A disciplina do uso da Internet no Brasil tem os seguintes princípios:
II – proteção da privacidade;
III – proteção aos dados pessoais, na forma da lei; [...]

Abaixo, foram transcritos os artigos que tratam mais diretamente do tema da privacidade e proteção de dados dos usuários de internet. Aqui o termo "dados dos usuários" incluem também os referentes aos "registros

---

[234] Conforme visto no capítulo 2, na parte atinente à decisão que examinou o serviço de "escore de crédito".

O DIREITO À PRIVACIDADE E À PROTEÇÃO DOS DADOS DO CONSUMIDOR

de conexão" e aos "registros de acesso a aplicações de internet", termos definidos no MCI.[235]

Art.7º – O acesso à Internet é essencial ao exercício da cidadania e ao usuário são assegurados os seguintes direitos: [...]
I – inviolabilidade da intimidade e da vida privada, assegurado o direito à sua proteção e à indenização pelo dano material ou moral decorrente de sua violação; [...] VI – informações claras e completas constantes dos contratos de prestação de serviços, com detalhamento sobre o regime de proteção aos registros de conexão e aos registros de acesso a aplicações de Internet, bem como sobre práticas de gerenciamento da rede que possam afetar sua qualidade. VII – não fornecimento a terceiros de seus dados pessoais, inclusive registros de conexão, e de acesso a aplicações de Internet, salvo mediante consentimento livre, expresso e informado ou nas hipóteses previstas em lei; VIII – informações claras e completas sobre a coleta, uso, armazenamento, tratamento e proteção de seus dados pessoais, que somente poderão ser utilizados para finalidades que: a) justificaram sua coleta; b) não sejam vedadas pela legislação; e c) estejam especificadas nos contratos de prestação de serviços ou em termos de uso de aplicações de internet; IX – consentimento expresso sobre a coleta, uso, armazenamento e tratamento de dados pessoais, que deverá ocorrer de forma destacada das demais cláusulas contratuais; X – exclusão definitiva dos dados pessoais que tiver fornecido a determinada aplicação de Internet, a seu requerimento, ao término da relação entre as partes, ressalvadas as hipóteses de guarda obrigatória de registros previstas nesta Lei e na que dispõe sobre proteção de dados pessoais; [...] XIII – aplicação das normas de proteção e defesa do consumidor nas relações de consumo realizadas na Internet.

Art. 11 – Em qualquer operação de coleta, armazenamento, guarda e tratamento de registros, dados pessoais ou de comunicações por provedores de conexão e de aplicações de Internet em que pelo menos um desses atos ocorram em território nacional, deverão ser obrigatoriamente respeitados a legis-

---

[235] Os conceitos de registros de conexão e de registros de acesso a aplicações de internet estão definidos no inciso VI e VIII, respectivamente, do artigo 5º do MCI.

CONTEXTO ATUAL E ANÁLISE DAS NORMAS ORDINÁRIAS. ELAS SEGUEM A REFERÊNCIA...

lação brasileira e, os direitos à privacidade, à proteção dos dados pessoais e ao sigilo das comunicações privadas e dos registros.

§ 1º – O disposto no caput aplica-se aos dados coletados em território nacional e ao conteúdo das comunicações, desde que pelo menos um dos terminais esteja localizado no Brasil.

§ 2º – O disposto no caput aplica-se mesmo que as atividades sejam realizadas por pessoa jurídica sediada no exterior, desde que oferte serviço ao público brasileiro ou pelo menos uma integrante do mesmo grupo econômico possua estabelecimento no Brasil.

§ 3º – Os provedores de conexão e de aplicações de internet deverão prestar, na forma da regulamentação, informações que permitam a verificação quanto ao cumprimento da legislação brasileira referente à coleta, à guarda, ao armazenamento ou ao tratamento de dados, bem como quanto ao respeito à privacidade e ao sigilo de comunicações.

§ 4º – Decreto regulamentará o procedimento para apuração de infrações ao disposto neste artigo.

O MCI traz ainda duas Subseções inteiramente dedicadas ao tema da guarda de registro de conexão, da guarda dos registros de acesso a aplicações de internet, na provisão de conexão, e sobre a guarda de registro de acesso a aplicações de internet, na provisão de aplicações. São, respectivamente, as Subseções I, II e III da Seção II, do Capítulo III. Este Capítulo trata da provisão de "conexão à internet" e da provisão de "aplicações de internet", termos definidos no MCI.[236] Dentre os dispositivos de tais subseções merece destaque o art. 15:

Art.15 – O provedor de aplicações de Internet constituído na forma de pessoa jurídica, que exerça essa atividade de forma organizada, profissionalmente e com fins econômicos, deverá manter os respectivos registros de acesso a aplicações de internet, sob sigilo, em ambiente controlado e de segurança, pelo prazo de seis meses, nos termos do regulamento.

§ 1º – [...]

§ 2º – [...]

---

[236] Os conceitos de conexão à internet e de aplicações de internet estão definidos no inciso V e VII, respectivamente, do artigo 5º do MCI.

O DIREITO À PRIVACIDADE E À PROTEÇÃO DOS DADOS DO CONSUMIDOR

§ 3º – Em qualquer hipótese, a disponibilização ao requerente, dos registros de que trata este artigo, deverá ser precedida de autorização judicial, conforme disposto na Seção IV deste Capítulo.

§ 4º – [...]

Art. 16 – Na provisão de aplicações de Internet, onerosa ou gratuita, é vedada a guarda:

I – dos registros de acesso a outras aplicações de Internet sem que o titular dos dados tenha consentido previamente, respeitado o disposto no art. 7º; ou

II – de dados pessoais que sejam excessivos em relação à finalidade para a qual foi dado consentimento pelo seu titular, exceto nas hipóteses previstas na Lei que dispõe sobre a proteção de dados pessoais.

A Lei de Proteção de Dados Pessoais acrescenta ao MCI referência como esta constante do final do inciso II do art. 16.

4.5 Lei de Acesso à Informação – LAI (Lei nº 12.527, de 18.11.2011)

Conhecida como "LAI", esta lei disciplina, entre outras coisas, a disponibilização de dados públicos por meio de *sites* governamentais. Trata-se de serviço oferecido às pessoas naturais, que visa atender a exigência do art. 5º XXXIII, da Constituição Federal[237].

Com relação à natureza pública ou privada do banco de dados, Leonardo Roscoe Bessa afirma:

> O Código de Defesa do Consumidor não faz qualquer indicação expressa quanto à sua incidência em relação a banco de dados administrados por entidades públicas ou privadas. [...] as razões que justificam a disciplina do banco de dados não se alteram pelo fato da entidade arquivista ser pública ou privada.[238]

---

[237] "Art. 5º – Todos são iguais perante a lei, sem distinção de qualquer natureza, garantindo-se aos brasileiros e aos estrangeiros residentes no País a inviolabilidade do direito à vida, à liberdade, à igualdade, à segurança e à propriedade, nos termos seguintes: [...] XXXIII – todos têm direito a receber dos órgãos públicos informações de seu interesse particular, ou de interesse coletivo ou geral, que serão prestadas no prazo da lei, sob pena de responsabilidade, ressalvadas aquelas cujo sigilo seja imprescindível à segurança da sociedade e do Estado."

[238] Bessa, Leonardo Roscoe. Abrangência da disciplina conferida pelo Código de Defesa

O entendimento de Bessa, escrito em 2002, está alinhado com a presente tese, no que tange ao cuidado com o qual deve ser tratado o dado pelo setor público, se este estiver na posição de fornecedor (art. 3º do CDC). Com relação ao regramento do banco administrado por entidade pública, contudo, a posição de Bessa enseja uma atualização, haja vista que desde novembro de 2011, este tipo de banco passou a se subsumir, em especial, à Lei nº 12.527, de 18.11.2011.

A Lei em comento estabelece em seu art. 4º os conceitos de informação (inciso I) e de informação pessoal (inciso IV). Dentre outros conceitos há, também, o de informação sigilosa, a saber: "III – informação sigilosa: aquela submetida temporariamente à restrição de acesso público em razão de sua imprescindibilidade para a segurança da sociedade e do Estado".

Da leitura conjugada do inciso III com os arts. 23 a 30 da Lei em comento, percebe-se que a expressão informação sigilosa de que trata essa norma não tem relação direta com o conceito de dado pessoal sensível, abordado no item 3.1.2. desta pesquisa.

Isso não significa que se a informação pessoal, em um dado caso concreto, ainda que não informação sigilosa, gozar, contudo, de proteção da privacidade, também não possa ser protegida, por força desta Lei nº 12.527, art. 6º, III e em seus arts.31 e 32, examinados mais adiante:

Art. 6º – Cabe aos órgãos e entidades do poder público, observadas as normas e procedimentos específicos aplicáveis, assegurar a: [...]
III – proteção da informação sigilosa e da informação pessoal, observada a sua disponibilidade, autenticidade, integridade e eventual restrição de acesso.

Antes mesmo do advento da LGPD foram encontrados precedentes jurisprudenciais de tribunais regionais federais no sentido de que o endereço residencial do servidor público ou o seu nome divulgado junto ao dado sobre o seu salário, constitui um dado pessoal e pode, conforme o caso, eventualmente estar sujeito ao manto da tutela do segredo (privacidade) ao invés de sujeito à transparência preconizada, de modo geral,

do Consumidor aos bancos de dados de proteção ao crédito. In: **Revista de Direito do Consumidor**. São Paulo: RT, v.42, p.151-172, abr.-jun., 2002, p.167.

O DIREITO À PRIVACIDADE E À PROTEÇÃO DOS DADOS DO CONSUMIDOR

pela Lei nº 12.527/2011. Para entender melhor esta afirmação, necessário analisar os arts. 31 e 32 da Lei:

> Art. 31 – O tratamento das informações pessoais deve ser feito de forma transparente e com respeito à intimidade, vida privada, honra e imagem das pessoas, bem como às liberdades e garantias individuais.
> § 1º– As informações pessoais, a que se refere este artigo, relativas à intimidade, vida privada, honra e imagem: [...]
> Art. 32 – Constituem condutas ilícitas que ensejam responsabilidade do agente público ou militar:
> I – [...]
> IV – divulgar ou permitir a divulgação ou acessar ou permitir acesso indevido à informação sigilosa ou informação pessoal;

Abaixo, trecho de decisão que aplicou o art. 31, da Lei nº 12.527/11, para restringir a divulgação de endereço residencial de uma pessoa. Entendeu-se que a divulgação do endereço residencial de servidor público, pela administração, não seria possível por fugir ao escopo da Lei de Acesso à Informação. Abaixo, a transcrição parcial da decisão:

> [...] o tratamento das informações pessoais deve ser feito de forma transparente e com respeito à intimidade, vida privada, honra e imagem das pessoas, bem como às liberdades e garantias individuais [...] bem como terão seu acesso restrito, independentemente de classificação de sigilo. 3. A despeito das exceções previstas na Lei nº 12.527/11, o pedido de fornecimento dos endereços pessoais dos servidores, não se adequa a nenhuma das hipóteses legais, razão pela qual não há que se falar em direito líquido e certo a ser amparado na via eleita. [239]

Outra decisão que aplicou o art. 31, da Lei nº 12.527/11, para restringir a divulgação de nome tratava de uma discussão sobre a identificação do nome do servidor ao valor de sua remuneração, esta última, disponível no *site* da administração.[240]

---

[239] BRASIL. Tribunal Regional Federal 2 – Apelação/Reexame necessário Reex 201151030006267 (TRF-2).
[240] BRASIL. Tribunal Regional Federal da 4ª Região AI nº 5012555-92.2012.404.0000.

CONTEXTO ATUAL E ANÁLISE DAS NORMAS ORDINÁRIAS. ELAS SEGUEM A REFERÊNCIA...

Conforme desenvolvido no capítulo 3, a Lei de Acesso à Informação corrobora para o regramento dos arquivos com dados do consumidor, ou seja, quando houver prestação de serviço sujeita ao art. 22 do CDC. Além disso, funciona como um reforço da tutela da privacidade, no caso dos seus arts. 6º, 31 e 32 expressamente mencionados nesta pesquisa.

No entanto, a lei não contribuiu para oferecer uma proteção mais robusta dos dados do consumidor além das informações creditícias, posto que sua finalidade precípua não era esta, mas antes, dar transparência à população dos atos e dos dados da administração pública, conforme dispõe o seu art. 8º:

> Art. 8º – É dever dos órgãos e entidades públicas promover, independentemente de requerimentos, a divulgação em local de fácil acesso, no âmbito de suas competências, de informações de interesse coletivo ou geral por eles produzidas ou custodiadas. [...]
>
> § 2º – Para cumprimento do disposto no *caput*, os órgãos e entidades públicas deverão utilizar todos os meios e instrumentos legítimos de que dispuserem, sendo obrigatória a divulgação em sítios oficiais da rede mundial de computadores (internet).
>
> § 3º – Os sítios de que trata o §2º deverão, na forma de regulamento, atender, entre outros, aos seguintes requisitos:
>
> I – conter ferramenta de pesquisa de conteúdo que permita o acesso à informação de forma objetiva, transparente, clara e em linguagem de fácil compreensão;
>
> II – possibilitar a gravação de relatórios em diversos formatos eletrônicos, inclusive abertos e não proprietários, tais como planilhas e texto, de modo a facilitar a análise das informações;
>
> III – possibilitar o acesso automatizado por sistemas externos em formatos abertos, estruturados e legíveis por máquina; [...]
>
> V – garantir a autenticidade e a integridade das informações disponíveis para acesso;

Nota-se que a lei facilita a organização de dados por terceiros a partir de buscas em seu *site*. Ora, com os avanços tecnológicos próprios da sociedade da informação, o que se tem verificado é que *sites* públicos

O DIREITO À PRIVACIDADE E À PROTEÇÃO DOS DADOS DO CONSUMIDOR

como o da Receita Federal, das Juntas Comerciais dos Estados ou dos Departamentos de Trânsito (Detran) têm hoje uma dupla finalidade.

A primeira delas consiste em prestar um importante serviço público ao cidadão que pode melhor monitorar os seus dados e também "fiscalizar" a própria administração em relação, por exemplo, à assinatura de contratos, o que poderá contribuir para reduzir a corrupção.

A segunda delas, indiretamente, serve como local de busca de informações a respeito dos consumidores, por alguns fornecedores, com inúmeras finalidades, a começar pela correção de uma informação imprecisa do banco de dados do fornecedor. Como exemplo de finalidades diversas, pode-se mencionar a coleta de mais dados sobre o consumidor visando entender melhor o seu perfil (sexo, idade, se possui veículo, etc.). Este ponto requer atenção da administração pública, em especial, quanto à redação dos termos de uso do *site* para reduzir o potencial risco à lesão da privacidade do consumidor.

Em resposta à pergunta realizada no título do capítulo 4, no que tange à Lei nº 12.527/2011, está alinhada com a referência constitucional de transparência de dados públicos, prevista no art. 5º, XXXIII, e enseja uma melhor prestação de alguns serviços ao consumidor pela administração, haja vista o fato de oferecer mais informações ao usuário.

Contudo, não obstante possua dispositivos sobre privacidade de dados, a transparência almejada, pode não estar tão alinhada com a tutela objeto do art. 5º, X, XXXII e LXXIX.

Considerando que os direitos mencionados (incisos XXXII e XXXIII) são ligados ao exercício da cidadania e que a corrupção é um mal que a transparência ajuda a combater, a Lei nº 12.527/2011, no conjunto do ordenamento jurídico, vai bem. Requer, pelas razões expostas, contudo, uma atenção da administração para a boa observância também da tutela do consumidor no que tange ao seu direito à privacidade, o que restou mais claro com a LGPD.

A LGPD tem um Capítulo específico sobre o tratamento de dados pelo Poder Público. Seu art. 23 menciona a LAI.[241]

---

[241] "Art. 23. O tratamento de dados pessoais pelas pessoas jurídicas de direito público referidas no parágrafo único do art. 1º da Lei nº 12.527, de 18 de novembro de 2011 (Lei de Acesso à Informação) , deverá ser realizado para o atendimento de sua finalidade pública,

CONTEXTO ATUAL E ANÁLISE DAS NORMAS ORDINÁRIAS. ELAS SEGUEM A REFERÊNCIA...

4.6 Leis estaduais ou municipais apelidadas de "Leis do Não Perturbe"

Em apertada síntese pode-se afirmar que os consumidores dos estados ou municípios que possuem essas leis e tenham número de telefone (fixo ou móvel), em seu nome, e cadastro junto ao órgão de defesa do consumidor local para o bloqueio do recebimento de ligações de empresas de *telemarketing*, não deverão ser contatados pelos fornecedores por esta via.

Como regra geral, pode-se dizer que há um lapso entre o ato do bloqueio e o momento em que ele passa a vigorar. Este interregno costuma ser de 30 dias, contados a partir do cadastro pelo consumidor de seu número de telefone no Procon local. Em Natal este prazo é maior (120 dias).

Como mecanismo de fiscalização adotou-se uma espécie de "auto-tutela". O desrespeito da empresa de *telemarketing* ao bloqueio pode ser denunciado pelo próprio consumidor, que não autorizou este tipo de ligação. A pena, em geral, será uma sanção administrativa, com amparo no CDC (art. 56). Em algumas localidades, como no Mato Grosso do Sul, o legislador local chegou ao detalhamento de disciplinar a multa, definindo-a em até 400 (quatrocentas) Unidades Fiscais Estaduais de Referência de Mato Grosso do Sul (UFERMS) por ligação indevida.

Ademais, algumas destas normas locais trazem um conceito de *telemarketing*: uma modalidade de oferta ou publicidade, comercial ou institucional, de produtos ou serviços, por meio de ligações telefônicas. A norma do Estado de São Paulo, em atualização recente, pormenorizou e ampliou o conceito para prever o seu âmbito e espectro territorial de aplicação.

Trata-se, sem dúvida, de um dever negativo do fornecedor, que deverá abster-se de perturbar o consumidor com ligações indevidas e indesejadas cujo objetivo seja realizar *telemarketing*.

---

na persecução do interesse público, com o objetivo de executar as competências legais ou cumprir as atribuições legais do serviço público, desde que: (...)". A auora desta tese teve oportunidade de escrever sobre este tema no seguinte artigo escritor em coautoria com André Castro Carvalho e José Maurício Conti. APLICAÇÃO DA LGPD AO SETOR PÚBLICO: ASPECTOS RELEVANTES in **Lei Geral de Proteção de Dados Pessoais, Ensaios e Controvérsias da Lei 13709/2018**, publicação Organizada por Gustavo Monaco e outros, Quartier Latin, 2020, p. 109 a 123.

Em muitas das normas examinadas está previsto, ainda, que o consumidor, ao requerer o bloqueio, receba uma senha, que poderá ser utilizada futuramente para desbloquear o telefone, se mudar de ideia. Portanto, ele ou o terceiro para o qual eventualmente vier a transferir a linha, uma vez conhecida a senha, poderá, a qualquer momento, requerer o seu desbloqueio e autorizar o recebimento das ligações.

Conclui-se que o serviço público de bloqueio funciona da seguinte maneira: qualquer consumidor pode realizar um cadastro no Procon para deixar de receber ligações de empresas oferecendo produtos e serviços, desde que seja o titular da linha. O fornecedor, a fim de cumprir a lei, deverá consultar o cadastro do Procon do Estado ou do Município para checar se há ou não restrição para ligar a um determinado consumidor. Essa consulta, na maior parte dos textos legais, é realizada *online*.

As "Leis do Não Perturbe" que já vigiam, quando da redação original desta tese[242] eram as dos Estados indicados abaixo, em ordem alfabética:

– Alagoas (Lei nº 7.127/09),
– Espírito Santo (Lei nº 9.176/09, conhecida, neste Estado, como "Lei Bloqueio Telemarketing – Não Importune", alterada pela Lei nº 9.274/09)[243],
– Mato Grosso do Sul (Lei nº 3.641/09, atualizada pela Lei nº 5.319 de 07/01/2019)
– Paraíba (Lei nº 8.841/09),
– Paraná (Lei nº 16.135/09, atualizada pela Lei nº 16.753/2010),
– Rio Grande do Sul (Lei nº 13.249/09, atualizada pela Lei nº 15.689 de 30/08/2021);

São Paulo (Lei nº 13.226/08, atualizada pela Lei nº 17.334 de 09/03/2021) [244]

---

[242] Informação de 01 dez.2013. Pode ser que após esta data novas leis estaduais tenham sido criadas. Na segunda edição desta obra a revisão teve por foco rever as leis que já haviam sido mencionadas e as atualizou, quando foi necessário.

[243] O Decreto Estadual nº 2.462-R, de 12.02.2010, regulamentou a lei.

[244] O Decreto Estadual nº 53.921, de 30.12.2008, regulamenta o cadastro para o bloqueio do recebimento de ligações de telemarketing, instituído pela Lei nº13.226, de 7.10.2008.

CONTEXTO ATUAL E ANÁLISE DAS NORMAS ORDINÁRIAS. ELAS SEGUEM A REFERÊNCIA...

Alguns municípios também já tomaram esta iniciativa, como Natal, no Rio Grande do Norte, com a Lei Municipal nº 6.260/2011. Em linhas gerais, pode-se afirmar que as características comuns a boa parte destas normas são:

(I)   tipo de telefone ou serviço que pode ser objeto do bloqueio (ex. telefones móveis e/ou telefones fixos);
(II) prazo de bloqueio;
(III) vedação à oferta de produtos e serviços; e
(IV) tipos de ligações permitidas, ou excepcionadas, mesmo com o bloqueio (ex. instituições filantrópicas e hospitais; fornecedores que obtiveram autorização prévia do consumidor ou que tenham com ele operação econômica em andamento e ligações relativas às pesquisas de opinião. Cobrança de débitos poderá ocorrer observando-se o CDC. Em algumas localidades, como no caso do Mato Grosso do Sul, também resta excepcionada a ligação por órgãos governamentais ou organizações políticas). Talvez isso ocorra porque este estado instituiu uma multa significativa de R$ 10 mil em caso de desrespeito ao bloqueio.

Cabe indagar como está a eficácia destas leis estaduais. A exemplo do Estado de São Paulo, precursor na prestação deste serviço de bloqueio a ligações de *telemarketing*, segundo notícia divulgada pela internet, tem-se que:

De acordo com o art. 3º deste Decreto: "Art. 3º – O titular de linha telefônica que não deseje receber ligações de telemarketing poderá inscrever o respectivo número no cadastro a que alude o art. 1º, observado o disposto neste decreto.
§ 1º – A partir do 30º (trigésimo) dia da inscrição mencionada no "caput", as empresas de telemarketing, os estabelecimentos que se utilizarem desse serviço ou as pessoas físicas contratadas com tal propósito não poderão efetuar ligações telefônicas direcionadas ao correspondente número, salvo se comprovarem a existência de prévia autorização do titular da linha; § 2º – A autorização a que se refere o parágrafo anterior deverá ser escrita e individualizada, com prazo definido, observado o modelo a ser disponibilizado pelo Procon/SP, cumprindo à empresa, estabelecimento ou pessoa física favorecida custodiar o documento durante sua vigência."

Criada em 2009 no Estado de São Paulo, a lei de bloqueio de telemarketing completa três anos com uma novidade nada agradável: o descumprimento da regra explodiu em 2012 e já se reflete no número de reclamações. De janeiro a outubro deste ano, as queixas cresceram 77% em relação ao mesmo período do ano passado e somam 5.683, segundo o Procon-SP.

'O bloqueio de telemarketing tem de ser objeto de constante monitoramento', afirma Paulo Arthur Góes, diretor-executivo do Procon-SP. Mesmo assim, o órgão considera que o saldo da iniciativa é positivo. *'Ainda é um número pequeno de reclamações perto do total de linhas.'*
Atualmente, há 522,2 mil consumidores e 923,9 mil linhas telefônicas cadastradas em São Paulo. Isso ocorre porque o Procon permite que as pessoas cadastrem mais de uma linha, desde que a mesma esteja em seu nome.
Os números são tímidos perto do total de linhas do Estado: 65 milhões de celulares e 16 milhões de telefones fixos.[245]

Notícias como estas contribuem para uma segunda reflexão, indicada abaixo (direito ao sossego) que não é objeto desta pesquisa, ainda que corrobore à resposta de sua pergunta principal, qual seja: a legislação ordinária ou a que vem sendo adotada para o caso está alinhada com o referencial constitucional do respeito ao direito à privacidade e com a proteção do consumidor do CDC?
Vale lembrar que o consumidor tem direito ao sossego. Conforme já manifestado por esta pesquisadora em um estudo sobre o direito de vizinhança, o ruído que perturba o vizinho pode inclusive ter natureza de direito difuso: "[...] o tema específico da tutela do direito ao sossego pode ter ao mesmo tempo um viés civilista, ligado ao direito individual, e um viés coletivo, ligado aos interesses difusos."[246]
Não se está aqui afirmando que a ligação indesejada se equipare ao ruído que prejudica aos moradores de uma determinada região, mas a

---

[245] Passarelli, Hugo. Disponível em: http://infograficos.estadao.com.br/public/leisdoconsumo/Bloqueio_de_telemarketing.html Acesso em: 15 jun. 2022.
[246] Blum, Rita Peixoto Ferreira. O Direito de vizinhança e sua correlação com os interesses difusos e coletivos. **Revista de Direito Imobiliário**, nº 70, jan./jun.2011, São Paulo: RT. (Coordenação do Instituto de Registro Imobiliário do Brasil) (www.irib.org.br), p.232.

CONTEXTO ATUAL E ANÁLISE DAS NORMAS ORDINÁRIAS. ELAS SEGUEM A REFERÊNCIA...

reflexão deve ser feita ao se considerar que o horário e o local (ex. telefone residencial) das ligações podem, sim, interferir no direito ao sossego de cada indivíduo.

Neste sentido caminhou bem o Estado do Paraná ao prever em sua lei que, além da possibilidade do bloqueio pelo consumidor, as empresas de *telemarketing*, como regra geral, não poderão contatar o cliente fora do horário comercial. A norma em comento especifica o que vem a ser isso: das 8h às 18h, de segunda a sexta-feira, e das 8h às 13h, aos sábados[247]. Andou bem o legislador paranaense nesta previsão, pois contribuiu para dar efetividade à tutela do direito ao sossego, ou, em italiano, ao *diritto allá riservatezza*.

Em junho de 2022 a Agência Nacional de Telecomunicações – ANATEL criou regra que, uma vez transcorrido o seu tempo de "vacância", terá o condão de coibir ligações realizadas essencialmente com uso de robôs. A norma também prevê sanções específicas para aquelas empresas que realizam chamadas que são desligadas em até 03 segundos após o consumidor atender. Além destas medidas, a Agência já obrigava desde março de 2022 que operadoras de telefone móvel viabilizem a identificação de chamadas de televenda com o prefixo 0303.[248]

Caminhando para a resposta à pergunta vale mencionar que o CDC apresenta as previsões abaixo cujo teor é observado e, de certa forma, ampliado em referidas normas:

a) coibição e repressão eficientes de todos os abusos praticados no mercado de consumo (art. 4º, VI, do CDC);
b) previsão de, na cobrança de débitos, o consumidor inadimplente não ser exposto ao ridículo nem submetido a qualquer tipo de constrangimento ou ameaça (art. 42 do CDC).

Diante do exposto, em resposta à pergunta sobre se as normas ordinárias seguem a referência constitucional de privacidade, proteção de

---

[247] Esta regra do horário foi acrescentada à lei do Paraná pela Lei nº 16.753/2010.
[248] Conforme notícia do portal G1 de 03.06.2022 https://g1.globo.com/economia/noticia/2022/06/03/anatel-vai-punir-telemarketing-que-usar-robos-para-fazer-mais-de-100--mil-chamadas-por-dia.ghtmlting-abusivo.ghtml Último acesso em 04.06.2022

dados, e de tutela do direito do consumidor, pode-se afirmar, preliminarmente, que seguem. Estas leis contribuem à tutela do consumidor; resta saber, contudo, se estão sendo eficazes.

4.7 Outros normativos de interesse ao tema do tratamento de dados pessoais

Em sua vida profissional, esta pesquisadora se deparou com artigos de leis ou resoluções que mostraram como, aos poucos, vinha amadurecendo a preocupação do brasileiro com a proteção dos seus dados e da sua privacidade. Estas normas foram encontradas em diferentes setores de prestação de serviços como, por exemplo, o de telefonia e o de seguros *online*. São áreas que, por se valerem de alta tecnologia, aumentam a possibilidade de coleta e armazenamento informatizado de dados cadastrais do consumidor.

Nas normas estudadas neste tópico 4.7. foram mencionados artigos específicos que espelharam a preocupação do legislador com a privacidade.

4.7.1 Lei Geral de Telecomunicações e os dados agregados

No final da década de 1990 no Brasil, o governo federal começou a construir as bases para a privatização do setor de prestação de serviços de telecomunicações. Com isso, houve uma grande reforma no arcabouço legal aplicável a este segmento da economia. Foi neste ambiente que surgiu a Lei nº 9.472, de 16.07.1996, conhecida como Lei Geral das Telecomunicações (LGT). Esta norma dispõe, essencialmente, sobre a organização dos serviços de telecomunicações, a criação e o funcionamento de um órgão regulador.

Neste modelo de negócio, o poder legislativo federal estabelece as principais leis aplicáveis às telecomunicações e o seu órgão regulador, a Agência Nacional das Telecomunicações (Anatel) que cuida e administra de forma independente (com orçamento próprio e sem subordinação hierárquica a outro órgão de governo) da parte de: (a) regulação do setor, por meio da edição de normas técnicas e operacionais; (b) da outorga de concessões/ /autorizações necessárias às prestadoras de serviços de telefonia e aos fabricantes de dispositivos usados na prestação do serviço; e (c) da fiscalização da observância, pelas prestadoras de serviços de telefonia, das regras a elas aplicáveis.

CONTEXTO ATUAL E ANÁLISE DAS NORMAS ORDINÁRIAS. ELAS SEGUEM A REFERÊNCIA...

Apesar da LGT ter sido promulgada há mais de 26 anos, já naquela época o legislador estava atento não só à matéria da privacidade das ligações telefônicas, que guarda amparo no art. 5º, XII da CF, mas, também, ao tema que interessa à presente tese: a privacidade de certos dados (art. 5º, X, da CF) que, se revelados, poderão identificar os usuários dos serviços de telecomunicações e, por consequência, causar-lhes um problema no âmbito de sua privacidade. O legislador fez, então, constar na LGT o seguinte dispositivo:

> Art. 72 – Apenas na execução de sua atividade, a prestadora poderá valer-se de informações relativas à utilização individual do serviço pelo usuário.
> §1º – A divulgação das informações individuais dependerá da anuência expressa e específica do usuário.
> §2º – A prestadora poderá divulgar a terceiros informações agregadas sobre o uso de seus serviços, desde que elas não permitam a identificação, direta ou indireta, do usuário, ou a violação de sua intimidade.

O §1º do artigo em comento é explícito ao obrigar a prestadora (fornecedor) a obter uma anuência prévia e específica do consumidor para divulgar informações que lhe digam respeito.

A esta pesquisadora chama especial atenção, contudo, o disposto no §2º pois, salvo melhor juízo, é um dos poucos do ordenamento que trata do uso de informações "agregadas" por fornecedores.

Informações agregadas são basicamente aquelas que, para serem obtidas, partem de dados individuais que, após a organização por categorias e por meio de combinações e categorias, permitem ao fornecedor chegar a uma "massa de dados" útil para decidir sobre estratégias (por ex. *marketing* para uma área da cidade ou de lojas) sem afetar a privacidade do indivíduo. Isto, porque, os dados do indivíduo, apesar de terem sido usados na formação dos dados agregados, não constam da massa de dados com elementos que permitam identificá-lo em particular. Dados estatísticos também se enquadrariam nesta categoria.

Uma vez abordada a proteção de dados dos consumidores na LGT, passa-se ao estudo de uma norma, que disciplina o pagamento por meio do telefone celular: a Lei nº 12.865, de 09.10.2013.

O DIREITO À PRIVACIDADE E À PROTEÇÃO DOS DADOS DO CONSUMIDOR

4.7.2 A Lei que dispõe acerca de pagamentos via telefone celular

Com o intuito de elevar o "índice de bancarização" da população brasileira[249] (inclusão financeira), em especial, de cidadãos moradores de cidades pequenas sem caixas eletrônicos ou agências bancárias, o governo federal publicou a Lei nº 12.865/2013, que, além de outros dois assuntos[250], regularizou as transações bancárias, principalmente o pagamento de contas pelo celular, por meio do sistema *mobile payment*. Após a promulgação da lei foram emitidas normas pelo Banco Central do Brasil (Bacen) sobre detalhes operacionais, como a sinergia de certas previsões da nova lei com as regras do sistema de pagamentos atualmente em vigor no país.

A Lei nº 12.865/2013 foi trazida a esta tese porque, assim como a LGT, traz um dispositivo (art.7º, IV) a respeito da proteção dos dados pessoais daquele que se valer do serviço de pagamento móvel:

> Art. 7º – Os arranjos de pagamento e as instituições de pagamento[251] observarão os seguintes princípios, conforme parâmetros a serem estabelecidos pelo Banco Central do Brasil observadas as diretrizes do Conselho Monetário Nacional: [...]
> IV – atendimento às necessidades dos usuários finais, em especial liberdade de escolha, segurança, **proteção de dados pessoais**, transparência e acesso a informações claras e completas sobre as condições de prestação de serviços; (Grifo meu).

Esta previsão reafirma a preocupação do legislador em relação às leis que envolverem a disciplina de serviço no qual há uso de tecnologia na

---

[249] O Secretário das Telecomunicações, Maximiliano Martinhão, em reportagem sobre telecomunicações, mencionou: "o baixo índice de bancarização da população brasileira como uma preocupação do ministro das Comunicações Paulo Bernardo, que poderia ser resolvido pelos avanços das telecomunicações. Segundo ele, entre as classes A e B, 30% recebem salário em dinheiro. Na classe C este índice é de 60% e nas classes D e E, de 80%." Disponível em: <http://telesintese.com.br/index.php/plantao/21060-mp-para-pagamento-movel-ja-esta-na-casa-civil>. Acesso em: 29 mai. 2013.

[250] Os arts. 6º a 15 da lei em comento são os que tratam de pagamentos móveis.

[251] "Arranjo de pagamento" e "instituição de pagamento" são expressões cujos conceitos constam, respectivamente, dos incisos I e III do art. 6º, da Lei nº 12.865/2013.

coleta e no armazenamento informatizado de dados cadastrais do consumidor. Elas deverão conter, na medida do possível, um dispositivo específico atinente à privacidade ou a proteção de dados do consumidor.

Outro exemplo é a Resolução CNSP nº 294/2013, a ser analisada a seguir.

4.7.3 A Resolução CNSP nº 294/2013 da Susep que dispõe sobre a utilização de meio remoto nas operações relacionadas aos planos de seguro

A Resolução CNSP nº 294 de 06.09.13, da Superintendência de Seguros Privados (Susep), dispõe sobre a utilização de meios remotos nas operações relacionadas aos planos de seguro e à previdência complementar aberta.

Ela define meios remotos como aqueles que permitem a troca ou o acesso a informações ou todo tipo de transferência de dados por meio de redes de comunicação que envolvam o uso de tecnologias como, por exemplo, a internet, a telefonia e os sistemas de comunicação por satélite.[252]

Em linhas gerais, as regras desta Resolução são aplicáveis a certas sociedades seguradoras, autorizadas pela Susep, ao proponente (futuro segurado), aos corretores que intermediam a venda de seguros e ao contratante do serviço de seguro.

Para esta tese, vale destacar a regra do art.18: "Os dados cadastrais dos proponentes e contratantes não poderão ser objeto de cessão a terceiros, ainda que a título gratuito, e a sua utilização ficará restrita aos fins contratuais".

Por proponente, entende-se: "art. 2º [...] IV – Proponente: pessoa física ou jurídica interessada em contratar ou aderir a plano de seguro ou plano de previdência complementar aberta, preenchendo e assinando (eletronicamente) uma proposta".

Andou bem o legislador neste caso ao restringir a transferência, posto que os dados fornecidos às seguradoras muitas vezes se enquadram na categoria "sensíveis", pois podem incluir informações relacionadas à

---

[252] Este conceito está previsto no art.2º, I, da Resolução CNSP nº 294/2013.

saúde ou dados genéticos; todos dados sensíveis e que requerem uma tutela maior para evitar discriminações.

Importante mencionar que a LGPD, em modificação que sofreu em 2019, trata também desde tema do compartilhamento de dados sensíveis referentes à saúde, estabelecendo que:

> Art. 11. O tratamento de dados pessoais sensíveis somente poderá ocorrer nas seguintes hipóteses: (...)
>
> § 4º É vedada a comunicação ou o uso compartilhado entre controladores de dados pessoais sensíveis referentes à saúde com objetivo de obter vantagem econômica, exceto nas hipóteses relativas a prestação de serviços de saúde, de assistência farmacêutica e de assistência à saúde, desde que observado o § 5º deste artigo, incluídos os serviços auxiliares de diagnose e terapia, em benefício dos interesses dos titulares de dados, e para permitir:
>
> I – a portabilidade de dados quando solicitada pelo titular; ou
>
> II – as transações financeiras e administrativas resultantes do uso e da prestação dos serviços de que trata este parágrafo.
>
> § 5º É vedado às operadoras de planos privados de assistência à saúde o tratamento de dados de saúde para a prática de seleção de riscos na contratação de qualquer modalidade, assim como na contratação e exclusão de beneficiários.(Redação final fruto da Lei nº 13.853, de 2019).

Nas três normas objeto dos itens 4.7.1 a 4.7.3 (todas ligadas a setores envolvendo emprego de tecnologia e possibilidade de coleta e armazenamento informatizado de dados do consumidor) há artigo específico que já espelhava a preocupação do legislador com a privacidade da pessoa e, portanto, atualmente junto com a LGPD, constituem ferramentas positivas à proteção do direito à privacidade e à proteção de dados pessoais previstos na CF.

Cumpre mencionar que ao final da LGPD consta disposição segundo a qual: " Art. 64. Os direitos e princípios expressos nesta Lei não excluem outros previstos no ordenamento jurídico pátrio relacionados à matéria ou nos tratados internacionais em que a República Federativa do Brasil seja parte."

4.8 Lei do Cadastro Positivo (Lei nº 12.414 de 09.06.2011 – modificada pela Lei Complementar nº 166 de 2019)

A Lei nº 12.414/2011 visa disciplinar a utilização de informações positivas sobre o "histórico de crédito"[253] da pessoa, ou seja, trata do armazenamento e do possível compartilhamento de dado de comportamento referente ao adimplemento do tomador de crédito. Do art. 3º, *caput*, consta: "Os bancos de dados poderão conter informações de adimplemento do cadastrado, para a formação do histórico de crédito, nas condições estabelecidas nesta Lei."

A motivação para o surgimento deste diploma legal, conforme as razões expostas no projeto de lei que precedeu a sua publicação, era reduzir a assimetria de informações junto à entidade que concede o crédito. Faltava-lhe eventual histórico referente às transações comerciais pretéritas de pessoas naturais ou de empresas, candidatos a um novo empréstimo. Segundo estas razões, indiretamente, também haveria um favorecimento aos tomadores do crédito que tivessem um bom histórico de crédito. Em tese, com o cadastro positivo, as pessoas cadastradas com um bom histórico teriam juros mais baixos, posto que seria possível diferenciá-las nitidamente em relação aos "maus pagadores".[254]

Em suma, esta norma reconhece, como valor jurídico, que o tratamento organizado de informações positivas da pessoa, como boa pagadora, pode melhorar a avaliação sobre o seu potencial de novamente ser adimplente, de modo a que, entidades de concessão de crédito estariam propensas a, em face de seu histórico positivo (passado ou em curso), reduzir as taxas de juros aplicáveis a ele, caso necessite de um novo empréstimo.

Com relação aos efeitos desta lei, no que tange à proteção dos dados do consumidor, destaca-se inicialmente que a norma se aplica não apenas às relações de consumo, conforme o seu art. 17. Ademais, por cadastrado

---

[253] "Histórico de crédito" é um conceito da Lei nº 12.414/2011, art. 2º, VII, que significa "conjunto de dados financeiros e de pagamentos relativos às operações de crédito e obrigações de pagamento adimplidas ou em andamento por pessoa natural ou jurídica".

[254] Para o histórico da norma em comento, ver: Bessa, Leonardo Roscoe. **Cadastro Positivo** – Comentários à Lei nº 12.414, de 09.06.2011., São Paulo: RT, 2011, p.40 e seguintes.

entende-se "cadastrado: pessoa natural ou jurídica cujas informações tenham sido incluídas em banco de dados;"[255] (art.2º, inc. III).

Feito este esclarecimento, dentre os pontos da lei interessantes ao tema da privacidade de dados de consumidores, merece atenção os seguintes:

– Pela atual redação do inciso III acima transcrito, e do art. 4º não há mais necessidade de a pessoa cadastrada autorizar previamente a inclusão de seus dados (art. 2º, inc. III e art. 4º). Abaixo foi transcrito este outro artigo, conforme alteração promovida em 2019.

Art. 4º O gestor está autorizado, nas condições estabelecidas nesta Lei, a:

I – abrir cadastro em banco de dados com informações de adimplemento de pessoas naturais e jurídicas;

II – fazer anotações no cadastro de que trata o inciso I do caput deste artigo;

III – compartilhar as informações cadastrais e de adimplemento armazenadas com outros bancos de dados; e

IV – disponibilizar a consulentes:

a) a nota ou pontuação de crédito elaborada com base nas informações de adimplemento armazenadas; e

b) o histórico de crédito, mediante prévia autorização específica do cadastrado.

– O cadastrado pode requerer, posteriormente, o cancelamento do cadastro que ocorreu de forma compulsória, nos termos acima. Sobre este direito e outros similares ver art. 5º, inc. I da Lei do Cadastro Positivo;

– Da Lei nº 12.414/2013, art. 3º, § 1º, consta a preocupação com a exatidão do dado e com o fato de a sua coleta ocorrer de maneira proporcional à sua necessidade: "Para a formação do banco de dados, somente poderão ser armazenadas informações objetivas, claras, verdadeiras e de fácil compreensão, que sejam necessárias para avaliar a situação econômica do cadastrado";

– O art. 3º, §3º veda anotações sobre dado sensível (conceito comentado no capítulo 3) e sobre informações excessivas, assim consideradas:

---

[255] Redação dada pela Lei Complementar nº 166 de 2019.

CONTEXTO ATUAL E ANÁLISE DAS NORMAS ORDINÁRIAS. ELAS SEGUEM A REFERÊNCIA...

"[...] aquelas que não estiverem vinculadas à análise de risco de crédito ao consumidor." O teor deste parágrafo é reforçado pelos arts. 5º, VII e 7ºA da norma, os quais enfatizam a importância dos dados serem utilizados para a finalidade para a qual foram coletados. As restrições aos dados sensíveis, presente no art. 7ºA – I, encontram, ainda, amparo na seção da LGPD que regula o tratamento de dados sensíveis[256].

Em particular, a preocupação em relação à vedação às informações excessivas está, ainda, alinhada com alguns princípios reconhecidos pela doutrina brasileira mesmo antes da LGPD, mais recentemente consignados pelo legislador na referida norma, e já consagrados pela União Europeia (UE) para a formação de bancos de dados lícitos. Dentre eles, estão: (I) finalidade, (II) proporcionalidade e (III) necessidade[257], os quais serão abordados no capítulo 5 desta obra junto a outros princípios.

Além do direito do cadastrado poder requerer, posteriormente, o cancelamento do cadastro positivo a seu respeito, a Lei nº 12.414/13 prevê uma série de outros direitos aos cadastrados, alguns semelhantes aos que decorrem do art. 43 do CDC e, mais recentemente, do art. 18 da LGPD, como o direito ao acesso ao dado e o de requerer a sua retificação, em caso de incorreção. O primeiro deles (de acesso) também encontra amparo no princípio do livre acesso e no princípio da qualidade dos dados[258].

No que tange ao compartilhamento de dados cadastrados com outros gestores de bancos de dados, é possível, na forma do inciso III, do art. 4º transcrito acima. Ademais, compartilhamentos devem ser previamente informados. Por gestor entende-se "pessoa jurídica que atenda aos requisitos mínimos de funcionamento previstos nesta Lei e em regulamentação complementar, responsável pela administração de banco de dados, bem como pela coleta, pelo armazenamento, pela análise e pelo acesso de terceiros aos dados armazenados" (art. 2º, II).

---

[256] Capítulo II, Seção II da LGPD.

[257] Objeto respectivamente dos incisos I (princípio da *finalidade*) e no III (princípio da *necessidade* o qual limita o tratamento ao mínimo necessário para realização de suas finalidades, com abrangência dos dados pertinentes, proporcionais e não excessivos em relação à finalidade de tratamento de dados) do art. 6º da LGPD.

[258] O primeiro princípio aqui mencionado consta expressamente do inciso IV e o segundo princípio do inciso V, ambos do art. 6º, da LGPD.

Se por um lado a Lei dos Cadastro Positivo lá em 2011 contribuiu complementando o ordenamento jurídico com conceitos como o de *dado sensível* e, *informação excessiva*, de forma alinhada com os princípios da histórica Diretiva 96/45/CE, como demostrado acima, ela trouxe, ao ser modificada em 2019 alteração no sentido de que a criação a adesão ao cadastro independe de autorização prévia e expressa do usuário. O consumidor será automaticamente incluído no cadastro e, caso deseje, deve pedir para ser excluído. Sendo necessário, de todo modo, que o consumidor (ainda não cadastrado), seja previamente comunicado da abertura do cadastro. A alteração trouxe uma outra referência: a de uso sem consentimento prévio. E, para esta legislação de crédito estar alinhada com a LGPD, foi inserido nesta última o inc. X no art. 7º, segundo o qual: "O tratamento de dados pessoais somente poderá ser realizado nas seguintes hipóteses: (...) X – para proteção ao crédito, inclusive quanto ao disposto na legislação pertinente."

Antes de concluir este tópico, apesar de fugir ao escopo desta pesquisa, cabe registrar um ponto de reflexão sobre a Lei nº 12.414/11. Será que ao contribuir para conceder mais crédito, ela pode ter um viés negativo no que tange a reforçar o problema de superendividamento do consumidor?[259] Este problema foi objeto da recente Lei do Superendividamento, Lei nº 14.181, de 1º de julho de 2021. Ela alterou o Código de Defesa do Consumidor e a Lei nº 10.741 de 1º de outubro de 2003 (Estatuto do Idoso), para aperfeiçoar a disciplina do crédito ao consumidor e dispor sobre a prevenção e o tratamento do superendividamento.

4.9 Consequências da comercialização de dados do consumidor de maneira indevida

A comercialização indevida dos dados do consumidor ensejará a abertura de um novo cadastro, por empresa terceira, que certamente não irá comunicá-lo. Neste caso, estará sendo cometida uma infração, segundo o art.13, XIII, do Decreto 2.181/1997, que regulamenta o CDC:

---

[259] A respeito do tema, ver: Antonio Carlos Morato, "O cadastro positivo de consumidores e seu impacto nas relações de consumo". **Revista de Direito Bancário do Mercado de Capitais e da Arbitragem**, v.53, 2011, p.20-24.

CONTEXTO ATUAL E ANÁLISE DAS NORMAS ORDINÁRIAS. ELAS SEGUEM A REFERÊNCIA...

Art. 13 – Serão consideradas, ainda, práticas infrativas, na forma dos dispositivos da Lei nº 8.078, de 1990: [...] XIIII – deixar de comunicar, por escrito, ao consumidor a abertura de cadastro, ficha, registro de dados pessoais e de consumo, quando não solicitada por ele;

Este dispositivo encontra amparo no art. 56 do *Codex* segundo o qual a infração de normas de defesa do consumidor fica sujeita a sanções administrativas. O art. 13, X a XII[260] do Decreto elencam ainda outras práticas infrativas, relacionadas, particularmente, aos arquivos de consumo. A sanção administrativa pode ser aplicada sem prejuízo da de natureza civil.[261]

Na esfera civil, se antes do advento da LGPD a comercialização indevida podia ensejar questionamento sobre enriquecimento sem causa pelo fornecedor, pleito de tutela antecipada para evitar prejuízo moral ou patrimonial que a divulgação indevida de dados possa causar ao consumidor, ação de indenização pela reparação de danos ou instauração de inquérito civil pelo Ministério Público, prévio a eventual Ação Civil Pública, podendo a venda ou repasse dos dados coletados a terceiros ser considerada abusiva pelos tribunais, com o advento de aludida lei esta responsabilização do fornecedor ganhou corpo.

Segundo o parágrafo 5º, do art. 7º, da LGPD:

O controlador que obteve o consentimento referido no inciso I do caput deste artigo que necessitar comunicar ou compartilhar dados pessoais com outros controladores deverá obter consentimento específico do titular para este fim, ressalvadas as hipóteses de dispensa do consentimento previstas nesta lei.

Ademais, de acordo com o inciso V, do art. 9º, da LGPD:

---

[260] "Art. 13 – Serão consideradas, ainda, práticas infrativas, na forma dos dispositivos da Lei nº 8.078, de 1990:[...] X – impedir ou dificultar o acesso gratuito do consumidor às informações existentes em cadastros, fichas, registros de dados pessoais e de consumo, arquivados sobre ele, bem como sobre as respectivas fontes; XI – elaborar cadastros de consumo com dados irreais ou imprecisos; XII – manter cadastros e dados de consumidores com informações negativas, divergentes da proteção legal".
[261] A respeito de sanção administrativa vale lembrar, ainda, o art. 18 do Decreto Nº 8.771/2016.

O DIREITO À PRIVACIDADE E À PROTEÇÃO DOS DADOS DO CONSUMIDOR

Art. 9º O titular tem direito ao acesso facilitado às informações sobre o tratamento de seus dados, que deverão ser disponibilizadas de forma clara, adequada e ostensiva acerca de, entre outras características previstas em regulamentação para o atendimento do princípio do livre acesso: I – finalidade específica do tratamento; II – forma e duração do tratamento, observados os segredos comercial e industrial; III – identificação do controlador; IV – informações de contato do controlador; V – informações acerca do uso compartilhado de dados pelo controlador e a finalidade; (...).

A comercialização se ocorrer deve-se dar com o o respeito a estes direitos do titular, para não constituir violação ao fundamento da autodeterminação informativa, bem como aos princípios da transparência, da finalidade, dentre outros da LGPD.

Caso contrário a empresa fica sujeita a sanções administrativas da ANPD prevista no art. 50[262] e a sanções cíveis, nos termos do art. 22 da lei em comento: "A defesa dos interesses e dos direitos dos titulares de dados poderá ser exercida em juízo, individual ou coletivamente, na forma do disposto na legislação pertinente, acerca dos instrumentos de tutela individual e coletiva."

A respeito da tutela coletiva, do site do MPF consta a seguinte frase:

Desde agosto de 2021, a LGPD prevê a aplicação de uma série de sanções administrativas, como advertência, multa, bloqueio ou eliminação de dados pessoais para aqueles que não garantirem a proteção dessas informações em seus sistemas. Além disso, a lei estabelece que os detentores ou operadores de dados pessoais também podem ser responsabilizados pelos danos causados aos titulares das informações utilizadas de forma indevida. O pedido

---

[262] "Art. 50. Os controladores e operadores, no âmbito de suas competências, pelo tratamento de dados pessoais, individualmente ou por meio de associações, poderão formular regras de boas práticas e de governança que estabeleçam as condições de organização, o regime de funcionamento, os procedimentos, incluindo reclamações e petições de titulares, as normas de segurança, os padrões técnicos, as obrigações específicas para os diversos envolvidos no tratamento, as ações educativas, os mecanismos internos de supervisão e de mitigação de riscos e outros aspectos relacionados ao tratamento de dados pessoais (...)."

CONTEXTO ATUAL E ANÁLISE DAS NORMAS ORDINÁRIAS. ELAS SEGUEM A REFERÊNCIA...

pode ser apresentado à Justiça pelo Ministério Público, quando entender cabível, por meio de ação civil pública.[263]

Nos idos de 2013 empresa de telefonia foi condenada em R$ 1,5 milhão por compartilhar dados pessoais. Salvo melhor juízo, esta foi a primeira condenação judicial de valor elevado, no país, relacionada ao compartilhamento de dados cadastrais de clientes com terceiros, sem a anuência prévia do consumidor.[264] Com o advento da LGPD há inúmeras ações ajuizadas relacionadas ao direito do consumidor e o uso de seus dados, para além dos creditícios.

Voltando ao âmbito do CDC, há também uma sanção penal relacionada a algumas condutas ilícitas do fornecedor associadas aos arquivos de consumo (arts.72 e 73 do CDC)[265]. Porém, em nenhum destes tipos penais se encaixa a conduta de comercialização indevida de dados do consumidor.

4.10 Ponderação e harmonização dos interesses em confronto; direito a privacidade *versus* atividade de coleta, armazenamento e uso de dados pessoais dos consumidores

Neste item reflete-se a respeito dos aspectos mercadológicos positivos da coleta, do armazenamento e da organização informatizada de dados pessoais que agilizam o atendimento às necessidades de consumo das pessoas e dão mais eficiência ao alcance de metas de mercado pelos fornecedores em suas práticas comerciais. Contudo, reflete-se também sobre os efeitos negativos das práticas de coleta e armazenamento, como os riscos

---

[263] Fonte da citação http://www.mpf.mp.br/pgr/noticias-pgr/mpf-alerta-para-a-responsabilidade-de-empresas-e-orgaos-que-detem-dados-pessoais-na-protecao-dessas--informacoes-1 Último acesso em 16/05/2022.

[264] A empresa recorreu à época. Referência Processual na Justiça Federal de Três Lagoas: 0000909-02.2013.403.6003. Ação Civil Pública promovida pelo MPF de Mato Grosso do Sul.

[265] "Art. 72 – Impedir ou dificultar o acesso do consumidor às informações que sobre ele constem em cadastros, banco de dados, fichas e registros: Pena Detenção de seis meses a um ano ou multa. Art. 73 – Deixar de corrigir imediatamente informação sobre consumidor constante de cadastro, banco de dados, fichas ou registros que sabe ou deveria saber ser inexata: Pena Detenção de um a seis meses ou multa".

O DIREITO À PRIVACIDADE E À PROTEÇÃO DOS DADOS DO CONSUMIDOR

de lesão à privacidade do consumidor no que tange ao uso inadequado ou injusto das suas informações.

Para tal reflexão, com cotejo de interesses, deve-se ponderar alguns princípios. Quanto ao CDC, vale mencionar o da harmonia das relações de consumo (art. 4º, *caput*, III, do CDC[266]) e no caso da CF, dois dos fundamentos da Ordem Econômica e Financeira: o da livre iniciativa (art. 1º, IV e art.170, *caput*, da CF) e o da defesa do consumidor (art. 5º, XXXII e art. 170, V, da CF).

Conforme já abordado nesta tese, segundo Claudia Lima Marques, não obstante a livre iniciativa subsidiar a prática da coleta, armazenamento e uso de dados de consumidores, esta prática deverá ocorrer observando diversos critérios legais. E, atualmente, deverá observar a LGPD[267]. Deverá observar ainda a jurisprudência e a doutrina, mencionados ao longo deste estudo. Em caso de desrespeito a estes critérios, poderá haver lesão aos direito à privacidade, à proteção de dados e à tutela do consumidor. Considerando que (i) estes três últimos (privacidade, proteção de dados e defesa do consumidor) são direitos elencados no art. 5º da CF e, portanto, direitos fundamentais, (ii) que os mesmos encontram amparo no princípio da dignidade da pessoa humana (Art. 1º, III da CF), e que (iii) o princípio da livre iniciativa está no art. 1º, IV e art.170, *caput*, da Carta Magna, é defensável o entendimento de que aqueles devem ter precedência sobre este último.

---

[266] "Art. 4º – A Política Nacional de Relações de Consumo tem por objetivo o atendimento das necessidades dos consumidores, o respeito a sua dignidade, saúde e segurança, a proteção de seus interesses econômicos, a melhoria de sua qualidade de vida, bem como a transparência e harmonia das relações de consumo, atendidos aos seguintes princípios: (...) III – harmonização dos interesses dos participantes das relações de consumo e compatibilização da proteção do consumidor com a necessidade de desenvolvimento econômico e tecnológico, de modo a viabilizar os princípios nos quais se funda a ordem econômica (art. 170, da Constituição Federal), sempre com base na boa fé e equilíbrio nas relações entre consumidores e fornecedores".

[267] De acordo com o art. 2º da LGPD dentre os fundamentos da disciplina da proteção de dados pessoais tem como fundamento: "VI – a livre iniciativa, a livre concorrência e a defesa do consumidor"

5.
BOAS PRÁTICAS E PRINCÍPIOS QUE DEVEM NORTEAR A COLETA, USO E GUARDA DOS DADOS PESSOAIS DO CONSUMIDOR

Os princípios originalmente elencados neste capítulo tiveram que ser complementados com previsões da LGPD tendo em vista que ela supriu lacuna legal que ainda havia sobre a matéria e se dedicou, dentre outras coisas, a incorporar expressamente no art. 6º alguns princípios gerais comuns a serem observados no tratamento de dados de clara inspiração no direito da União Europeia. Eles já haviam sido sumarizados por alguns doutrinadores brasileiros, como Manoel J. Pereira dos Santos, que se dedicam ao tema da proteção de dados.

5.1 Princípio da transparência

O tratamento de dados deve ser revelado ao consumidor. Importante que seja pautado em regras claras, publicadas previamente pela empresa que será a gestora dos dados. Na LGPD o termo para designar esta gestora é agente de tratamento que pode ser o "controlador" ou o "operador" dos dados pessoais[268]. Nestas regras convém constar a previsão sobre a finalidade da coleta, onde serão armazenados os dados (exemplo: inclusão em base de dados própria ou de terceiro) e o período de conservação dos dados, entre outras informações.

O princípio da transparência e este dever de bem informar o consumidor estão presentes no art. 4º do CDC, no direito básico do consumidor

---

[268] Para detalhes destes conceitos ver art. 5, incisos VI e VII. Estes artigos foram transcritos no rodapé do item 2.5.1. deste tese.

O DIREITO À PRIVACIDADE E À PROTEÇÃO DOS DADOS DO CONSUMIDOR

à informação (art. 6º do mesmo Código) e vem expresso na LGPD no inciso VI, do art. 6º.

Como exemplo, pode-se citar o fato de que para o fornecedor utilizar licitamente *cookies* para coletar dado de um cliente (por ex. consumidor) que navegue em seu *website*, em tese, seria necessário informar a ele sobre esta prática de maneira que ele possa optar por prosseguir ou não em suas buscas nesse site.

5.2 Princípio da qualidade

Este princípio historicamente já estava presente no normativo europeu da Diretiva 95/46/CE, art.6º, item 1, alínea "d" segundo o qual os dados tratados já deviam ser:

> Exatos e, se necessário, atualizados; devem ser tomadas todas as medidas razoáveis para assegurar que os dados inexatos ou incompletos, tendo em conta as finalidades para os quais foram recolhidos e para que são tratados posteriormente, sejam apagados ou retificados.

No Regulamento Geral Europeu de Proteção de Dados Pessoais que revogou a citada Diretiva também há previsão semelhante (Art. 5º, 1, "d")[269] e na LGPD este princípio da qualidade dos dados vem expresso no art. 6, inc. V.[270]

Os dados devem ser corretos, conforme previsto no art. 43 do CDC, no art. 2º, II, da Lei do Cadastro Positivo e no princípio da LGPD mencionado acima.

De certa forma, este princípio da qualidade está relacionado ao direito à garantia da adequação do serviço, previsto no art. 20 do CDC.

---

[269] "Art. 5º – 1. Os dados pessoais são: (...) d) Exatos e atualizados sempre que necessários; devem ser adotadas todas as medidas adequadas para que os dados inexatos, tendo em conta as finalidades para que são tratados, sejam apagados ou retificados sem demora (- exatidão -)."

[270] "Art. 6º As atividades de tratamento de dados pessoais deverão observar a boa-fé e os seguintes princípios: (...) V – qualidade dos dados: (...)garantia, aos titulares, de exatidão, clareza, relevância e atualização dos dados, de acordo com a necessidade e para o cumprimento da finalidade de seu tratamento;"

5.3 Princípio da finalidade, da adequação e da necessidade

Finalidade – Os agentes de tratamento devem tratar os dados coletados de forma compatível com a finalidade pré-estabelecida (revelada); devem, portanto, ser utilizados apenas para os propósitos originalmente informados ao consumidor. Assim, se o consumidor fornecer dados para obter crédito, e apenas para isto, eles não poderiam ser usados para uma outra finalidade. Este princípio está ligado com o princípio da boa-fé nas relações de consumo, previsto no art. 4º, III, do CDC. Na Diretiva 95/46/CE, o princípio da finalidade se depreendia da regra prevista no art. 6º, item 1, "b", segundo a qual a coleta do dado pessoal deve ter finalidades determinadas e seus usos futuros devem ser compatíveis com estas finalidades. No Regulamento Geral Europeu de Proteção de Dados Pessoais há previsão semelhante[271] e na LGPD este princípio da finalidade vem expresso no art. 6, inc. I.[272]

Caso o uso do dado seja baseado no consentimento específico do consumidor para uma finalidade, se for alterar a finalidade e não houver outra base legal para tratamento do dado para esta nova circunstância de uso[273] é defensável entendimento de que um novo consentimento terá que ser solicitado. Esta norma traz ainda especificidades sobre como o consentimento deve ser obtido, por exemplo ao vedar que as autorizações para uso do dado sejam genéricas.[274]

---

[271] "Art. 5º – 1. Os dados pessoais são: (...) b) Recolhidos para finalidades determinadas, explícitas e legítimas e não podendo ser tratados posteriormente de uma forma incompatível com essas finalidades; o tratamento posterior para fins de arquivo de interesse público, ou para fins de investigação científica ou histórica ou para fins estatísticos, não é considerado incompatível com as finalidades iniciais, em conformidade com o artigo 89º, nø 1 (- limitação das finalidades -)".

[272] "Art. 6º (...) os seguintes princípios: I – finalidade: realização do tratamento para propósitos legítimos, específicos, explícitos e informados ao titular, sem possibilidade de tratamento posterior de forma incompatível com essas finalidades;"

[273] Visto que a LGPD traz outras bases além do consentimento, descritas principalmente nos seus artigos 7º e 11.

[274] Neste sentido ver o parágrafo 4º do art. 8º da LGPD, segundo o qual "§ 4º O consentimento deverá referir-se a finalidades determinadas, e as autorizações genéricas para o tratamento de dados serão nulas".

O DIREITO À PRIVACIDADE E À PROTEÇÃO DOS DADOS DO CONSUMIDOR

Adequação – o gestor do banco de dados deve garantir um equilíbrio entre o fim almejado (ex. estratégia de *marketing*) e o tipo de dado coletado dos consumidores de seus produtos ou serviços e evitar a conduta desarrazoada, como a coleta de dados sensíveis ou em excesso.

Necessidade – limitação do uso de dados pessoais que permitam identificar o mínimo necessário, de forma a adotar no seu tratamento sempre que possível a técnica de anomimização ou a técnica de pseudonimização, retirando o vínculo da informação atinente à identidade do consumidor a que se refere, no primeiro caso, e sendo possível estabelecer a correlação do dado com o titular, mas com o uso de outra informação sobre ele, tornando, portanto, mais difícil porém ainda possível, a identificação.

Esta regra, de certa forma, tem relação com o direito básico do consumidor à segurança (art. 6º, I, do CDC).

A LGPD foi expressa ao disciplinar sobre estes dois princípios, o da adequação e o da necessidade no art. 6, incisos II e III.[275] O da necessidade traz como boa prática, também, o uso e manutenção dos dados pelo período que for necessário para atingir a finalidade almejada, evitando-se a guarda de dados antigos, quando não haja necessidade prática ou legal para isso[276].

5.4 Princípio da segurança física e lógica e da prevenção relacionados aos incidentes com os dados

Segurança – O agente de tratamento de dados devem implementar medidas técnicas e organizacionais atualizadas (conforme as técnicas de tratamento disponíveis à época em que foi realizado), para que os dados fiquem armazenados e sejam manuseados de forma segura, protegidos contra destruição, perda, acesso não autorizado, alteração e difusão inde-

---

[275] "Art. 6º (...) os seguintes princípios: II – adequação: compatibilidade do tratamento com as finalidades informadas ao titular, de acordo com o contexto do tratamento; e III – necessidade: limitação do tratamento ao mínimo necessário para a realização de suas finalidades, com abrangência dos dados pertinentes, proporcionais e não excessivos em relação às finalidades do tratamento de dados;"

[276] Sobre as hipóteses de término do tratamento do dado ver artigo 15 da norma e a respeito de quando poderão ser conservados nos incisos do art. 16 da LGPD.

vida (ex. por acidente ou ato ilícito de terceiro) ou indisponibilidade não intencional.

Prevenção – previsto na LGPD este princípios para tratamento de dados traz para os agentes de tratamento o dever de adoção de medidas para prevenir a ocorrência de danos em virtude do tratamento de dados pessoais (art. 6º, inc. VIII desta lei).

Os dados organizados eletronicamente devem, portanto, estar em ambiente informacional que disponha de ferramentas adequadas e atualizadas de segurança da informação.

Estes dois princípios mencionados guardam correlação estrita e harmoniosa com os direitos básicos de segurança e de prevenção a danos previsto no art. 6º, incisos I e VI, respectivamente, do CDC.

Outro dispositivo a ser lembrado consta de lei anterior à CF/88, a Lei nº 7.232/84 que estabelece a Política Nacional de Informática. Segundo Caio Lima e Renato Monteiro:

> Ela define que em proveito do desenvolvimento social, cultural, político, econômico, tecnológico e econômico da sociedade brasileira, se deve ter como princípio o art. 2º, inciso VIII da Lei que estabelece "[...] mecanismos e instrumentos legais técnicos para proteção do sigilo dos dados armazenados, processados e veiculados, do interesse da privacidade e de segurança das pessoas físicas e jurídicas, privadas ou públicas".[277]

Pela leitura da lei, percebe-se, portanto, uma antiga preocupação do legislador brasileiro com a segurança dos dados.

5.5 Princípio do livre acesso

O gestor do banco de dados deve garantir aos consumidores titulares dos dados a possibilidade de consultá-los gratuitamente, uma vez que os dados foram coletados e armazenados. A recusa pode motivar o consumi-

---

[277] Lima, Caio C. Carvalho; Monteiro, Renato Leite. **Anteprojeto de Lei Brasileiro de Proteção de Dados Pessoais e legislações estrangeiras:** Direito Comparado. Disponível em: <http://www.atoz.ufpr.br/index.php/atoz/article/view/41>. Acesso em: 05 dez. 2013. Quando da segunda edição desta tese o texto mencionado já não estava acessível para leitura neste link.

dor a impetrar *habeas data*. Este princípio está ligado com o princípio da transparência nas relações de consumo (art. 4º, *caput*, do CDC).

Cabe acrescentar que a LGPD prevê princípio de "livre acesso" conferindo aos agentes de tratamento de dados dever de garantir, aos titulares de dados, a consulta facilitada e gratuita sobre a forma e a duração do tratamento, bem como sobre a integralidade de seus dados pessoais, conforme texto do inciso IV, de seu art. 6º. A respeito do exercício do direito de acesso, este, na nova lei, está disciplinado no art. 18, inc. II, e parágrafos 3º a 6º e no art. 19.

5.6. Princípio da não discriminação

A LGPD deixa expresso que as atividades de tratamento de dados pessoais deverão observar o princípio da não discriminação, ou seja, prevê a impossibilidade de realização do tratamento para fins discriminatórios ilícitos ou abusivos.

5.7. Princípio da responsabilização e prestação de contas

A LGPD deixa expresso que as atividades de tratamento de dados pessoais deverão observar o princípio da responsabilização e da prestação de contas, a saber: cabe a demonstração, pelo agente, da adoção de medidas eficazes e capazes de comprovar a observância e o cumprimento das normas de proteção de dados pessoais e, inclusive, da eficácia dessas medidas.

Este princípio está diretamente relacionado com a parte da LGPD que trata da Governança em Proteção de Dados, uma vez que a lei prevê que o fato da empresa ter um programa desta natureza, passível de ser demonstrado faz com que, no momento da aplicação de eventual sanção, o aplicador possa reduzir a penalidade levando em conta este aspecto. Este entendimento se depreende dos artigos 50 e 52, parágrafo 1º, inc. VIII, que se inserem, respectivamente, em seções sobre governança e sobre sanções administrativas.

6.
CONCLUSÕES

No início do trabalho, pontuou-se que o princípio da dignidade da pessoa humana, consistente no art.1º, III, da Constituição Federal de 1988, enquadra-se na categoria de *princípio político constitucional* e, enquanto tal, elenca uma das opções político-constitucionais do legislador constituinte brasileiro. Também foi dito que, integrada na esfera social, a pessoa humana deve ser respeitada como um fim em si, ou seja, cabe aos outros integrantes da sociedade, em seu relacionamento com ela, tratá-la como um indivíduo e não como um objeto.

Claramente, os direitos da personalidade ganharam força com a inclusão do princípio da dignidade da pessoa humana nas constituições ocidentais. A proteção da privacidade é um dos direitos da personalidade e encontra amparo principalmente no art. 5º, X, da Constituição Federal e no art. 21 do Código Civil. Mais recentemente proteção de dados passou a constar dentre os direitos fundamentais do artigo 5º, inciso LXXIX.

O Projeto de Lei do Senado (PLS nº 281/2012) que visa atualizar o Código de Defesa do Consumidor prevê a inclusão da privacidade, do controle e segurança no trato das informações de dados pessoais do consumidor, dentre o rol dos seus direitos básicos.

Mesmo antes de uma eventual alteração do CDC, os direitos fundamentais da privacidade (art. 5º, X, da CF), somados à defesa do consumidor (art. 5º, XXXII, da CF) e aos princípios da transparência e da boa-fé que norteiam as relações jurídicas de consumo (art. 4º *caput* e III, do CDC) já davam suporte jurídico ao argumento de que a pessoa humana, na sua qualidade de consumidor, teria a faculdade de anuir à coleta dos seus dados pessoais antes de vê-los armazenados pelo fornecedor, tratados não só como um meio para este alcançar seus objetivos (prestar um serviço ou vender um produto), mas, antes, tendo o referencial maior de que o indivíduo titular dos dados deve ter a sua privacidade respeitada.

Frise-se que, durante a pesquisa, reconheceu-se a relevância do CDC como uma norma que tem clara origem constitucional. O direito do consumidor é um direito fundamental, previsto no art.5º da CF e que guarda relação com o princípio da dignidade da pessoa humana citado anteriormente. Importante essa observação porque, subjetivamente, direito fundamental é princípio ordenador.

Outrossim, dentre os direitos do consumidor em relação aos seus dados estão o de ter livre acesso a eles e o de requerer correção quando estiverem imprecisos. Durante a pesquisa, constatou-se que o consumidor pode se valer, dentre outras vias, do *habeas data* para assegurar o direito de acesso ou de retificação.

Na presente tese, debruçou-se ainda sobre o tema do sujeito "consumidor" cujo direito de proteção de dados o CDC quer tutelar. Concluiu-se que o consumidor pessoa física ou jurídica, destinatário final de produto ou serviço, é quem o sistema jurídico brasileiro almeja tutelar.

Nesta tese, foi realizado ainda um estudo jurisprudencial sobre a pessoa jurídica e o seu enquadramento no conceito legal de consumidor. Matéria que requer maior atenção. Concluiu-se que a teoria finalista é hoje majoritária no Brasil, que adota o critério de ser ou não "destinatário final" do bem ou serviço contratado como o principal para se decidir pelo enquadramento ou não de determinada pessoa como consumidor. Contudo, isso não significa dizer que a tutela do CDC não possa ser, excepcionalmente, aplicada à pessoa jurídica intermediária, quando demonstrada a sua inegável vulnerabilidade (técnica, jurídica ou econômica) frente à parte fornecedora, ainda que não seja a destinatária final. Neste caso se valeria a pessoa jurídica (contratante) de um tratamento, por assim dizer, estendido do CDC, com seu enquadramento no conceito de "consumidor por equiparação", previsto no art. 29. Referida aplicação estendida tem por intuito, no caso concreto, alcançar o equilíbrio entre as partes. Essa interpretação, que permite a aplicação estendida do CDC à pessoa jurídica, mesmo que intermediária, vem sendo chamada de corrente "finalista aprofundada", conceito inicialmente utilizado por Claudia Lima Marques.

CONCLUSÕES

O estudo acima foi feito com o intuito de preparar o terreno para a tutela dos direitos da personalidade da pessoa jurídica a qual esta pesquisadora é favorável, com amparo na jurisprudência do STJ. Concluiu-se, no entanto, que o entendimento da doutrina a respeito não está pacificado.

Outro ponto ao qual se chegou a conclusão, porém, ainda não consolidada na doutrina, é a de que o fato de certos serviços, principalmente *online*, não serem diretamente remunerados pelo consumidor (exigência art. 3º, § 2º, do CDC), não ser crucial para seu enquadramento como objeto de relação de consumo.

Apesar dos poucos estudos a respeito, já há entendimento incipiente na doutrina e na jurisprudência, inclusive com precedente no Superior Tribunal de Justiça (REsp 1.186.616-MG) mencionado neste tese. Há abrandamento do conceito para entender que serviços fornecidos gratuitamente pela internet (por exemplo, o de acesso à informação e o uso de conta de e-mail), não deixariam de se enquadrar no conceito de serviço do CDC apenas por inexistir, à primeira vista, o requisito da remuneração.

No que tange ao tema central desta tese, em relação ao aprimoramento da legislação ordinária e sobre o fato de estar alinhada à proteção da privacidade e à defesa do consumidor previstas constitucionalmente, o estudo iniciou com o exame do art.43 do CDC, foi atualizado com o da LGPD e, também, compreende o exame da Portaria nº 5/2002, dentre outras normas.

O art. 43 é o principal do *Codex* a tratar da matéria do banco de dados e cadastro de consumo. Neste estudo, contudo, não se perdeu de vista que o tema da coleta e armazenamento de dados do consumidor deve ser analisado à luz dos princípios do CDC, da boa-fé objetiva e da transparência (art. 4º do CDC) e levando-se em conta os direitos básicos do consumidor à segurança, informação, e à reparação integral do dano (art. 6º, I, III e VI do CDC).

No exame do art. 43 concluiu-se que a doutrina, amparada em entendimento de Antonio Herman V. Benjamin, distingue "banco de dados" e "cadastro de consumidores". Além da (I) origem da informação e (II) do destino da informação, adota distinção mais detalhada com critérios que dizem respeito à (III) forma de coleta dos dados, (IV) à organização dos dados armazenados, (V) à continuidade da coleta e da divulgação; (VI) à extensão dos dados postos à disposição; (VII) à existência de requerimento para o cadastramento, (VIII) à função das informações obtidas e (IX) ao alcance da divulgação das informações armazenadas.

Em suma, o termo "banco de dados" é utilizado pela doutrina para designar arquivo com dados de consumidores cujo gestor (do arquivo) é, normalmente, uma empresa de prestação de serviço de informações creditícias, como o é a entidade de proteção ao crédito. Nesta hipótese, a informação tem origem em outro fornecedor, por exemplo, o lojista que realizou uma venda, ao consumidor, que se revelou inadimplente. Ademais, no caso do "banco de dados", o destino da informação não é um fornecedor específico, mas o mercado. Aquele que remunerar o serviço de fornecimento de informação da empresa que possui os dados receberá a informação. No "cadastro de consumo", por sua vez, a informação é, normalmente, originária do consumidor, por exemplo, quando adquire um produto em um estabelecimento comercial e, no ato da compra, fornece alguns dados pessoais a pedido do lojista (fornecedor) que os arquiva.

Considerando a distinção acima, é possível afirmar que o teor do art. 43 enfoca com mais detalhes a disciplina do banco de dados de proteção ao crédito que a do cadastro de dados do consumidor. Isto está demonstrado pelo exame dos dois últimos parágrafos do dispositivo, nos quais o legislador se dedicou a complementar o regramento do trato aos dados creditícios negativos. A lei é nitidamente mais extensa nesta matéria do que na disciplina de outros dados de consumo. Consequentemente, no resultado da pesquisa para esta tese obteve-se doutrina e jurisprudência pátria em quantidade significativa no que tange ao art. 43, sob o enfoque dos bancos de dados e informações creditícias negativas. É um número bem maior do que o material encontrado a respeito do cadastro de dados do consumidor, além das informações creditícias, sobre as quais foram encontradas apenas algumas decisões.

No quadro abaixo, mais detalhado no capítulo 2, buscou-se sumarizar a jurisprudência sobre os requisitos atinentes ao banco de dados creditícios:

CONCLUSÕES

REQUISITO	ENTENDIMENTO JURISPRUDENCIAL
VERACIDADE	– No caso de inscrição indevida no SPC a prova do dano moral se satisfaz com a demonstração da existência de inscrição irregular. Já a indenização pelo dano material depende de prova de sua existência. – O mero erro no valor inscrito não gera danos morais, uma vez que não é o valor e sim o abalo ao crédito que enseja o dano moral. Quando o registro em si é devido, descabe o dano moral somente por erro no valor. – Tem se exigido para o dano moral, também, que a inscrição irregular não seja precedida de outras inscrições que sejam legítimas, ainda disponíveis à consulta.
	– Durante um período a jurisprudência acatava pedido de retirada do nome do cadastro negativo de órgão de proteção ao crédito, quando havia ação em curso discutindo o contrato. Contudo, mais recentemente isso foi alterado, e atualmente, com a amparo na Súmula nº 380 do STJ, julgadores têm optado por não acolher tal solicitação, posto que algumas ações estavam sendo propostas de má fé, apenas para obtenção de tal benefício. Segundo a Súmula 380 do STJ: "A simples propositura da ação de revisão do contrato não inibe a caracterização da mora do autor".
CIÊNCIA PRÉVIA À ABERTURA DO CADASTRO	– A falta de comunicação enseja indenização por dano moral. – A respeito deste dever de comunicação, importante mencionar a Súmula do STJ nº 404 segundo a qual: "é dispensável o Aviso de Recebimento (AR) na carta de comunicação ao consumidor sobre a negativação de seu nome em bancos de dados e cadastros". A correspondência, contudo, pelo órgão de manutenção do banco de dados deve, como condição, ter sido enviada ao endereço fornecido ao órgão pelo credor do consumidor, devendo ser o mesmo informado pelo consumidor ao fornecedor (credor). – Vale mencionar que a dispensa do AR é algo visto por alguns *consumeristas* como restrição à efetiva proteção do consumidor. De tal modo que, no Projeto Lei do Senado nº 281/2012, há sugestão para que reste expresso, no artigo em comento, a obrigatoriedade do uso do AR ou serviço similar, cuja prova deve ser arquivada por 5 anos, contados da

REQUISITO	ENTENDIMENTO JURISPRUDENCIAL
CIÊNCIA PRÉVIA À ABERTURA DO CADASTRO	anotação. No caso do Estado de São Paulo, a lei estadual nº 15.659/2015 previa que os consumidores fossem informados de sua inclusão em cadastros de proteção ao crédito, por via postal com AR. No entanto, esta lei teve sua redação alterada pela lei estadual nº 16.624/2017, que retirou a referência ao AR.
ACESSIBILIDADE AO CONSUMIDOR	A recusa do fornecedor em respeitar o direito do consumidor de acesso ao dado pode ensejar "habeas data".
LIMITE DE TEMPO DO REGISTRO	A interpretação do art. 43, 1º e 5º está pacificada. Há Súmula nº 323 do STJ, pela qual "a inscrição do nome do devedor pode ser mantida nos serviços de proteção ao crédito até o máximo de cinco anos, independentemente da prescrição da execução."

Apresentado tal resumo jurisprudencial, foi feito um estudo sobre a falta de objetividade dos dados e critérios para inclusão de opinião restritiva em alguns bancos de dados, em especial no caso do sistema de escore, bastante comum na Cidade de Porto Alegre. O estudo mostra que é importante ficar atento para que a conduta dos bancos de dados não ultrapasse a linha tênue que separa o ato lícito do ilícito.

Outra conclusão desta tese é que, enquanto na época precedente à da sociedade da informação havia maior preocupação em tutelar o direito do indivíduo de ser deixado só, o direito ao recato, que a doutrina italiana chama de *diritto allá riservatezza*, no século XXI, a preocupação vai além do campo da privacidade de certos dados do indivíduo e atinge o interesse deste em saber como e quando os seus dados são coletados e o que é feito deles, uma vez fichados e organizados em base, trata-se do tema autodeterminação a respeito dos dados pessoais prestados ou coletados[278].

---

[278] A respeito deste tema vide inciso VII, do artigo 2º do Decreto Federal nº 7.963 de 15 de março de 2013 e o fundamento da LGPD designado "autodeterminação informativa", previsto em seu iart. 2º, inciso II.

CONCLUSÕES

Há tendência a maior preocupação com o controle dos dados pessoais para evitar risco de que o "esquadrinhamento" e a interconexão de informações pessoais leve a uma eventual discriminação do consumidor.

Na parte final da tese, a pesquisa enfoca justamente a proteção dos dados de consumo que vão além das informações creditícias, também objeto do art. 43. Neste estudo, em ambiente então pantanoso, de arcabouço legal insuficiente, foi se buscando definir conceitos bases.

A partir da LGPD e de outras normas ordinárias, da jurisprudência e da doutrina expostas na tese, obteve-se as posições seguintes a respeito do conceito de dados no sistema jurídico brasileiro. Os dados são essencialmente de duas espécies "dados pessoais" e "dados sensíveis"[279]. Os primeiros (dados pessoais) abrangeriam informações que, apesar de privativas, são muitas vezes públicas, como o nome, o endereço, a profissão, a idade, o estado civil, a filiação, o RG, o CPF e o telefone fixo da pessoa. O segundo grupo (dados sensíveis) seriam aqueles que se referem às convicções filosóficas, morais, sociais, políticas e sindicais, religiosas, questões de origem social e étnica, vida sexual, orientação sexual e à saúde, incluindo, mas sem limitação, dados genéticos e biométricos da pessoa. Os dados sensíveis têm tratamento pelo fornecedor, a princípio vedado, ressalvadas aquelas hipóteses de tratamento previstas na Lei Geral de Proteção de Dados Pessoais e na regulação aplicável a certos setores específicos. Portanto, recomenda-se enfaticamente que sejam coletados, armazenados ou divulgados somente em situações excepcionais e observados os parâmetros legais. Os dados pessoais não sensíveis poderão ser tratados observadas, conforme o contexto, as regras previstas na LGPD e demais normas igualmente mencionadas ao longo da tese, em especial: o Código de Defesa do Consumidor de 1990; a Portaria nº 5 de 2002, do Ministério da Justiça ("MJ"); e o Marco Civil da Internet ("MCI") de 2014, quando se tratar de relação jurídica que se estabelece no ambiente digital.

No exame sobre a situação da proteção de dados pessoais do consumidor notou-se que, diante dos 32 anos do CDC, as normas existentes atualmente no Brasil (leis e decretos esparsos e uma portaria), que entraram em vigor após a CF, de 1988, e o CDC, de 1990, geraram um avanço gra-

---

[279] A respeito destes conceitos vide art. 5º incisos I e II da LGPD, mencionados na capítulo 3.

dual na tutela da privacidade de dados que apenas se tornou madura com o advento da LGPD e se tornará eficaz quando a Autoridade Nacional de Proteção de Dados por ela criada estiver plenamente exercendo suas funções, em especial a de fiscalização[280]. Este avanço final com o advento da LGPD e do inciso LXXIX do art. 5º da CF foram relevantíssimos para fazer frente aos desafios dos novos tempos, quais sejam, o contexto da atual sociedade da informação, em que desenvolvimento da tecnologia, dos modelos de negócios e das técnicas de marketing ensejam, ao mesmo tempo, benefícios ao consumo e desafios à proteção da privacidade dos dados.

Em apertada síntese pode-se afirmar que a lacuna legal foi recentemente preenchida, complementando-se com a LGPD o que faltava nas outras normas para se ter uma previsão legal mais completa e estruturada. Ela possibilitou também um aumento de jurisprudência e doutrina nacional sobre a área de privacidade e de proteção de dados.

Por fim, a proteção do consumidor, da privacidade e da proteção de dados pessoais (direitos fundamentais) encontram amparo no princípio fundamental da dignidade da pessoa humana, ou seja, na ideia de que o indivíduo não pode ser utilizado como coisa. O homem não é uma coisa ou um objeto cujos dados possam ser tratados simplesmente como meio por eventuais fornecedores despreocupados com o respeito seja à sua privacidade seja aos seus dados, mas, sim, deve ser tratado com o devido respeito ao ser humano que é, ou seja, deve ser respeitado como fim em si mesmo.

---

[280] Quando da conclusão desta atualização e até onde esta pesquisa alcançou, a ANPD ainda não havia aplicado quaisquer das sanções previstas no art. 52 da LGPD. Contudo, sim já havia publicado diversos textos (Ex. guia e resolução) importantes para a aplicação da norma.

REFERÊNCIAS

ALEXY, Robert. **Teoria dos Direitos Fundamentais**. 5.ed. Tradução: Virgílio Afonso da Silva, São Paulo: Malheiros, 2008.

ALMEIDA, Gregório Assagra de. **Direito material coletivo** – superação da *summa divisio*, direito público e direito privado por uma nova *summa divisio* constitucionalizada, Belo Horizonte: Del Rey, 2008.

ALMEIDA, João Batista de. **Manual de direito do consumidor**. São Paulo: Saraiva, 2003. Disponível em: http://publicadireito.com.br/artigos/?cod=5b8f9c769bae bee0 Acesso em 27.02.2017

ARAÚJO, Alexandra Maria Rodrigues. Oliveiria, José Sebastião de. **A transferência de dados pessoais para países terceiros acompanhada de uma decisão de adequação no Direito da União Europeia.**

AZEVEDO, Antonio Junqueira de. Caracterização jurídica da dignidade da pessoa humana. **Revista dos Tribunais**, São Paulo: RT, v. 797, p.11-26, mar.2002.

BARBAGALO, Érica B. Aspectos da responsabilidade civil dos provedores de serviços na internet. In: Lemos, Ronaldo; Waisberg, Ivo. **Conflitos sobre nomes de domínio e outras questões jurídicas na internet**. São Paulo: RT, Fundação Getúlio Vargas, 2003.

BARROSO, Luís Roberto. **Curso de direito constitucional contemporâneo**. Os conceitos fundamentais e a construção do novo modelo. São Paulo: Saraiva, 2009.

BENJAMIN, Antonio Herman V.; LIMA MARQUES, Claudia; BESSA, Leonardo Roscoe. **Manual de direito do consumidor**. 5.ed. revista, atualizada e ampliada. São Paulo: RT, 2013.

BENJAMIN, Antonio Herman V. Guia de Leitura: uma introdução ao código de defesa do consumidor. In: Lazzarini, Marilena; Rios, Josué de Oliveira; Nunes Jr.,

Vidal Serrano. **Código de Defesa do Consumidor anotado e exemplificado pelo Idec** – Instituto Brasileiro de Defesa do Consumidor. São Paulo: ASV, 1991.

BESSA, Leonardo Roscoe. Abrangência da disciplina conferida pelo Código de Defesa do Consumidor aos bancos de dados de proteção ao crédito. In: **Revista de Direito do Consumidor**. São Paulo: RT, v.42, p.151-172, abr.-jun., 2002.

—. **O consumidor e os limites dos bancos de dados de proteção ao crédito.** Biblioteca de Direito do Consumidor 25. São Paulo: RT, 2003.

—. **Cadastro Positivo** – Comentários à Lei nº 12.414, de 09.06.2011., São Paulo: RT, 2011.

BITTAR, Carlos Alberto. **Direitos do consumidor**: Código de Defesa do Consumidor, 7.ed. rev., atual. e ampl. por Eduardo C.B. Bittar.Rio de Janeiro: Forense, 2011.

BOARDMAN Ruth, MULLOCK, James, e MOLE, Ariane. **Bird & Bird & guide to the General Data Protection Regulation**. https://www.twobirds.com/en/capabilities/practices/privacy-and-data-protection/general-data-protection--regulation/download-guide-by-chapter-topic Acesso em 31.05.2022

BORGES, Roxana Cardoso Brasileiro. **Direitos de Personalidade e Autonomia Privada**. 2.ed. São Paulo: Saraiva, 2009.

BORGES, Roxana Cardoso Brasileiro. Dos Direitos da Personalidade. In: LOTUFO, Renan; NANNI, Giovanni Ettore (Coord.). **Teoria Geral do Direito Civil**. p.242- 280. São Paulo: Atlas, 2008.

BLUM, Rita Peixoto Ferreira. **O Direito do Consumidor na Internet**. Bauru: Quartier Latin, 2002.

—. Boa-fé objetiva. In: **Marketing Industrial**. São Paulo: Instituto de Marketing Industrial, Revista nº 22, ano 9, p.70-75, 2003.

—. O direito de vizinhança e sua correlação com os interesses difusos e coletivos. In: Passarelli, Luciano Lopes; Santana de Melo, Marcelo Augusto (Coords.), **Revista de Direito Imobiliário**. São Paulo: RT, v. 70, p.225-242, jan.-jul., 2011.

BLUM, Renato Opice; Blum, Rita Peixoto Ferreira. Know More About the Brazilian Internet Legal Framework. In, **The Business Lawyer. Business Law Section**. American Bar Association. Winter 2014-2015, Volume 70, Issue 1, pages 313 – 318.

—. Comércio por meio eletrônico exige modernização da defesa do consumidor. In. Filomeno, José Geraldo Brito (Coord.). **TUTELA ADMINISTRATIVA DO CONSUMIDOR. Atuação dos PROCONS, legislação, doutrina e jurisprudência.** São Paulo: Atlas, 2015, p. 323 – 342.

REFERÊNCIAS

BLUM, Rita P. Ferreira Blum e Moraes, Helio Ferreira. Lei Geral de Proteção de Dados Pessoais – LGPD, capítulo 23 do livro Coordenado por André Castro Carvalho, Rodrigo de Pinho Bertoccelli, Thiago Cripa Alvim, e Otavio Venturini. **Manual de Compliance**, 3ª. ed. ver., atual. e ampl., Rio de Janeiro : Editora Gen Forense, 2021.

BLUM, Rita Peixoto Ferreira; e MORAES, Hélio. **Por que é importante entender as modificações atuais à Lei do Cadastro Positivo no cenário da iminente Lei Geral de Proteção de Dados?** Disponível online em: https://direitopara-tecnologia.com.br/por-que-e-importante-entender-as-modificacoes-atuais-a--lei-do-cadastro-positivo/ Ultimo acesso em 31/05/2022.

BLUM, Rita Peixoto Ferreira; CARVALHO, André Castro; e CONTI, José Maurício. APLICAÇÃO DA LGPD AO SETOR PÚBLICO: ASPECTOS RELEVANTES **in Lei Geral de Proteção de Dados Pessoais, Ensaios e Controvérsias da Lei 13.709/2018**, publicação Organizada por Gustavo Monaco e outros, Quartier Latin, 2020.

BLUM, Rita Peixoto Ferreira e DANTAS, Thomas Kefas de Souza. Distinção entre privaci-dade e proteção de dados pessoais, **in Revista de Direito Privado** Ano 22 – 110 – Out-Dez de 2021, publicação coordenada por Nelson Nery Junior e Rosa Ma. de Andrade Nery, São Paulo : Thomson Reuters / Revista dos Tribunais, p. 29 a 60.

BLUM, Rita Peixoto Ferreira e CARLINI, Angélica; MENTEN, Giselda M. Chierigini. Governança e Compliance Digital no tratamento de dados pessoais de saúde dos pacientes, in **Governança Corporativa, Compliance e Gestão de Riscos – Coleção Canal Compliance**, publicação organizada por Giovani Agostini Saavedra, São Paulo : ESENI Editora, 2020, p. 272 a 298.

BUENO, Samara. "Lulu: justiça pode obrigar aplicativo a revelar identidade de quem avaliou". Disponível em: <http://estilo.br.msn.com/tempodemulher/amor-e-sexo/lulu-justi%c3%a7a-pode-obrigar-aplicativo-a-revelar-identidade--de-quem-avaliou>. Acesso em: 14 dez.2013.

CANOTILHO, José Joaquim Gomes; Moreira, Vital. **Fundamentos da Constituição.** Coimbra: Coimbra. 1991.

—. **CRP Constituição da República Portuguesa Anotada**, v.1, artigos 1º a 107, 1.ed. brasileira; 4.ed. portuguesa rev. Coimbra; São Paulo: RT, 2007.

CANTO DE LIMA, Ana Paula M.; HISSA, Carmina Bezerra; SALDANHA, Paloma Mendes (Coord.). **Direito Digital: Debates contemporâneos**. São Paulo: Revista dos Tribunais, 2019.

O DIREITO À PRIVACIDADE E À PROTEÇÃO DOS DADOS DO CONSUMIDOR

CAPELO DE SOUSA, Radindranath V. A. **O direito geral da personalidade.** Coimbra: Coimbra, 1995.

CARVALHO, José Carlos Maldonado de. **Direito do Consumidor.** Fundamentos Doutrinários e Visão Jurisprudencial. 3.ed.revista e ampliada. Rio de Janeiro: Lumen Juris, 2008.

COSTA JR., Paulo José da. **O direito de estar só.** Tutela Penal da Intimidade. 4.ed. rev. e atual., São Paulo: RT, 2007.

COVAS, Silvano. O cadastro positivo de proteção dos dados pessoais do consumidor. In: **Revista de Direito Bancário e do Mercado de Capitais**, RDB, v. 45, p.29-59, São Paulo: RT, jul.-set.,2009.

DANTAS, San Tiago. **Programa de Direito Civil.** Aulas proferidas na Faculdade Nacional de Direito. Texto revisto com anotações e prefácio de José Gomes Bezerra de Barros. Rio de Janeiro: Rio, 1979.

DE CUPIS, Adriano. **Os Direitos da Personalidade.** Tradução de Afonso Celso Furtado Rezende. 2.ed. São Paulo: Quorum, 2008.

DE LUCCA, Newton. Aspectos Atuais da Proteção aos Consumidores no Âmbito dos Contratos Informáticos e Telemáticos. In: De Lucca, Newton; Simão Filho, Adalberto (Coord.), **Direito & Internet Aspectos Jurídicos Relevantes**, v.II. São Paulo: Quartier Latin, outono de 2008, p. 25-76.

DENSA, Roberto. **Direito do consumidor** – de acordo com a Lei nº 12.291//10.7.ed. São Paulo: Atlas, 2011.

DINIZ, Maria Helena. **Compêndio de Introdução à Ciência do Direito.** 17.ed. São Paulo: Saraiva, 2005.

—. **Curso de Direito Civil Brasileiro.** Teoria Geral do Direito Civil. 25.ed. rev., ampl. e atual., v.1., São Paulo: Saraiva, 2008.

DIREITO, Carlos Alberto Menezes. As relações entre franqueador e franqueado e o Código de Defesa do Consumidor. In: **Informativo Jurídico da Biblioteca Ministro Oscar Saraiva**, v.18, jan-jun, 2006, p.13-14. [online]. Disponível em: http://www.stj.jus.br/publicacaoseriada/index.php/informativo/ article/ viewFile/66/66. Acesso em: 29 jul.2013. Quando da segunda edição desta tese este link já não estava ativo.

DONATO, Maria Antonieta Zanardo. **Proteção ao Consumidor** – Conceito e Extensão. Biblioteca de Direito do Consumidor.7.ed. São Paulo: RT, 1994.

DONEDA, Danilo. **Considerações iniciais sobre o banco de dados informatizados e o direito à privacidade.** Disponível em: <http://www.estig.ipbeja.

pt/~ac_direito/Consideracoes.pdf>. Acesso em: 15 dez.2013. Quando da segunda edição desta tese este link já não estava ativo.

DONEDA, Danilo. **A proteção de dados pessoais nas relações de consumo**: para além da informação creditícia. Brasília: Ministério da Justiça, SDE/ DPDC, 2010. Disponível em: <http://portal.mj.gov.br/services/DocumentManagement/ FileDownload.EZTSvc.asp?DocumentID=%7bD5C20E664F91-42F3-9A0A-6E5C34E0CB7E%7d&ServiceInstUID=%7b7C3D5342485C-4944-BA65-5EBCD81ADCD4%7d>. Acesso em: 10 jun. 2013. Quando da segunda edição desta tese este link já não estava ativo.

—. Perspectivas para combate ao Spam. In: De Lucca, Newton; Simão Filho, Adalberto (Coord.). **Direito & Internet Aspectos Jurídicos Relevantes**. v.II., p.355-374, São Paulo: Quartier Latin, out.2008.

—. **Da Privacidade à Proteção de Dados Pessoais**. Rio de Janeiro: Renovar, 2006.

EFING, Antônio Carlos. **Banco de dados e cadastro de consumidores**. Biblioteca de Direito do Consumidor 18. São Paulo: RT, 2002.

FACHIN, Luiz Edson; Ruzyk, Carlos Eduardo Pianovski. Direitos Fundamentais, dignidade da pessoa humana e o novo Código Civil. In: Sarlet, Ingo Wolfgang (Org.). **Constituição, Direitos Fundamentais e Direito Privado**. 2.ed. rev. e ampl. Porto Alegre: Livraria do Advogado, 2006.

FERRAZ JUNIOR, Tércio Sampaio. Estado e indivíduo em um mundo globalizado. In: **Direito Constitucional**. p. 538-554. Barueri-SP: Manole, 2007.

—. *Sigilo de Dados: o Direito à Privacidade e os Limites à Função Fiscalizadora do Estado. In:* **Sigilo Fiscal e Bancário**. Pizolio, Reinaldo; Gavaldão Jr, Jayr Viégas (Coord.). São Paulo: Quartier Latin, 2005.

GADELHA, Giselda Pimenta. Boas práticas e governança corporativa, in **Manual do DPO Data Protection Officer**. Coordenação Viviane Nóbrega Maldonado, São Paulo: Thomson Reuters, 2021.

GARCIA, Enéas Costa. **Responsabilidade civil por abalo de créditos e banco de dados**. São Paulo: Juarez de Oliveira, 2008.

GARCIA, Leonardo Medeiros. **Direito do consumidor**. Código Comentado e Jurisprudência. 8.ed. ver.ampl. e atual. pelas Leis nº 12.414/2011 (Cadastro Positivo) e 12.529/2011 (Nova Lei do CADE). Inclui o Anteprojeto de Reforma do CDC. Niterói, RJ: Impetus, 2012.

GARCIA, Leonardo. **Código de Defesa do Consumidor Comentado artigo por artigo**, 16ª ed. rev., ampl. e atual. Salvador: *JusPODIVM*, 2021.

GONÇALVES, Camila de Jesus Mello. **Princípio da BoaFé** – Perspectivas e Aplicações. São Paulo: Elsevier, 2008.

GREGORI, Maria Stella. Banco de dados e cadastro de consumidores. In: Sodré, Marcelo Gomes; Meira, Fabíola; Caldeira, Patrícia (Orgs.) **Comentários ao código de defesa do consumidor**. p.279-292, São Paulo: Verbatim, 2009.

GRINOVER, Ada Pelegrini; Benjamin, Antonio Herman de Vasconcellos e; Fink, Daniel Roberto, Filomeno, José Geraldo Brito; Watanabe, Kazuo; Nery Junior, Nelson; Denari, Zelmo. **Código Brasileiro de Defesa do Consumidor**. 2.ed. Rio de Janeiro: Forense, 1992.

HENKEL, Heinrich. "Der Strafschutz des Privatlebes gegen Indiskretion". *Verhandlungen des 42. Deutschen Juristentages* (Düsseldorf, 1957), Band II, Teil D, Erste Abteilung, Tübingen, 1958.

HERKENHOFF, Henrique Geaquinto. **Os direitos da personalidade da pessoa jurídica de direito público** [online]. São Paulo: Faculdade de Direito, Universidade de São Paulo, 2011. Tese de Doutorado em Direito Civil. Disponível em: <http://www.teses.usp.br/teses/disponiveis/2/2131/tde-24082012120042/>. Acesso em: 05 out. 2013.

KOTLER, Philip. **Marketing**. Edição compacta. Tradução para o idioma português de H. Barros. São Paulo: Atlas, 1985.

LEONARDI, Marcel. **Tutela e privacidade na internet**. São Paulo: Saraiva, 2012.

—. Internet e regulação: o bom exemplo do Marco Civil da Internet. In:

Revista do Advogado [da Associação dos Advogados do Estado de São Paulo]. Direito e Internet. São Paulo: AASP, nº 115, p.99-113, abr.2012.

LIMA, Caio C. Carvalho; Monteiro, Renato Leite. **Anteprojeto de Lei Brasileiro de Proteção de Dados Pessoais e legislações estrangeiras:** Direito Comparado. Disponível em: <http://www.atoz.ufpr.br/index.php/atoz/article/view/41>. Acesso em: 05 dez.2013. Quando da segunda edição desta tese este texto já não estava disponível neste link.

—. **Panorama brasileiro sobre a proteção de dados pessoais:** discussão e análise comparada. Ato Z: novas práticas em informação e conheci mento, Curitiba, v.2, nº 1, p. 60-76, jan.-jun., 2013. Disponível em: <http://www. atoz.ufpr.br>. Acesso em: 12 out. 2013. Quando da segunda edição desta tese este texto já não estava disponível neste link.

LIMA, Caio C. Carvalho; Vainzof, Rony. **Retrospectiva do Direito Digital em 2016: Regulamentação do Marco Civil, Bloqueio do WhatsApp e outros.**

REFERÊNCIAS

Disponível em: < URL http://jota.info/colunas/direito-digital/ retrospectiva--direito-digital-em-2016-29122016>. Acesso em: 29 dez.2016.

LIMBERGER, Têmis. Proteção de dados pessoais e comércio eletrônico: os desafios do século XXI. In: **Revista de Direito do Consumidor** [do Instituto Brasileiro de Política e Direito do Consumidor]. v.67, p.215-241, São Paulo: RT, 2008.

LOPEZ, Teresa Ancona. Aguiar Júnior, Ruy Rosado (Coords.). **Contratos empresariais** – contratos de consumo e atividade econômica. São Paulo: Saraiva e FGV, 2009.

LOUREIRO, Luiz Guilherme. **Teoria Geral dos Contratos no Novo Código Civil.** São Paulo: Método, 2002.

MACEDO JUNIOR, Ronaldo Porto. Privacidade, Mercado e Informação. In: **Revista de Direito do Consumidor** [do Instituto Brasileiro de Política e Direito do Consumidor]. v.31,p.13-24, São Paulo: RT, 1999.

MACEIRA, Irma Pereira. **A responsabilidade civil no comércio eletrônico.** São Paulo: RCS, 2007.

MALDONADO, Viviane Nóbrega. BLUM, Renato Opice (Coordenadores). **LGPD – Lei Geral de Proteção de Dados Comentada.** São Paulo: Thomson Reuters, 2019.

MARQUES, Cláudia Lima. Anteprojetos de Lei de Atualização do Código de Defesa do Consumidor. In: **Revista do Direito do Consumidor**, nº 82, ano 21, p. 231-234, São Paulo: RT, 2012.

—. (Coord.) Decisões Monocráticas – TJRS – ApCiv 70040551541 j. 28.10.2010 – rel. Des. Paulo Roberto Lessa Frans – DJRS 14.01.2011. In:
Revista de Direito do Consumidor [do Instituto Brasileiro de Política e Direito do Consumidor]. v. 77, p.501-512, São Paulo: RT, jan.-mar., 2011.

—. **Contratos no Código de Defesa do Consumidor.** 5.ed.revista, atualizada e ampliada. Biblioteca de Direito do Consumidor 1. São Paulo: RT, 2006.

—. BENJAMIN, Antonio Herman V.; e MIRAGEM, Bruno. **Comentários ao código de defesa do consumidor.** 3.ed. rev., ampl. e atual., São Paulo: RT, 2010.

MARINS, James. Habeas data, antecipação de tutela e cadastros à luz do Código de Defesa do Consumidor. In: **Revista de Direito do Consumidor** [do Instituto Brasileiro de Política e Direito do Consumidor]. São Paulo: RT, abr-jun. 1998, v.26.

MAXIMILIANO, Carlos. **Hermenêutica e Aplicação do Direito.** 5ª tiragem. Rio de Janeiro: Forense, 2003.

MAZZILLI, Hugo Nigro. **Interesses difusos em juízo** – meio ambiente, consumidor e outros interesses difusos e coletivos. 20.ed. rev., ampl. e atual. São Paulo: RT, 2007.

MIRAGEM, Bruno. **CURSO DE DIREITO DO CONSUMIDOR**, 8ª. ed., ver., atual.e ampl., São Paulo: Thomson Reuters Brasil, 2019.

MIRAGEM, Bruno. **Direito do Consumidor**: fundamentos do direito do consumidor; direito material e processual do consumidor; proteção administrativa do consumidor; direito penal do consumidor. São Paulo: RT, 2008.

—. Responsabilidade por danos na sociedade da informação e proteção do consumidor: desafios atuais da regulação jurídica da internet. In: **Revista de Direito do Consumidor** [do Instituto Brasileiro de Política e Direito do Consumidor]. v.70, p.41-91, São Paulo: RT, 2009.

MONTORO, André Franco. **Introdução à Ciência do Direito**. 25.ed. 2ª tiragem. São Paulo: RT, 2000.

MORAES, Maria Celina Bodin de. O conceito de dignidade da pessoa hum ana: substrato axiológico e conteúdo normativo. In: Sarlet, Ingo Wolfgang (Org.). **Constituição, Direitos Fundamentais e Direito Privado**. 2.ed. rev. e ampl. Porto Alegre: Livraria do Advogado, 2006.

MORAES, Walter. Concepção tomista de pessoa. Um contributo para a teoria do direito da personalidade. In: **Revista dos Tribunais**, v. 590, p.14-24, São Paulo: RT, dez.1984.

MORATO, Antonio Carlos. Os Direitos Autorais e o Marco Civil da Internet. In:

—. O cadastro positivo de consumidores e seu impacto nas relações de consumo. **Revista de Direito Bancário do Mercado de Capitais e da Arbitragem**, v.53, p.13-26, 2011.

—. Quadro geral dos direitos da personalidade. In: **Revista da Faculdade de Direito (USP)**, v.106-107, p.121-158, 2012.

—. **Pessoa Jurídica Consumidora**. São Paulo: Revista dos Tribunais, 2008.

NANCY ANDRIGHI, Fátima. O Código de Defesa do Consumidor pela Jurisprudência do Superior Tribunal de Justiça: alguns apontamentos. In: Morato, Antonio Carlos; Neri, Paulo de Tarso. (Orgs.) **20 anos de Código de Defesa do Consumidor** – Estudos em homenagem ao Professor José Geraldo Brito Filomeno, p.22-33, São Paulo: Atlas, 2010.

NANNI, Giovanni Ettore. Abuso do direito. In: Lotufo, Renan; Nanni, Giovanni Ettore (Coord.). **Teoria Geral do Direito Civil**. p.738-772, São Paulo: Atlas, 2008.

REFERÊNCIAS

NERY JR., Nelson. Os princípios gerais do Código de Defesa do Consumidor. In: **Revista de Direito do Consumidor** [do Instituto Brasileiro de Política e Direito do Consumidor]. , v.3, p. 44-77, São Paulo: RT, set.-dez., 1992.

NERY JR., Nelson; Nery, Rosa Maria de Andrade. **Constituição Federal Comentada e Legislação Constitucional** – 2.ed. rev. ampl.e atual. até 15 jan. 2009, São Paulo: RT, 2009.

—. **Código Civil Comentado**. São Paulo. 5.ed. rev. ampl. Atual. até 15 jun. 2007, São Paulo: RT, 2007.

NERY, Rosa Maria de Andrade. **Introdução ao pensamento jurídico e à teoria geral do direito privado**. São Paulo: RT, 2008.

—. **Noções Preliminares de Direito Civil**. São Paulo: RT, 2001.

NEVES, Tancredo de Almeida. Defesa do Consumidor. In: **Revista de Direito do Consumidor** [do Instituto Brasileiro de Política e Direito do Consumidor]. São Paulo: RT, v.77, jan-mar, 2011.

NUNES, Luiz Antonio Rizzatto. **Manual da Monografia jurídica** – Como se faz uma monografia, uma dissertação, uma tese. 2.ed. rev e ampl., São Paulo: Saraiva, 1999.

OPICE BLUM, Renato M. S. e Vainzof, Rony. **Marco Civil e a legislação brasileira**: avanço ou retrocesso? Publicado em: 25 ago.2011. Disponível em: < http://www.opiceblum.com.br/lang-pt/02_artigos_a001.html?ID_ARTIGO=112>. Acesso em: 10 jun.2013. Quando da segunda edição desta tese o texto já não estava acessível neste link."

PAESANI, Liliana Minardi. (Org.). **O Direito na Sociedade da Informação III**: a evolução do Direito Digital. São Paulo: Atlas, 2013, p.175-191.

PFEIFFER, Roberto. Práticas Abusivas, Cobrança de Dívidas e Cadastro de Consumo. In: Lopez, Teresa Ancona; Aguiar Júnior, Rui Rosado (Coords.). **Contratos Empresariais, Contratos de Consumo e Atividade Econômica**. São Paulo: Série GVLaw; Saraiva, 2009.

PECK PINHEIRO, Patricia. **Proteção de Dados Pessoais – Comentários à Lei N. 13.709/2018 (LGPD)**, 3ª. ed., São Paulo: SARAIVA Educação, 2021.

PIOVESAN, Flávia. Direitos humanos, o princípio da dignidade humana e a Constituição de 1988. In: **Revista dos Tribunais**, v. 833, São Paulo: RT, mar.2005.

REALE, Miguel. **Filosofia do Direito**. São Paulo: Saraiva,1953.

RIBEIRO, Luciana Antonio. A privacidade e os arquivos de consumo na internet – Uma primeira reflexão. In: **Revista de Direito do Consumidor**. v.41, p.151-165, São Paulo: RT, jan-março 2002.

RIOS, Josué de Oliveira. **O direito do consumidor como instrumento de garantia e concretização da dignidade da pessoa humana**. Tese Doutorado em Direito das Relações Sociais. São Paulo: Pontifícia Universidade Católica, 2008, 325 p.

RODOTÀ, Stefano. **A vida na sociedade da vigilância**: a privacidade hoje. (Org., seleção e apresentação) Moraes, Maria Cecilia Bodin de Moraes. Tradução de Danilo Doneda e Luciana Cabral Doneda. Rio de Janeiro: Renovar, 2008.

RODOVALHO, Thiago. **Cláusula Arbitral nos Contratos de Adesão**. São Paulo: Almedina, 2016.

SAMPAIO, José Adércio Leite. **Direito à intimidade e à vida privada**. Uma visão jurídica da sexualidade, da família, da comunicação e informação pessoais, da vida e da morte. Belo Horizonte: Del Rey, 1998.

SANTOS, Manoel J. Pereira dos. Princípios para Formação de um Regime de Dados Pessoais. In: De Lucca, Newton; Simão Filho, Adalberto (Coord.). **Direito & Internet Aspectos Jurídicos Relevantes**, v.II., p.355-374, São Paulo: Quartier Latin, outono de 2008.

SERRANO NUNES JR., Vidal; SERRANO, Yolanda Alves Pinto. **Código de Defesa do Consumidor Interpretado**. São Paulo: Saraiva, 2003.

SEVERINO, Antônio Joaquim. **Metodologia do trabalho científico**. 21.ed. rev. e ampl. São Paulo: Cortez, fev. 2000.

SCHREIBER, Anderson. **Direitos da personalidade**. São Paulo: Atlas, 2011.

SILVA, José Afonso da. **Comentário contextual à Constituição**. 8.ed. Atualizada até a Emenda Constitucional 70, de 22.12.2011. São Paulo: Malheiros, 2011.

—. A dignidade da pessoa humana como valor supremo da democracia. In: **Revista de Direito Administrativo**, v.212, Rio de Janeiro: Renovar, abr-jun, 1998.

SIMÓN, Sandra Lia. Os direitos da personalidade e o direito do trabalho – introdução – os efeitos vinculantes dos direitos da personalidade, como espécie dos direitos fundamentais – colisão de direitos: regras de solução – direito de propriedade x direitos de personalidade – a influência do Novo Código Civil nas relações laborais – conclusão. São Paulo. In: **Revista do Advogado**, nº 70, v. 23, p.78-83, jul.2003.

SIVIERO, Fabiana Regina; CASTRO, André Zanatta Fernandes de. Privacidade na era da revolução digital. In: **Revista do Advogado** [da Associação dos Advogados do Estado de São Paulo]. Direito e Internet. São Paulo: AASP, nº 115, p.53-60, abr.2012.

SOARES, Ricardo Maurício Freire. **A nova interpretação do Código brasileiro de defesa do consumidor**. São Paulo: Saraiva, 2007.

REFERÊNCIAS

SODRE, Marcelo Gomes. **Formação do Sistema Nacional de Defesa do Consumidor**. Biblioteca de Direito do Consumidor 32. São Paulo: RT, 2007.

STÜRMER, Bertram Antônio. Banco de dados e "Habeas data" no Código de Defesa do Consumidor. In: **Revista de Direito do Consumidor** [do Instituto Brasileiro de Política e Direito do Consumidor]. São Paulo: RT, v.1, p.55-94, 1992.

SZANIAWSKI, Elimar. **Direitos de personalidade e sua tutela**. 2.ed.rev., atual. e ampl., São Paulo: RT, 2005.

TOMASEVICIUS FILHO, Eduardo. Marco Civil da Internet: uma lei sem conteúdo normativo. In: revista **Estudos Avançados**, São Paulo: Instituto de Estudos Avançados (IEA) USP, v. 30, Nº 86, p.269-285, Jan./Abr. 2016.

TUCCI, José Rogério Cruz e. Tutela jurisdicional da personalidade *post mortem*. In: **Revista Forense Eletrônica**. v.384, p.61-72., Rio de Janeiro: Forense, 2006.

VAINZOF, Rony. **Ebook, Mídias Sociais e Questões Jurídicas**. Em 12 jun.2013 estava disponível nesta URL. <http://www.epd.edu.br/artigos/2011/05/m-dias-sociais-e-quest-es-jur-dicas>. Publicado em: 08 ago.2012. Quando da segunda edição desta tese o texto já não estava disponível neste link.

VILLAS BÔAS, Regina Vera. Perfis dos conceitos de bens jurídicos. In: Nery Jr, Nelson; Nery, Rosa M. **Revista de Direito Privado**. São Paulo: RT, ano 10, v.37, p.209-241, São Paulo: RT, jan-mar 2009.

—. Concretização dos postulados da Dignidade da Condição Humana e da Justiça: vocação contemporânea da responsabilidade civil – **Revista de Direito Privado**. (Coord.) Nelson Nery Jr. e Rosa M. Nery. São Paulo: RT, ano 12, nº 47, jul-set. 2011,volume especial. (Org.) Regina Vera Villas Bôas.

—. Um olhar transverso e difuso aos Direitos Humanos de terceira dimensão: a solidariedade concretizando o dever de respeito à ecologia e efetivando o postulado da dignidade da condição humana. **Revista de Direito Privado** – São Paulo: RT. (Coord.) Nelson Nery Jr. e Rosa M. Nery, Ano 13, nº 51, jul-set, 2012.

KRETZMANN, Renata Pozzi. **SAC e o dever de atender com eficiência: imprecisões sobre o Decreto nº 11.034**, publicado no site Consultor Jurídico (consjur. com.br) em 13 de abril de 2022, disponível online em https://www.conjur. com.br/2022-abr-13/garantias-consumo-sac-dever-atender-eficiencia Último acesso em 31.05.2022

—. **Informações nas relações de consumo: o dever de informar do fornecedor e suas repercussões jurídica.** Belo Horizote: Casa do Direito, 2019.

ZANINI, Leonardo Estevam Assis. **Direitos da personalidade**. Coleção Prof. Agostinho Alvim. São Paulo: Saraiva, 2011. **Textos legais e projetos de lei brasileiros**

BRASIL. Decreto nº 11.304, de 05.04.2022, que regulamenta o CDC, para estabelecer diretrizes e normas sobre o Serviço de Atendimento ao Consumidor – SAC.

BRASIL. Medida Provisória (MPV) nº 1.124, de 13 de junho de 2022, assinada pelo Presidente da República, Jair Messias Bolsonaro, transforma a Autoridade Nacional de Proteção de Dados em autarquia de natureza especial.

BRASIL. Lei nº 14.181, de 1º de julho de 2021. Lei do Superendividamente. Alterou o Código de Defesa do Consumidor e a Lei nº 10.741 de 1º de outubro de 2003 (Estatuto do Idoso), para aperfeiçoar a disciplina do crédito ao consumidor e dispor sobre a prevenção e o tratamento do superendividamento.

BRASIL. Lei nº 13.709, de 14 de agosto de 2018. Lei Geral de Proteção de Dados Pessoais (redação dada pela Lei nº 13.853 de 08 de julho de 2019).

BRASIL. Lei nº 7.232, de 29 de outubro de 1984. Dispõe sobre a Política Nacional de Informática.

BRASIL. Constituição da República Federativa do Brasil de 1988.

BRASIL. Lei nº 8.078, de 11 de setembro de 1990. Dispõe sobre a proteção do consumidor e dá outras providências.

BRASIL. Decreto nº 2.181, de 20 de março de 1997, que regulamenta a Lei nº 8.078/1990.

BRASIL. Lei nº 9.507, de 12 de novembro de 1997. Regula o direito de acesso a informações e disciplina o rito processual do habeas data.

BRASIL. Lei nº 9.472/97–Lei Geral das Telecomunicações.

BRASIL. Lei Complementar nº 105, de 10 de janeiro de 2001. Dispõe sobre o sigilo das operações de instituições financeiras e dá outras providências.

BRASIL. Lei nº 10.406, de 10 de janeiro de 2002. Institui o Código Civil.

BRASIL. Portaria nº 5, de 27 de agosto de 2002, do Ministério da Justiça. Complementa o elenco de cláusulas abusivas constante do Art. 51 da Lei nº 8.078, de 11 de setembro de 1990.

BRASIL. Lei nº 12.414, de 09 de junho de 2011 (redação dada pela Lei Complementar nº166 de 08 de abril de 2019), Institui o Cadastro Positivo.

BRASIL. Lei nº 12.527, de 18 de novembro de 2011. Regula o acesso a informações previsto no inciso XXXIII do Art. 5º, no inciso II do § 3º do Art. 37 e no § 2º do Art. 216 da Constituição Federal; altera a Lei nº 8.112, de 11 de dezembro de 1990; revoga a Lei nº 11.111, de 5 de maio de 2005, e dispositivos da Lei nº 8.159, de 8 de janeiro de 1991.

BRASIL. Decreto nº 7.962, de 15 de março de 2013, que regulamenta a Lei nº 8.078/1990, para dispor sobre a contratação no comércio eletrônico; e Decreto

REFERÊNCIAS

federal nº 7.963 de 15 de março de 2013, que institui o Plano Nacional de Consumo e Cidadania e cria a Câmara Nacional das Relações de Consumo.

BRASIL – Resolução nº 294/2013 da SUSEP – dispõe sobre a utilização de meio remoto nas operações relacionadas a planos de seguro.

BRASIL. – Lei nº 12.965, de 23 de abril de 2014. Estabelece princípios, garantias, direitos e deveres para o uso da Internet no Brasil. Também conhecida como "Marco Civil da Internet".

BRASIL. – Decreto nº 8.771, de 11 de maio de 2016. Regulamente a Lei nº 12.965/2014 ao tratar das hipóteses admitidas de discriminação de pacotes de dados na internet e de degradação de tráfego, indicar procedimentos para guarda e proteção de dados por provedores de conexão e de aplicações, e estabelece outras providências.

BRASIL – RESOLUÇÃO NORMATIVA – RN nº 413, DE 11 DE NOVEMBRO DE 2016 da ANS – dispõe sobre a contratação eletrônica de planos privados de assistência à saúde.

BRASIL. Leis estaduais que tratam do bloqueio do recebimento de ligações indesejadas de telemarketing por Estado, em ordem alfabética: Alagoas (Lei nº 7.127/09), Espírito Santo (Lei 9.176/09, conhecida, neste Estado, como "Lei Não Importune", alterada pela Lei 9.274/09), Mato Grosso do Sul (Lei nº 3.641/09), Paraíba (Lei nº 8.841/09); Paraná (Lei nº 16.135/09); Rio Grande do Sul (Lei nº 13.249/09); São Paulo (Lei nº 13.226/08);

BRASIL. Leis municipais que tratam do bloqueio do recebimento de ligações indesejadas de telemarketing por município, em ordem alfabética: São José dos Campos/SP (Lei nº 5.039/2010); e em Natal/RG (Lei municipal nº 6.260/2011).

— Projeto de Lei de Proteção de Dados Pessoais nº 5.276/2016. 2017, versão que ficou em consulta pública até o dia 05 de julho de 2015 e que é fruto de um Anteprojeto de Lei do Executivo, intitulado APL de Proteção de Dados. Tramitação encerrada. Prejudicado pelo advento da LGPD.

— Projeto de Lei do Senado nº 330/2013, dispunha sobre a proteção, o tratamento e o uso dos dados pessoais, e dá outras providências. Tramitação encerrada. Prejudicado pelo o advento da LGPD.

— Projeto de Lei do Senado nº 281/2012, altera a Lei nº 8.078, de 11.09.1990 (CDC) e aperfeiçoa as disposições gerais do Capítulo I, do título, e dispõe sobre comércio eletrônico.

— Projeto de Lei do Senado nº 212/2017 – Gerou a Lei Complementar nº 166 de 08 de abril de 2019. Intuito de alter a Lei do Sigilo Bancário e a Lei do Cadastro

Positivo, para estabelecer que não constitui violação de sigilo pelas instituições financeiras o compartilhamento de informações destinadas a bancos de dados referentes a adimplemento e histórico de crédito, e que a abertura de cadastro em tais bancos de dados independe de autorização prévia da pessoa física ou jurídica que será cadastrada.

— PORTARIA Nº 11, DE 27 DE JANEIRO DE 2021 – Torna pública a agenda regulatória para o biênio 2021-2022. Disponível em https://www.in.gov.br/en/web/dou/-/portaria-n-11-de-27-de-janeiro-de-2021-301143313 Último acesso em 02.06.2022

— RESOLUÇÃO CD/ANPD Nº 2, DE 27 DE JANEIRO DE 2022 – Aprova o Regulamento de aplicação da Lei nº 13.709, de 14 de agosto de 2018, LGPD) para agentes de tratamento de pequeno porte. Disponível em https://www.in.gov.br/en/web/dou/-/resolucao-cd/anpd-n-2-de-27-de-janeiro-de-2022-376562019 Último acesso em 02.06.2022

— ANPD DIVULGA DOCUMENTO COM INFORMAÇÕES E ORIENTAÇÕES AOS USUÁRIOS A RESPEITO DA NOVA POLÍTICA DE PRIVACIDADE DO APLICATIVO. ANPD divulga orientações aos usuários sobre a nova política de privacidade do Whatsapp. Publicado em 14.05.2022 e atualizado em 31.05.2021. Documento disponível em: https://www.gov.br/anpd/pt-br/assuntos/noticias/a-nova-politica-de-privacidade-do-whatsapp Último acesso em 02.06.2022

Textos legais ou estudos estrangeiros de órgão públicos

— ALEMANHA. Lei Fundamental da República Federal da Alemanha (1949)
— ESPANHA. Lei Fundamental da Espanha (1978)
— PORTUGAL. Constituição da República Portuguesa (1974)
— *UNITED STATES OF AMERICA. Federal Trade Comission. Protection of Consumer Privacy in an Era of Rapid Change. A Proposed framework for business and policymakers, preliminary FTC staff report, December 2010.*
— *Directive of European Union No. 95/46/EC of the European Parliament and of the Council of 24 October 1995 on the protection of individuals with regard to the processing of personal data and on the free movement of such data. Official Journal,* Luxemburgo, L 281, 23 nov. 1995, p.31-50.

REFERÊNCIAS

— *European Commission. Proposal for a directive of The European Parliament and of The Council on the protection of individuals with regard to the processing of personal data by competent authorities for the purposes of prevention, investigation, detection or prosecution of criminal offences or the execution of criminal penalties, and the free movement of such data – COM/2012/010. EURLex: access to European Union law, Luxemburgo,* 2012.

— REGULAMENTO (UE) 2016/679 DO PARLAMENTO EUROPEU E DO CONSELHO de 27 de abril de 2016 relativo à proteção das pessoas singulares no que diz respeito ao tratamento de dados pessoais e à livre circulação desses dados e que revoga a Diretiva 95/46/CE (Regulamento Geral sobre a Proteção de Dados).

Referências Normativas

ABNT NBR 6027: 2012 – Informação e documentação – Informação e documentação – Sumário – Apresentação

ABNT NBR 14724:2011 – Informação e documentação – trabalhos acadêmicos – apresentação

ABNT NBR 15287: 2011 – Informação e documentação – Projetos de pesquisa – apresentação

ABNT NBR 6034: 2005 – Informação e documentação – Índice – Apresentação

ABNT NBR 12225: 2004 – Informação e documentação – Lombada – Apresentação

ABNT NBR 6024: 2003 – Informação e documentação – Numeração progressiva das seções de um documento escrito – Apresentação

ABNT NBR 6028: 2003 – Informação e documentação – Resumo – Apresentação

ABNT NBR 10520: 2002 – Informação e documentação – citações em documentos – Apresentação

ABNT NBR 6023: 2002 – Informação e documentação – Referências – Elaboração